孝庄皇后传

何国松◎主编

吉林大学出版社

图书在版编目（CIP）数据

孝庄皇后传/何国松主编.—长春：吉林大学出版社，2010.1
ISBN 978-7-5601-5110-6

Ⅰ.①孝… Ⅱ.①何… Ⅲ.①孝庄（1613~1688）—传记 Ⅳ.①K827=49

中国版本图书馆 CIP 数据核字（2009）第 215060 号

书　　　名：	孝庄皇后传
作　　　者：	何国松
责 任 编 辑：	王世林
责 任 校 对：	王世林
封 面 设 计：	点滴空间
出 版 发 行：	吉林大学出版社
社　　　址：	长春市明德路 421 号
邮　　　编：	130021
发行部电话：	0431-88499826
网　　　址：	http：//www.jlup.com.cn
E-mail：	jlup@mail.jlu.edu.cn
印　　　刷：	三河市金轩印务有限公司
开　　　本：	710×1000 毫米　1/16
印　　　张：	16
字　　　数：	310 千字
版　　　次：	2010 年 1 月第 1 版　2020 年修订
书　　　号：	ISBN 978-7-5601-5110-6
定　　　价：	58.00 元

版权所有　翻印必究

前　言

她是科尔沁草原飞出的一只"彩蝴蝶",拥有夺目的美丽;她柔润如玉,在后宫中被称为玉妃;她轻易地"俘获"了皇太极,成为皇太极身边的"女诸葛",在姐姐专宠后宫之时又能自甘平静;皇太极死后,她风韵正盛,成为"太后下嫁"一案的女主角……她是一个握有巨大权力的女人,运筹后宫六十余年,政治谋略非凡;皇太极驾崩,她巧妙周旋于皇位争夺者之间,将6岁的儿子福临推上帝位;顺治临终,她又以卓越的政治家眼光选中玄烨(康熙)为大清掌舵人,并尽心竭力培育康熙,授之以做人、治国的机宜,使之成为"千古一帝"——她就是大清王朝的孝庄太后(大玉儿)。孝庄太后历经清太宗、清世祖、清圣祖三朝,尽心尽力地辅佐皇太极、顺治、康熙建立起清王朝政权和统一中国,是清朝开国到"康乾盛世"期间一位关键性人物,也是充满了神秘色彩的一位卓越女性。

本书全面、详尽地描述了这位不平凡的女性非凡的一生。本书笔调清新,雅俗共赏,是中国历史人物传记创作上不可多得的一部力作。当然,本书并非一本历史学著作,因此,我们在尊重史实的基础上,根据行文和读者的需要,合理、大胆地进行了合乎文学规律的再创作和艺术加工,以期为读者带来最大的精神和阅读享受。由于学识所限,加之时间仓促,本书的不当之处自是难免,诚望各位读者提出宝贵意见,在此先予以致谢!

目 录

第一章　少年时光 …………………………………… 1

第二章　出　嫁 ……………………………………… 16

第三章　皇太极登基 ………………………………… 25

第四章　迎来庄妃时代 ……………………………… 36

第五章　诱降洪承畴 ………………………………… 54

第六章　辅佐幼子登基 ……………………………… 64

第七章　明朝的灭亡 ………………………………… 78

第八章　抵制多尔衮 ………………………………… 85

第九章　顺治亲政 …………………………………… 98

第十章　母子冲突 …………………………………… 117

第十一章　顺治之死 ………………………………… 148

第十二章　扶助康熙成就大业 ……………………… 164

第十三章　幸福的晚年 ……………………………… 208

第十四章　无尽的哀思 ……………………………… 227

第一章
少年时光

孝庄文皇后布木布泰姓：博尔济吉特，是蒙古族最高贵的姓氏。这个姓氏源于蒙古族第十世祖先："孛儿只吉歹篾儿干。""孛儿只吉歹"，后来译为博尔济吉特，或博尔济锦，都是译音轻重的区别。用先人名字做后世的姓氏，是蒙古族的传统惯例。

博尔济吉特是突厥语，意思是蓝眼睛的人。这些"蓝眼睛人"，肤色微黄，显得格外精神健壮。他们的勇敢、善战，在当时受到普遍地称赞。当其他部落互相间发生战争时，各部落都给博尔济吉特人送礼物，请求他们给予武力支援，以便征服和打败强敌。

后来，成吉思汗（1162—1227年）统一全蒙古，建立起横跨欧亚大陆的蒙古帝国之后，称自己的家族为黄金家族，所有姓博尔济吉特的兄弟子侄，都成了黄金家族的成员。元朝灭亡之后，博尔济吉特氏被视为成吉思汗的圣裔，仍在蒙古族中享有崇高的地位，被崇拜、甚至被神化。蒙古大汗及各部首领，都尽量选拔博尔济吉特姓氏的人员充当。布木布泰娘家所在的科尔沁部，便一直由博尔济吉特家族控制，部长、台吉等都由博尔济吉特氏的成员担任和继承。布木布泰的先祖、元太祖成吉思汗铁木真的二弟合撒儿，和哥哥一起度过苦难的童年，一起习武狩猎，长大成人。他自幼身体健壮，勇猛超人，而且箭法高强。合撒儿一心做哥哥的臂膀，承担重任，在征战中屡立奇功，为统一蒙古草原、创建蒙古帝国的大业，辅佐哥哥铁木真登上大汗宝座，做出过重大贡献。

然而，成吉思汗不仅对二弟毫无感激之情，反而出于狭隘的权力独占欲和怀疑心，时刻提防合撒儿功高震主，势大篡权，竟以怨报德，处处压制、排挤，甚至企图谋害这位忠于自己的亲弟弟。

1206年，成吉思汗建立大蒙古国，原先分布在大漠南北的各蒙古部族都统一在大蒙古国的统治下，按照"千户"的形式组织起来。成吉思汗遵循他的"黄金家族共同管理兀鲁思（领地、管辖区域）"的原则，由他本人直接统治帝国中央的95个千户，而将帝国的西部封给诸子，东部封给诸弟。合撒儿的封地在额尔古纳河流域及海拉尔河下游和靠近呼伦湖附近的地方，位居蒙古帝国的东北部边陲（今内蒙古自治区东北偏西的地区）。这样，合撒儿及其子孙又重新回到他们远古祖先居住和生活的地方。

成吉思汗分封领地的同时，又分伊尔坚（百姓）。根据《蒙古秘史》记载，成吉思汗诸子分得的百姓是：长子术赤9000户，次子察合台8000户，三子窝阔台和四子拖雷各5000户。而合撒儿只分得4000户。

合撒儿不仅受到不公正的待遇，还不时遭受欺凌和迫害。一个萨满教巫师和他的六个兄弟，无端地捕捉合撒儿吊打。事情发生后，成吉思汗不仅不保护自己的二弟，反而听信巫师挑拨，拘捕审讯合撒儿，欲置之于死地。幸亏母亲诃额仑闻讯赶来为合撒儿解围，怒斥成吉思汗忘恩负义，伤害一奶同胞。成吉思汗见谋害不成，便背着母亲削减他的部众，仅留给1400户。

合撒儿是一条坚强而有理智的男子汉，当然不会被轻易压倒。他既不气馁、屈服，也不与长兄进行无益的争斗、仇杀。他像草原的雄鹰，展开双翅，在暴风雨中翱翔。领地虽然偏僻、荒凉，但森林茂密，野兽繁多，很适合狩猎生活。他带领家族成员披荆斩棘，拼搏在崇山峻岭之间，自春到冬，天天逐猎，以求生存和发展。后人代代如此，自幼生长在鞍马上，人人习战，勇猛健壮，使蒙古族固有的淳朴和勇武性格得以保持和发扬。在蒙古帝国中受压抑的处境下，使合撒儿及其后代，一直严谨图治，不骄奢放纵，历练出一代又一代勇于苦战奋斗而刚毅不屈的科尔沁人，也为其后代与新兴的满洲结盟，反抗昏庸蒙古大汗埋下了种子。

科尔沁，在今天的中国地图上，是内蒙古自治区辖区内的地名。而在历史上，它先是对合撒儿后代的称呼，接着演变成部落名称，后来才成了地名。科尔沁是蒙古语，赞美的称呼，汉译"箭筒士""带弓箭的人"。意思是说科尔沁部众都是弯弓跃马的英俊勇士。

这一美称的出现，曾历经漫长的历史过程。合撒儿家族最初仅40

人左右，到忽必烈时代，发展到800人。由于合撒儿的后代及部众继承、发扬了他的高超武功和优良传统，到他的十一世孙西古苏台时代，"箭筒士"或"带弓箭的人"，便成了合撒儿领地内所有百姓的共同美称，并进而演变成其部落的名称。而西古苏台便被称为"科尔沁王"。

西古苏台生活在明朝宣德、正统年间。其子孛罗乃，于1466年派遣使者与明朝通好。孛罗乃之孙，即西古苏台的曾孙、合撒儿十四世孙奎蒙克塔斯哈喇，于1547年率领部分部众，随同蒙古大汗达赉逊汗东迁嫩江下游，绰尔河及洮儿河流域。为了与留居在额尔古纳河的科尔沁相区别，自号"脑温科尔沁"，即：嫩科尔沁。但一般仍只简称他们为："科尔沁"。奎蒙克被尊为该部始祖。奎蒙克二弟巴衮诺颜（官长、首长）继续率部留居原地。因其地处于大兴安岭西北，称所部为"阿鲁（山之西）科尔沁"。

古代蒙古族是以游牧为生的马上民族，经常迁徙流动。但这次奎蒙克塔斯哈喇率领部分科尔沁百姓，从额尔古纳河流域，越过大兴安岭，向东南迁至嫩江流域，却非同寻常。这在科尔沁部发展史上具有划时代的意义。东迁给科尔沁部带来新的生机：他们进入土地肥沃、水草丰美、气候适宜的松嫩平原之后，畜牧业及农业经济得到迅猛发展，部众也繁衍较快。科尔沁还向嫩江东部扩展，将锡伯和卦勒察收为自己的属部。这样，科尔沁部的领地空前扩大。其地域范围：东及东南隔伊通河、东辽河与海西女真的乌拉部、叶赫部为邻，南接盛京（今沈阳）边墙（辽宁法库、彰武边门以北），西南接内喀尔喀蒙古部，西界扎鲁特蒙古部，北临嫩江上游地区。从现在的地图上看，内蒙古自治区的东北部、黑龙江和吉林的西部、辽宁的北部，都有科尔沁的领地。这时的科尔沁部，兵强马壮，人丁兴旺，后继有人。奎蒙克长子博第达喇生九子，长子齐齐克直系后代一直担任科尔沁部的部长，后成为科尔沁右翼中旗、前旗之主；布木布泰的祖父莽古斯及其弟明安、孔果尔，系博第达喇次子所生，也都各有领地、属民，后分别成为科尔沁部左翼中旗、后旗、前旗之主；博第达喇之弟诺门达喇后来成为科尔沁右翼后旗之主；博第达喇的其他儿子又分出札赉特一旗、杜尔伯特一旗和郭尔罗斯前、后两旗。以上统称科尔沁十旗。

蒙古东迁改变了东北地区的力量对比。原来是女真人势盛，与明朝对峙，明辽东守将尚能勉强应付。而从此以后，除女真之外，又增加十余万强劲的蒙古铁骑,不时骚扰,致使明朝陷入顾此失彼的被动局面。蒙古与女真联合进犯辽东,进一步削弱明朝实力,给新兴民族——满族的兴起以有利契机。

蒙古东迁,踏出了一条新的科尔沁蒙古贵族与满洲贵族之间联姻的通道,预示了66年后出生的本书主人公的归宿。

明万历四十一年(1613年)二月初八,布木布泰出生在今内蒙古自治区通辽市属科尔沁左翼中旗花吐古拉镇浩日彦艾力嘎查的蒙古贵族世家。父亲是莽古斯的独生子宰桑贝勒。布木布泰有四个哥哥,大哥乌克善,二哥察罕,三哥索诺木,四哥满珠习礼。还有一个姐姐海兰珠。她是宰桑贝勒最小的女儿、掌上明珠,得到全家无微不至的呵护和关爱。

我国东北,是满族发祥地,又是多民族聚居地区。到明代,人口较多的有汉族、满族先世女真族、蒙古族以及朝鲜族。

满族先世女真族历史悠久,最早可追溯到商代的肃慎。唐代称靺鞨,世居今黑龙江和松花江流域以及长白山麓。辽代女真逐渐强盛。1115年,以女真完颜部为核心,建立金国,并于1125年、1127年相继灭辽和北宋,统治中国北部。留在东北的女真人,到明中期,分为建州女真(包括长白山等部)、海西女真、东海女真等三部。明初至明中叶,女真族曾逐步南迁:建州女真原居牡丹江入松花江口东西两侧,后南迁至东起长白山东麓和北麓,南至鸭绿江边,西抵辽宁省抚顺,北界松花江上游,以浑河、苏子河流域为中心的广大地区;海西女真主体部分原居于以今呼兰河为中心的松花江中游地区,后逐渐南移,形成叶赫、哈达、辉发、乌拉四大部,分布在开原、铁岭边外,东北临东海女真和朝鲜,东南与建州女真接壤,西与科尔沁、郭尔罗斯蒙古部落为邻;东海女真个别也有南迁和内附的,但大多数仍留居在黑龙江、乌苏里江流域和松花江下游地区。后来其中一部分被建州统一,另一部分则成为鄂伦春、鄂温克、达斡尔、赫哲等民族。

蒙古族是成吉思汗势力强盛时大量进入东北地区的。1368年元朝灭亡后,其在东北的主力败退,残部归降明朝,朱元璋在蒙古族较为集中的嫩江下游、洮儿河流域设立朵颜、泰宁、福余等兀良哈(意为森林居民)三卫,进行管理。"三卫"于明正统、宣德年间陆续南迁至喜峰口等长城边外及靠近锦州、北镇、铁岭、开原等地区。后逐渐被东迁的喀喇沁、内喀尔喀及科尔沁等蒙古各部融合。

蒙古与女真相邻而居，交往频繁，关系密切。明朝初年，就有一部分蒙古人进入并附属于女真部落而居。女真人也有因生活困苦，到蒙古人家中充当庸工的。清太祖努尔哈赤本人，就曾在蒙古部劳作。至于彼此通婚，更是常事。海西女真四部中，至少叶赫、乌拉、哈达三部，都是与蒙古相互融合、通婚而形成的女真部落。他们的始祖明文记载自己是"蒙古人"或"蒙古苗裔"。建州大首领李满住的三个妻子中，蒙古妇女居其二。

建州女真与科尔沁部首领之间的联姻，从爱新觉罗努尔哈赤（1559—1626年）时起逐渐频繁。它对满蒙联盟起了积极作用，并留下深远的政治影响。

塞牧虽称远，姻盟向最亲。
嗣徽彤管著，绵泽砺山申。
设侯严喧沓，请尘奉狩巡。
敬诚堪爱处，未忍视如宾。

这首诗是乾隆皇帝巡幸科尔沁部时所写，诗中乾隆皇帝对历代姻亲的科尔沁部蒙古王公贵族，不忍以臣子和宾客相看，似乎很有一家人的感情。这表明了清朝皇室与蒙古各部，特别是科尔沁部落之间密切的联姻关系。

以联姻达到某种政治目的，是古代王朝、部族之间采用的一种手段。提到中国古代的"和亲"或"联姻"，人们马上会想到汉代的昭君出塞，唐朝的文成公主入藏。她们对中原王朝与边疆民族关系的和好以及多民族国家的形成发挥了特殊作用，其事迹和贡献已经成为了千古流传的佳话。清代的满蒙联姻与汉唐"和亲"最大的不同，是它不是一种特殊的或者非常时期的个别政策，满蒙联姻具有规范的制度性。满蒙联姻不是一两个女子，而是一大批人，而且满族与蒙古族的姻亲关系保持了三百多年。清朝皇帝掌握着皇室及宗室王公子女的婚配权，以指婚的形式决定他（她）们的婚姻。皇子皇孙及宗室王公子弟的婚配，是由皇帝或者太后从八旗中选出的"秀女"指配，有时也择取蒙古王公的女儿成婚。皇女、皇孙女及宗室王公的女儿，则由皇帝（或太后）

择取八旗及蒙古王公的适龄俊秀子弟，指配聘嫁。满族帝王之家的这种指婚制，从清入关前一直实行到清末。正是这种姻亲关系，对中国北方这两大尚武勇悍民族的长期和好，对清廷统辖与治理边疆蒙古地区，起到了重要的作用。而且，由于满蒙民族之间的长期通婚，人数众多，又繁衍了更多的具有满、蒙民族血统乃至含有汉族血统的混血后裔，对于民族融合，也具有不可忽视的积极意义。

据史料统计，努尔哈赤时，同漠南蒙古联姻共39次，其中同科尔沁部联姻竟占11次；皇太极时，同漠南蒙古联姻共41次，其中同科尔沁部联姻竟占18次之多。科尔沁王公之女先后有19人做了努尔哈赤和皇太极的皇后、妃子。从这些数字可以得知，科尔沁部与清皇室联姻时间最早，次数最多，对努尔哈赤和皇太极统治地位的巩固起了重要作用。而在清朝则是双方互相嫁娶，而且从清开国之前一直延续到清末不断，即所谓的"北不断亲"。为了使这种联姻关系固定化，清朝还建立了"备指额驸"制度：即规定在内蒙古的科尔沁、巴林、喀喇沁、奈曼、翁牛特、敖汉等归顺较早的13个旗内，于王公贵族的嫡亲子弟及公主格格的子孙中，挑选15岁以上20岁以下，聪明俊秀者，将其衔名年龄注册登记后，于每年十月报送中央的理藩院备案。这些已上报姓名的蒙古青年，由其父兄于年节到京向皇帝请安时，各自带来，以备清皇室选为公主格格们的夫婿。在全国众多的蒙古部落中，被指定实行备指额驸制度的仅有13个旗，其中科尔沁部即占五旗，可见在这个制度下，科尔沁部是得天独厚，享有殊荣的。

满族与蒙古族的联姻又以科尔沁部和爱新觉罗家族联姻为主，这一传统是努尔哈赤开创的，更具体地说是从九部联军伐满的古勒山战役之后开始的。军事打击胜利后，努尔哈赤采取了怀柔政策，将俘虏的科尔沁部首领赐锦衣战马优待放还。第二年，明安向努尔哈赤遣使通好，努尔哈赤亦崇礼相待，利用军事上的优势地位，辅以恩威并施政策，使得科尔沁部逐渐向自己靠拢。明万历四十年（1612年），努尔哈赤听说科尔沁贝勒明安的女儿博尔济吉特氏"颇有丰姿，遣使欲娶之"。明安见努尔哈赤主动认手下败将为岳父，受宠若惊，立即解除了女儿与别人定下的婚约，亲自送女儿去建州女真。努尔哈赤以礼亲迎，大宴成婚。科尔沁明安贝勒便成为蒙古各部第一个与建州女真建立联姻关系的封建王公。这件标志性的政治联姻对后来影响非常深远。明万历四十三年

(1615年），努尔哈赤又纳科尔沁部贝勒孔果尔之女为妃。自此，清皇室与科尔沁部的蒙古封建主开始了联姻。这种关系从清朝开国之前一直延续下来，双方互相嫁娶不断，由此揭开了双方友好睦邻的新一页。

与此同时，双方在军事行动上的协助也已开始，清军八旗劲旅的金戈铁马曾助科尔沁部打退蒙古察哈尔部林丹汗的进攻，科尔沁的铁骑洪流也为清王朝统一女真、征服蒙古、讨伐明朝的战争立下赫赫功勋。到后金天命十一年（明天启六年，1626年），科尔沁部已在各蒙古部落中率先归附清朝。清崇德元年（明崇祯九年，1636年）清朝开始对蒙古各部首领授官封爵，并推行盟旗制度。科尔沁部十旗组成哲里木盟。会盟地点定在今兴安盟科右中旗西哲里木之地。这标志着清朝与科尔沁部双方君臣关系的最终确立。正如《清史稿》所记载的，联姻使"科尔沁以列朝外戚，荷国恩独厚，列内扎萨克二十四部首。有大征伐，必以兵从"。在清朝统一全国的战争中，科尔沁骁勇善战的蒙古骑兵与清军一起披坚执锐，横刀跃马，驰骋疆场。"如亲征噶尔丹，及剿策妄阿喇布坦、罗布藏丹津、噶尔丹策凌、达瓦齐诸设，扎萨克等效力戎行，莫不懋著勤劳。"

满蒙通婚联姻，作为清初统治者笼络蒙古各部落封建主的怀柔政策之一，并非对科尔沁部独有。除重点与科尔沁部联姻外，太祖太宗时期也重视与漠南蒙古其他各部的联姻。随着漠南蒙古各部相继归附，满蒙联姻范围逐渐扩大。从后金天命十一年（明天启六年，1626年）至清崇德四年（明崇祯十二年，1639年），在十几年的时间内，漠南蒙古对后金的归附，由努尔哈赤时的四部，骤增到皇太极时的二十二部。对来归附的蒙古各部，皇太极及时在他们中间选择额驸（即驸马），以增强其归附的牢固性。这方面最突出的事例是皇太极将次女下嫁给察哈尔部林丹汗的儿子额哲。虽然在争夺控制漠南蒙古各部的斗争中，皇太极和林丹汗处于敌对的立场，但是林丹汗毕竟是大汗，在蒙古各部中处于"正宗"地位。因此，当林丹汗败亡、其子额哲归附后，皇太极毫不犹豫地把固伦公主马喀塔许嫁给他。其娶婚仪式之隆重，赏赐物品之丰富，均前所未有。由此清太祖、太宗时期的满蒙联姻呈现出互相嫁娶的特点。娶蒙古王公之女为后妃，使蒙古族女子离开草原，走进清朝宫廷和王府。而公主及宗室女下嫁蒙古王公贵族，使满族皇室之女离开宫廷，步入草原。从此时起，这种"北不断亲"的政策为清统治者所长

期奉行。也从此时起，这种联姻逐步形成制度。皇帝掌握着皇族之女的婚配权。通过缔结婚姻达到某种政治目的，成为这一家族的"家法"。努尔哈赤之侄大贝勒阿敏、皇太极之弟阿济格就因私自为女儿或弟弟择姻而受惩处。

满蒙通婚联姻和对蒙古王公贵族加官晋爵，是清朝统治者笼络蒙古各部的怀柔政策。在这两方面，科尔沁部在蒙古各部落中都居于首位，而科尔沁中最突出、最具代表性的就是莽古思家族。

在清代，蒙古族皇后共有六位，其中四位出自科尔沁部，而且皆属莽古思家族，即孝端文皇后、孝庄文皇后、清世祖废后和孝惠章皇后。三代人出现了四位皇后和多位皇妃，这在清代乃至其他各个朝代都非常罕见。前面已经提到，科尔沁部的莽古思、明安本是兄弟，在明万历二十一年（1593年）与女真族叶赫等部联合抗击努尔哈赤，兵败后归顺。在明安的女儿嫁给努尔哈赤后，满蒙联姻开始，莽古思在万历四十二年（1614年）将自己的女儿、寨桑的妹妹哲哲嫁给皇太极，此女即后来的孝端文皇后。寨桑的母亲清人称之科尔沁大妃，在天聪、崇德年间，曾数次往盛京朝觐。清崇德元年（明崇祯九年，1636年）她的女儿正位中宫。次年皇太极追封莽古思为和硕福亲王，立碑于墓。封大妃为和硕福妃，她去世于顺治初年。寨桑的妻子名博礼，清人称之科尔沁次妃，曾伴其婆母多次往来于科尔沁草原和盛京之间，当然这其中亦有促进满蒙联合的政治目的。寨桑夫妇去世后，顺治帝于顺治十二年（1655年）追封寨桑为和硕忠亲王，博礼为和硕贤妃。其孙和塔遵旨立碑于他们的长眠之地。

莽古思家族的第二个皇后就是本文的主人公孝庄文皇后，后金天命十年（明天启五年，1625年）寨桑将13岁的布木布泰嫁给了皇太极。布木布泰第一次见到皇太极和多尔衮，就早已芳心暗许。布木布泰虽然对有些莽撞的多尔衮很生气，但转念一想，蒙古草原要有他那样勇猛的英俊男子该有多好啊！那位英气逼人的中年男子也不错，但那是姑姑的丈夫。布木布泰甚至有点向往白山黑水的沈阳了。

就在遇见皇太极兄弟的那天，布木布泰见到了多年未见的姑姑哲哲，即皇太极的大福晋。在寨桑府邸，娇羞的布木布泰赖在姑姑怀里撒娇时，不时地瞟一眼姑姑身后玉树临风的多尔衮。

宴会结束后，布木布泰带着多尔衮在科尔沁草原上散步聊天，调皮的小格格因羞涩而显得文静、谦和。那个下午，两个年轻人相谈甚欢。当天傍晚，依依惜别的多尔衮消失在布木布泰含情脉脉的目光深处。两个孩子太小，谁也没发现他们的相处有什么异样。

后金天聪八年（明崇祯七年，1634年）寨桑又将孝庄的姐姐嫁给皇太极，此女于清崇德元年（明崇祯九年，1636年）封关雎宫宸妃，最受皇太极宠爱，不幸早逝，死后追封敏惠恭和元妃。到顺治八年（1651年），寨桑长子科尔沁和硕卓哩克图亲王乌克善之女、孝庄的侄女，被清世祖顺治册为皇后，后来被废，降为静妃。顺治十一年（1654年），寨桑次子察罕的儿子、科尔沁镇国公绰尔济，将两个女儿都嫁给了顺治。姐姐被册为后，即孝惠章皇后；妹妹封为妃，即淑惠妃。推算起来，这两姐妹都是孝庄的侄孙女了。这样的联姻，呈现出一些复杂的情况。明安和莽古思是亲兄弟，却分别将女儿嫁给了努尔哈赤和皇太极父子；孝端与孝庄、宸妃本是姑侄两代，却先后同嫁了皇太极一夫；顺治与绰尔济本是姑舅表兄弟，却娶了他的两个女儿为后、妃。这种通婚联姻尽管从今天的风俗看来不合伦理，但在当时的满蒙礼俗看来完全正常。

科尔沁部女子嫁往清宫的同时，清朝皇室的公主和格格也下嫁科尔沁部蒙古王公。清代的皇后之女封固伦公主，嫔妃之女和由中宫抚养的宗室之女封和硕公主。宗室中有封爵者之女皆称格格，其中亲王女称和硕格格为郡主，郡王女称多罗格格为县主，贝勒女亦称多罗格格为郡君，贝子女称固山格格为县君，镇国公和辅国公女称格格为乡君。其他宗室女皆谓宗女。把清皇室的女子下嫁给蒙古王公和贝勒是清皇室加强与科尔沁部联姻关系的另外一项重要制度，也就是前文讲过的"备指额驸"制度。额驸是满语，即汉语的驸马，是对公主和格格丈夫的称呼。固伦公主之夫称为固伦额驸，和硕公主之夫称为和硕额驸。格格之夫依次称为郡主额驸、县主额驸、郡君额驸、县君额驸、乡君额驸。

不管是出于政治目的还是出于家族利益，清初下嫁给莽古思家族的公主与额驸实际上血缘关系非常近。这里不妨举两个例子来说：

寨桑的三子，孝庄的三哥叫做索纳穆，他在皇太极执政期间，曾经率领自己的蒙古骑兵，帮助清军击败蒙古察哈尔部，并且在多次伐明的战争中立下了汗马功劳，后来不幸病故于军旅之中。清崇德四年（明崇祯十二年，1639年），清太宗皇太极把他的第三个女儿固伦端靖长公主

下嫁给索纳穆的儿子奇塔特，并于清崇德八年（明崇祯十六年，1643年）赐予固伦额驸仪仗。并且颁发了极为隆重的奉天诰命追述他父亲的战功并对他给予勉励：

奉天承运，宽温仁圣皇帝制曰：自开辟以来，有天下者，女称公主，所以昭玉叶之贵；婿称驸马，所以示推爱之谊。自古迄今未常更也。今朕即大位，爰仿古昔定诰封驸马之制。兹尔奇炭，原系撧水熬镇科儿亲国主之裔也，特蒙朕眷，俾尚公主，称为驸马。勿挟贵而骄矜，勿恃恩而敢慢。尔其更加勤慎勉遵道义，敬之哉。勿负朕命。大清崇德八年八月初八日。

下嫁的奇塔特的固伦公主是孝端文皇后的女儿，生于后金天聪二年（明崇祯元年，1628年）。初封为固伦公主，下嫁奇塔特后，于顺治十四年（1657年）晋封固伦长公主。顺治十六年（1659年）又封固伦延庆长公主，复改固伦端靖长公主。由于孝端与寨桑是兄妹关系、寨桑与奇塔特又是祖孙关系，这位公主与她的额驸其实原有表姑侄的关系。

还有一个例子，清崇德六年（明崇祯十四年，1641年）清太宗皇太极的第四个女儿固伦雍穆长公主下嫁给弼尔塔哈尔，他们俩实际上是表兄妹关系。在康熙皇帝所撰的《固伦雍穆长公主圹志文》中清清楚楚表明：固伦雍穆长公主是清太宗皇太极的女儿，顺治帝的姐姐，是康熙帝的姑母。固伦雍穆长公主于后金天聪三年（明崇祯二年，1629年）出生，康熙十七年（1678年）去世，享年五十虚岁。选定于康熙十八年（1679年）十二月初五日安葬在东边滕额里克界绰和儿之地。

从中我们可以知道这座墓葬为清代固伦雍穆长公主之墓。她是孝庄皇后所生的雅图，是皇太极的第四个女儿。初封固伦公主，顺治十四年（1657年）进封固伦长公主，顺治十六年（1659年）封固伦兴平长公主，复改固伦雍穆长公主。于清崇德六年（明崇祯十四年，1641年）下嫁弼尔塔哈尔。额驸弼尔塔哈尔的父亲是乌克善，是寨桑的长子、孝庄的长兄，第一代科尔沁和硕卓哩克图亲王。弼尔塔噶尔与雅图结婚后，于清崇德八年（明崇祯十六年，1643年）赐固伦额驸仪仗，在康熙五年（1666年）承袭父爵，为第二代卓亲王。康熙六年（1667年）去世。从上面的血缘关系网络我们可以推知，雅图的母亲孝庄是弼尔塔噶尔的姑母，而弼尔塔噶尔的父亲乌克善则是雅图的舅父，所以雅图与弼尔塔噶尔有姑舅之亲的表兄妹和夫妻双重关系。

总之，在全国的内外蒙古部落二百余个扎萨克旗中，被指定实行备指额驸制度的只有13个旗，其中科尔沁部就占有五旗，可见在这个制度下，科尔沁部是得天独厚，享有殊荣的。清初至道光年间，仅科尔沁左翼中旗的公主子孙台吉、姻亲台吉就达到二千余人。清代共有118位格格和宗室女下嫁到蒙古各部落，其中嫁往科尔沁部的即有24人，占了1/5。其中从崇德年间到嘉庆年间，六朝嫁往科尔沁部的公主就有12位。由此可见满清朝廷对科尔沁来说可谓皇恩浩荡，而科尔沁对清廷则是忠心耿耿。

这里有必要介绍下孝庄的夫君——皇太极地位逐渐上升的过程。皇太极是努尔哈赤的第八个儿子，后来在既非长子、又无遗命的情况下能在16个兄弟中脱颖而出顺利继承汗位并不是偶然。其中最重要的一点就是皇太极富于谋略和远见。他的其他兄弟在复杂的宫廷斗争中则相形见绌，要么地位一落千丈，从此失宠；要么幽禁牢笼，甚至性命不保。还有一种就是淡泊名利，力图置身于权力斗争漩涡之外，以期明哲保身。

皇太极的母亲是叶赫部的孟古姐姐。努尔哈赤娶叶赫那拉氏有一番来历。在努尔哈赤领导的建州女真与叶赫那拉部交恶之前，有一次，努尔哈赤落难逃到了叶赫部，叶赫部的贝勒杨吉砮看到努尔哈赤这个人不一般，很器重他，决定将自己的小女儿孟古姐姐许配给他。努尔哈赤有点不解地问："为什么不把已到婚龄的长女嫁给我，反倒要我去等待一个才8岁的小女孩成长呢？"杨吉砮回答说："我是一片好意。我的大女儿虽然年长，但是相貌平平'人品庸俗'，小女儿尽管还未长成，却是聪明貌美品德非凡，只有小女儿才能配得上你。"努尔哈赤听后自然心花怒放，立即同意了这桩婚事，并送了一份丰厚的聘礼给叶赫部。

杨吉砮死后，他的儿子纳林布禄，就把他的这个妹妹送嫁努尔哈赤，这年孟古姐姐14岁，于明万历二十年（1592年）十月二十五日生了一个儿子，这个儿子就是皇太极，努尔哈赤的第八子。据说这个名字代表着努尔哈赤传位于他的殷殷厚望。皇太极7岁之时，努尔哈赤对这个聪颖过人的儿子的喜爱已经超过了七个年长的儿子，并向众人宣布，家中所有的事务，都由皇太极全权决定。

皇太极10岁的时候，叶赫那拉氏病重，想要见她的母亲，努尔哈赤派人通知纳林布禄，但由于万历二十一年（1593年）的古勒山之战，九部联军的首领叶赫部贝勒布斋被建州的额亦都给杀了之后，建州一刀劈成两半，一半留在建州，留在努尔哈赤那儿，另一半拉回叶赫，从此建州与叶赫结下不共戴天之仇，纳林布禄和建州的努尔哈赤从此势不两立。叶赫贝勒纳林布禄没有同意努尔哈赤的要求，最后孟古姐姐含恨离开了人世。幼年失母虽然在皇太极心里留下了一道阴影，但却使他更加坚强。

在皇太极众兄弟汗位争夺之前，他们的父汗努尔哈赤首先把对继承人顺利继汗位的一个潜在威胁除掉了，他就是努尔哈赤的胞弟舒尔哈齐。

舒尔哈齐是满清创立的第二号功臣，他原来的地位仅次于努尔哈赤，各部酋长拜见的时候，两兄弟是同时受贺的，分南北落座。明朝的边将称他是二都督。舒尔哈齐自起兵之后屡立战功，是努尔哈赤不可缺少的臂膀。舒尔哈齐也是以努尔哈赤的继承人自居。有一次朝鲜使者申中一在朝见努尔哈赤以后，舒尔哈齐对他说："以后你们送礼也要送我一份！"舒尔哈齐去明朝朝见的时候，明朝对他很是礼遇，按照对待努尔哈赤的标准来招待。舒尔哈齐还和辽东总兵李成梁结成亲家，舒尔哈齐自认为世受明朝国恩，应该加力报效，所以，明朝在承认了他们兄弟的地位后，他就认为关于祖父、父亲的仇恨可以了结。努尔哈赤的理想却不止这些，尽管不敢马上和明朝翻脸，但他看清了明朝的腐败，希望把自己的领地进一步扩充。最重要的是随着自己年纪增大，儿子长大成人，努尔哈赤不想让他的弟弟成为他的合法继承人，兄弟矛盾激化已在情理之中。在万历三十七年（1609年），已嗅觉到火药味的舒尔哈齐准备率领儿子逃跑，努尔哈赤大为震怒，杀掉了他的两个儿子，长子阿敏、四子济尔哈朗由于众人求情才得以苟活。此后，努尔哈赤清洗舒尔哈齐的部众，没收他的全部家产。就在同一年，努尔哈赤采取阴狠的手段除掉了舒尔哈齐。有一天，他借新营落成召开饮宴的名义，将舒尔哈齐召入新营的寝宫，然后就地翻脸把舒尔哈齐幽禁起来，这间寝宫的门被铁汁灌注，仅留下了两孔：一通饮食一出便溺，以示永不开启。可见努尔哈赤对危及自己和子孙绝对权力的人是不会容情的。两年后，舒尔哈齐忧愤而死，明朝知道后，痛加追悼。从此之后，汗位争夺就在努尔哈赤儿子之间进行。

在皇太极的众兄弟中,汗位的继承人选颇多。但最终他们在精明能干、深谋远虑的皇太极面前纷纷落马,失去汗位继承机会。努尔哈赤的诸子是他建立宏图伟业的左膀右臂。努尔哈赤的16个儿子分别是长子褚英、次子代善、三子阿拜、四子汤古代、五子莽古尔泰、六子塔拜、七子阿巴泰、八子皇太极、九子巴布泰、十子德格类、十一子巴布海、十二子阿济格、十三子赖慕布、十四子多尔衮、十五子多铎、十六子费扬果。其中长子褚英、次子代善、五子莽古尔泰最早建功立业。满族先人女真像许多游牧民族一样,汗位继承没有实行嫡长子继承制,但是并非这16个人都可以继承汗位,其中努尔哈赤侧妃和庶妃所生的第三、四、六、七、九、十一、十三子没有继承资格。皇太极后面有继承资格的弟弟年纪尚轻,对军功卓著、文韬武略和政治斗争样样在行的皇太极还不构成威胁。于是皇太极与众兄弟地位的角逐就在最早建功立业的长兄褚英、二哥代善、五哥莽古尔泰之间进行。

褚英是努尔哈赤的长子,他19岁开始跟随其父起兵,作战英勇异常、颇识韬略,从明万历二十六年(1598年)征讨安楚拉库开始,大小战役一百余次,成为满洲数一数二的勇士。在清王朝开国奠基的年代里,显赫的军功使褚英在爱新觉罗家族中特别夺目。褚英在明万历三十五年(1607年)正月的乌碣岩战役中和代善仅率领1000人,分两路突袭乌拉兵,以少胜多立下大战功后,努尔哈赤赐封褚英"阿尔哈图图门"(意为:广略)的称号。后就以广略贝勒称呼褚英。褚英还是当时满洲最早获得"洪巴图鲁"称号的人,意思是他是满洲的民族英雄和勇士。明万历四十年(1612年),努尔哈赤将功勋卓著、声望日隆的褚英定为继承人,让他主持国政。

褚英虽然在沙场上骁勇无敌,但是,在处理和弟弟、大臣们的关系上缺乏经验,竟然宣称:凡与我不友善的弟弟和对我不好的大臣,等我做了汗王之后,均要把他们处死。而且又非常小气和贪婪,作为长兄,他本来分到的人口、马匹和财帛肯定会多些,随着众弟弟的长大,他强迫弟弟们对天盟誓,不准再分财产。于是诸弟弟们人人自危,皇太极联合代善、阿敏、莽古尔泰和努尔哈赤最为宠信的五大臣(费英东、额亦都、扈尔汉、何和礼、安费扬古),不断地在努尔哈赤面前冒死告状。由于四大贝勒和五大臣九个人都不愿意让褚英成为努尔哈赤的继承人,加上褚英做人确实有问题，所以褚英很快就失去了父宠，最终在明万历四十一年（1613年）三月二十六日，也就是褚英刚执政的两个月后就被父亲幽禁了起来。和叔父一样，褚英再没有活着走出那扇门。两年后，当努尔哈赤打算正式称后金大汗的时候，褚英被父亲处死。

褚英死后，权力出现了真空。作为皇二子的代善势力最大，努尔哈赤本人领有两黄旗，代善自己领有两红旗，其他诸弟都只领有一旗。但是，代善为人宽厚，优柔寡断，手腕远不及皇太极。其中有一件事对代善的政治前途影响很大，那就是皇太极的小庶妃告发他和努尔哈赤的大妃乌拉阿巴亥有暧昧关系，努尔哈赤经查证后属实。但小小的一个庶妃怎么有如此大的胆子呢？实际上这里就有皇太极的作用和高明之处。当时皇太极已经被父亲委以处理一切家事之权，即掌管包衣牛录，主持家政，后宫的一举一动尽在眼底，而且他又善于联合他人，打击异己。自己不出面，借刀杀人被他运用得淋漓尽致。代善的被揭发使得努尔哈赤大为震怒，但这是家丑，不便张扬。导致努尔哈赤对代善完全失去信心的，是他接连又做了几件愚蠢的事。

其一是代善虐待前妻之子硕托。这时的努尔哈赤本来就对他印象不好，他竟然糊涂到听信后妻的话打击自己前妻所生的儿子，在分拨部众时，把自己淘汰的分给硕托，还诬陷他与自己的小妾私通，并多次请示努尔哈赤，要求处死硕托。努尔哈赤调查后发现此事纯属子虚乌有，勃然大怒地责问代善："你也是我前妻所生的儿子，我是怎样对待你的？你这样存心不善，将来怎么主持国家大政？"这件事之后，代善被革除汗位继承人资格和大贝勒的爵位，削去部众，贬为庶民。幸好代善不像他哥哥一样桀骜不驯，他杀妻认罪，知错就改，才得以恢复部众和大贝勒的爵位，降到和皇太极等人一样的地位，但代善从此失宠。

皇太极的五兄，三贝勒莽古尔泰虽有继承权，其实他对皇太极不能构成真正的威胁，因为他有勇无谋，要他领兵打仗，他绝对是个冲锋杀敌的好手，但要他运筹帷幄决胜千里又稍嫌不足，要他深谋远虑，笼络人心，规划自己的将来肯定是做不到。

莽古尔泰的母亲富察氏衮代，本来是努尔哈赤的同族兄弟威准之妻，后再嫁太祖。论出身和地位，富察氏不能与孟古姐姐相比，更何况一再嫁之身，然而正是由于富察氏先归太祖两年，就顺理成章地当上了继任的大妃。后金天命五年（明泰昌元年，1620年）富察氏得罪太祖，至于什么原因现在也不知道。皇太极曾经对诸贝勒将领说过："莽古尔泰幼时，父亲对他不曾与朕一体抚育，因一无所给，所以朕推食解衣待他。后来为取悦邀宠于父亲，他竟杀害自己母亲。父亲因此令养于德格类家，你们难道不知道吗？"莽古尔泰竟然杀害自己的生母以此邀宠父亲，如果此说是真，可以想象莽古尔泰是何等的鲁莽和残忍。这样一个有勇无谋、生性鲁莽的人肯定无法服众。因此他不可能继承汗位，更没有条件做一国之君。

　　皇太极地位的上升，哲哲作为和硕贝勒的福晋，地位也随之提高。皇太极成为了未来最有希望的汗位继承人，一切如此的顺利，但哲哲有一个困扰已久的难题，那就是自己承担着为爱新觉罗氏生儿子、维系科尔沁草原在后金宫廷中未来地位的重要责任。然而她越是盼子心切，送子娘娘越是不曾光顾她，连生了三个女儿以后，便无法生育了。科尔沁草原的王公们仍对后金没有出一位带蒙古血统的王子，表现得失望中透着担忧。

第一章　少年时光

第二章
出　嫁

　　布木布泰嫁给皇太极的经过，还得从她的姑姑孝端文皇后说起，她是莽古思家族嫁入爱新觉罗家族的第一位先行者。

　　孝端文皇后（1599—1649年），博尔济吉特氏，名叫哲哲，是蒙古科尔沁部落贝勒莽古思的女儿。她端庄仁厚，位于中宫，是皇太极的结发妻子，且历经努尔哈赤、皇太极、顺治三朝，均备受尊崇。驾崩后与皇太极合葬盛京昭陵。从顺治皇帝开始到雍正、乾隆朝累加谥号为：孝端正敬仁懿哲顺慈僖庄敏辅天协圣文皇后。

　　明万历四十二年（1614年）六月，也就是在布木布泰2岁的时候，莽古思亲自护送16岁的哲哲与皇太极成亲。迎娶之际，皇太极率领部下从赫图阿拉城出发，北行三百多里到达辉发部扈尔奇山城，在此杀牛宰羊举行隆重的迎亲仪式和结婚仪式。婚后皇太极对哲哲既喜爱又敬重，皇太极外出打猎也要携哲哲出行，皇太极坐殿，哲哲有时与他左右而坐。在后金天聪元年（明天启七年，1627年），封哲哲为"大福晋"，主持家政，管理后宫一切事务，包括对其他侧福晋及庶福晋的管束。哲哲之所以受到如此重视，获得大福晋的尊贵地位，并不完全由于皇太极对她的倾心，主要还是她出身于蒙古大领主世家。

　　皇太极地位不断上升，布木布泰的姑姑哲哲是看在眼里，喜在心头，加上夫君又非常疼爱自己，更使她感觉这是自己和科尔沁家族的荣耀。哲哲想到自己现在地位尊贵，按满族的习惯，父汗在时子以母贵，如果自己生下个儿子那该有多好啊！但就是这件事美中不足，她与皇太极结婚也有七八年了，夫妻之间如胶似漆，却一直没有儿子，这可是头等大事啊。自己现在年轻，夫君也是鼎盛之年，也许现在还不觉得，以后要是当上了大汗，子嗣继承人要不是己出，今后母以子贵，正福晋的地位肯定不保，老了之后只能寄人篱下。

当然哲哲担心的远不止这些，其中科尔沁与满族当时的关系也让她担心。自她嫁给皇太极后，科尔沁和后金发生了一些不和谐的事情。如天命年间，叔父明安的儿子桑噶尔寨联合内喀尔喀攻伐努尔哈赤，他的三个儿子还抢夺了满洲的300牧群、76只貂以及若干鹰网和鸟。努尔哈赤唯恐科尔沁军事实力增长，已经中止了向科尔沁部出售弓箭，这说明满洲与科尔沁部之间存在着信任危机。这些摩擦与矛盾，随时可以使建立起来的良好关系破裂，丈夫的母亲孟古姐姐当时不就是夹在建州和叶赫之间左右为难不好容身吗？

还有一个对科尔沁部的不利因素，就是察哈尔的林丹汗在明朝财力的支持下，对漠南蒙古采取"从者收之，拒者杀之"的政策，这引起了家乡父老的强烈不满和反抗。眼前的形势是后金势力的不断增长，特别是后金天命四年（明万历四十七年，1619年）的萨尔浒大捷，后金大败明朝杨镐四路大军使满洲的威名远播。作为皇太极的福晋，作为科尔沁和满洲联姻的重要人物，哲哲不能对此置之不理啊！为了家乡父老的命运也为自己的将来，她想到了一个好方法：为自己的侄女做媒，一手促成了布木布泰和皇太极这门亲上加亲的婚事。

当时的莽古思家族中，聪明乖巧的布木布泰到了出阁年龄，当然他们也在尽力为她挑选一个有前途的夫君。在努尔哈赤的十几个儿子和几个孙子中究竟选择哪一个为孙女婿呢？从年龄上看，儿子辈中最般配的是多尔衮，孙辈中则是豪格，他们既上进又与孙女年龄相近。

但满蒙联姻中最看中的是地位，多尔衮和豪格还只是个乳臭未干的毛头小伙子，都不在四大贝勒之列。通过哲哲他们知道后宫中的微妙关系，四大贝勒中的皇太极地位不断上升，从后金天命六年（明天启元年，1621年）就协助后金大汗处理政务，既接近权力中心，又积累了从政经验。成婚12年后，对自己的生育能力已经没有了信心的哲哲决定从草原上再接一位博尔济吉特氏到后金来，替自己完成这个生儿子的任务。

在征得家族的同意之后，她选中了自己的侄女、弟弟寨桑的女儿布木布泰。哲哲把这件事告诉皇太极，这不禁又勾起了皇太极当年在草原上初识布木布泰的回忆，心下非常乐意，何况哲哲对自己的生活和子嗣如此关心，要知道妻妾成群的贝勒中有多少女子为了邀宠争风吃醋，甚至处心积虑陷害他人啊！难得哲哲如此识大体。

这一切对布木布泰来说也许是身不由己的,她太小了,要知道夫君的大儿子豪格都要比自己大啊!很难想象面对比自己大了21岁的皇太极,懵懵懂懂的布木布泰能有男女之间的那种微妙情感。不过,在出嫁之前,她倒是经常在家里听到皇太极的名字,而且,也和皇太极有过一面之缘,这一切还得从头说起:

1624年,大金国天命九年,赫图阿拉城里一片喜气洋洋。清扫干净的沙土街道上泼洒了净水。兵士们牵马扛枪走过,并没有扬起尘土。戎装的将军、34岁的皇太极,骑在一匹彪悍的蒙古马上,带领着一队白旗士兵,和几个大贝勒同行,去迎接科尔沁几个鄂托克台吉和他们的家眷,后金与科尔沁蒙古盟誓交好的仪式要在赫图阿拉城外举行。

莽古斯和他的大福晋,寨桑和他的福晋都喜气洋洋地来到赫图阿拉。按照哲哲的要求,他们专门带上儿子吴克善和女儿布木布泰。

哲哲和母亲莽古斯大福晋、嫂子寨桑福晋坐在哲哲大宫的大炕上,亲热地拉着家常话。哲哲已经多年没有见过母亲和娘家人,这次见面是哲哲出嫁十年来的第一次,娘俩有说不完的话。哲哲的三个女儿,大的8岁,老二6岁,小的也已经4岁,三个小姑娘都依着母亲有些怯生生地看着陌生的姥姥。哲哲爱抚地摩挲着小女儿的黑发,深深地叹了口气说:"一连生了三个女孩,生小三的时候大出血,不能再生了。我真担心遭四贝勒的抛弃。我想把布木布泰接来给四贝勒,不知你们同不同意?"

哲哲推开窗,院子里的布木布泰正玩得高兴。

布木布泰第一次离开草原来到另一个地方,别提有多么兴奋。小姑娘像草原上的百灵鸟一样叽叽喳喳说个不停,问个不停。赫图阿拉的房屋宫殿比草原的蒙古包气派得多。她从没有见过房屋。赫图阿拉的树也叫她惊奇。草原上没有柳树、杨树、松树、榆树、白桦树。她从婀娜多姿的柳树上折下柔软的枝条编了一个头冠和一个大环,戴在头上,挂在脖子上,在姑姑哲哲的院子里到处跑。粉红色的蒙古袍衬着碧绿的柳叶,白皙的染着两朵红晕的小脸衬着乌黑的头发和碧绿的柳叶,娇媚得像朵带露的含苞玫瑰。

正看着布木布泰的莽古斯大福晋富态的大圆脸笑成一朵花,她连声说:"哪能不同意?这是多好的事情啊。我们科尔沁蒙古还要仰仗金大汗的保护,金大汗带给我们许多牛羊财物,许多绸缎毛皮。将来四贝勒一定要接金大汗的汗位,我说布木布泰要大福大贵了。"

寨桑小福晋也忙不迭地说:"是啊,是啊,这么好的事情,我们同意,同意。"哲哲望着娇媚可爱的布木布泰,微笑着说:"布木布泰这么美丽,又很聪明,在家读过书,识文断字的,我想她进宫能得到四贝勒的喜爱。我希望她过些年长大以后能成他的宠妃。只是希望我的侄女受宠后不会把我挤出汗宫。"

莽古斯大福晋拍了一下腿:"咳!那怎么会呐?自家骨肉,总是血比水浓。娶些女真福晋,可就难说了。"

"姑姑,姑姑。"布木布泰嫩生生地喊着推门进来,走到母亲和祖母身边,说,"姑姑这里真好玩。院子里的树真好看。"

哲哲从炕几的碟子里抓起一大把松子塞到她的手里,笑着问,"松子榛子好吃吗?"

布木布泰仰起脸,对哲哲嫣然一笑,说,"好吃。"

哲哲心里一动,暗想,这笑容可以迷倒所有的男人。她接着问:"那你就住在姑姑这里,不要回科尔沁,行不行?"

布木布泰小脸笑了,说:"我愿意留下来和姑姑住。"

哲哲的三个女儿一起围住布木布泰,拉着她的手,高兴得又蹦又跳,四个小姑娘手拉手跑出院子去玩。哲哲急忙命令使女跟出去照顾。寨桑福晋也叫使女苏默尔出去照看布木布泰。

哲哲的大格格一会儿跑了回来,她边跑边喊:"阿玛回来了!阿玛回来了!"

哲哲和科尔沁大小福晋急忙从炕上下来,恭立在南炕前等待皇太极进来。皇太极大步流星走到自己的院子门前。他准备去参加盟誓大会,回来换衣服。听说岳母和妻嫂已经来到自己的家里,他还没有时间回来拜见。因为他一直在议事大殿里,大汗召集十大固山额真贝勒商量盟誓。

皇太极走到院门旁,突然被里面尖叫着的一个粉红团冲得趔趄了一下。谁敢如此大胆,在院子里乱跑?父汗有极严厉的家规,不许使女下人乱跑乱叫。他正想发作,那团粉红却也摔倒在他的怀里,他就势扶住那粉红团,这才发觉这乱跑乱叫的是个小姑娘。他仔细看着怀里的小姑娘,这才发现她既不是自己的使女也不是自己的格格。皇太极仔细端详着小姑娘,那小姑娘也抬起头仰着脸大眼睛一眨不眨地盯着他看。皇太极一眼就看出,这是个极美极迷人的小姑娘,长大一定是个非常漂亮的大呼哨。

"你是谁?"皇太极笑眯眯地问,同时忍不住用手轻轻抚摸了她的小脸。那脸真是光滑、细腻、柔软,像水像宝石一样。

布木布泰仰着小脸,迎着皇太极那常常是耷拉着眼皮的,阴鸷的眼睛,没有怯意,朗朗回答说:"布木布泰。科尔沁蒙古寨桑台吉的格格。"

皇太极明白了。这是自己大福晋哲哲的娘家侄女。他朗声大笑起来:"这可是大水冲了龙王庙,自家人不认识自家人了。"布木布泰明亮的大眼睛流露出十分怀疑的表情,她好奇地问:"你是谁?我怎么不认识你?"

皇太极放开布木布泰,拉住她柔软光滑细腻的小手,那小手叫他的心里翻起一阵涟漪。他心不在焉地说:"你跟我回去就知道我是谁了。"

布木布泰从皇太极那常年拉弓射箭舞刀弄棍长满厚茧的粗糙的手中抽出自己的手,用小嘴吹着,不满意地嘟着小嘴说:"你的手真粗糙,把我的手都弄疼了。"

皇太极开心地哈哈大笑起来。这个可爱的小姑娘美丽又泼辣,太有趣了。不知她聘了没有?要是没有聘,我把她娶来倒是蛮不错。他暗自思忖:哲哲会不会反对?

皇太极走进上房,哲哲和科尔沁大小福晋一起向他问安。她们曲了右腿垂下右手打了个千。皇太极还了礼。

皇太极请她们坐到南炕上,自己拉出貂皮坐墩,在北炕前坐下,哲哲站在皇太极的身边,几个人说起了家常话。皇太极望着布木布泰,问莽古斯福晋:"这可是你的小孙女?"莽古斯大福晋点点头。皇太极问了她的年纪后很感兴趣地问:"12岁,也到了聘人的年纪,可曾聘了什么人家?"莽古斯大福晋摇摇头说还没有找到合适人家。皇太极大声笑了起来,连声说好。莽古斯大福晋和她的儿媳寨桑福晋有些不解,互相看了一眼。站在一旁的哲哲立刻明白了皇太极的心思,心中突然泛起一种不舒服的感觉,不过她马上压抑住自己的不快,满面笑容地对母亲和嫂子说:"我想四贝勒一定有好人家介绍给布木布泰。你们还不快谢过四贝勒。"莽古斯福晋和寨桑福晋立刻下炕给皇太极行礼表示感谢。

赫图阿拉城外的小岗下,平坦的草地上像科尔沁草原一样盛开着黄的红的紫的野花,野苜蓿在微风中摇曳。露天搭起的大帐篷给科尔沁王公台吉们以十分熟悉的草原生活的感觉。奥巴台吉莽古斯台吉寨桑贝勒等科尔沁兀鲁思内部左翼右翼的十三个鄂托克的台吉们分坐在大帐里，按鄂托克的排列顺序坐在各自的座位上，他们都穿着王爷台吉的官服，等待着与努尔哈赤的会面盟誓。大帐的后面，临时搭起高高的祭坛"堂子"，上面插着五颜六色的旗幡，坛前树着索罗竿。穿着五颜六色长袍的女真萨满巫师正在忙着作祭祀仪式的准备工作。

　　喜爱明黄色的努尔哈赤骑着一匹黄色骏马，明黄色的锦缎斗篷随风飘荡。盛装的努尔哈赤，头戴有三个东珠的金佛头暖帽，帽上插着鲜红的鸟羽式的红缨，在微风中微微摇曳，在急驰队伍中分外耀眼。

　　努尔哈赤身后并排驰来四大贝勒代善、阿敏、莽古尔泰和皇太极。四个剽悍的汉子和努尔哈赤十分相像，好像一个模子倒出的一样。一样的浓长眉毛弯到眼睛下，一样的细长眼睛，上眼睑总是低垂着。一样的八字胡须，穿着一样的有披肩领的朝衣袍，戴着一样的插着红缨的貂皮帽。只是各自骑着不同颜色的骏马，有白的，枣红的，黑的，花的，棕的。他们威风凛凛地骑在马背上。他们的身后，是另外六个精壮剽悍的小汉子德格类、岳托、济尔哈朗、阿济格、多铎、多尔衮，这是努尔哈赤在天命七年三月正式确定的嗣君制度和共治国政的十个和硕固山王，执政的十贝勒。

　　科尔沁汗率领着各鄂托克的台吉王爷齐齐站立走下座位欢迎后金大汗努尔哈赤的到来。他们恭立着等待大汗和诸贝勒下马。

　　努尔哈赤翻身下马，脱下斗篷交给侍卫，手按腰刀威风凛凛地走到科尔沁汗和台吉的面前。他哈哈大笑着向科尔沁汗行着蒙古礼，然后和蒙古王爷行满洲亲人相见的抱见礼。他的十位执政贝勒也面带笑容分别与蒙古台吉行礼。大帐前一片欢笑声。努尔哈赤带领十位固山额真登上祭坛。侍卫们牵来几只肥大健壮的乌牛，把它们拴到祭坛前面的木桩上。乌牛似乎知道它们的命运，流露出无限的哀怜，悲伤的大眼睛可怜巴巴地瞅着眼前的人，有的还默默流着眼泪，有的哀哀地低声呜咽。人们又拉来几匹高大肥壮的白马，可怜的白马，美丽的大眼睛同样流露着求救的神情。

　　主持祭祀的萨满巫师披上作法神袍。腰系围裙和铜铃，头戴高及两尺的二龙戏珠的萨满帽，手持神鼓神刀唱着跳着开始祭祀和盟誓活动。乌牛和白马被跳来跳去的萨满巫师一刀一刀捅死，鲜红的血流在祭坛

前，萨满接了满满一碗，放到神坛前，然后又割下白马乌牛的肉和骨，分别放在几个大碗里，把地上渗了血的土捧到另一个大碗里，一字排在神坛前。努尔哈赤带领着十大固山额真贝勒，科尔沁汗带领着科尔沁十三鄂托克台吉分列在祭坛前面，以手蘸着乌牛白马的热血对天盟誓。努尔哈赤和科尔沁汗苍劲浑厚的声音响在天地间："自此以后，大金和科尔沁蒙古将永为结好，如若背叛，天打雷轰。"

盟誓之后，努尔哈赤和科尔沁贝勒们在大帐前的白色木桌旁就座，盟誓宴会热闹地举行。皇太极和他的岳丈莽古斯、妻舅寨桑坐在一起，大碗饮着粮食酿造的酒，这酒比马奶子酒强烈醇香得多。

壮实的寨桑满脸络腮胡，带着几分醉意，高举着酒碗对皇太极说："四贝勒爷，我有个女儿，今年刚刚12岁，到了快出嫁的年龄。我和我的福晋想把她许配给你，不知你可愿意？"

皇太极一听，哈哈大笑起来："科尔沁蒙古出美女，你们的姑娘来一个我要一个。我现在有六个福晋，最喜欢的只是你的姐姐哲哲。现在你愿意把自己的女儿给我，我求之不得。来！让这碗酒作定。"

莽古斯也举起酒碗，三个黑铁塔似的男人仰起脖子，呱嘟呱嘟灌下碗中的酒，然后把碗狠狠地摔在地上。

这盟誓会上的联姻使大金和科尔沁蒙古的关系亲上加亲。努尔哈赤为他继续南下进攻明朝扫除了蒙古这个障碍。当时科尔沁兀鲁思是和蒙古左翼右翼六万户并立的重要势力。蒙古汗林丹都奈何不了它。努尔哈赤多年笼络和联姻交好，终于使科尔沁成为后金最可靠有力的盟友。

后金天命十年（1625年）二月初二，正是汉族人所谓"龙抬头"的好日子。不知是否因为这一岁时观念已浸润到了关外地区，反正后金四贝勒皇太极把自己的一个非常重要的迎娶吉期，订在了这个日子。

这天一早，众多的皇族要员及其子弟眷属都齐集在盛京（今沈阳）城外，准备迎接那位来自远方的新娘子。城里的老百姓更是不肯放过这个热闹的场面，大家奔走相告，也陆陆续续地闻讯赶来，不多时便麇集成一个庞大的迎亲队伍。人群的中间，是十几挂四马帮套的大篷车，其中有一辆特别显眼，篷车的顶部镶着黄色的条杠，四角用大红绸布扎成喜花，金线钩出的满文喜字由大红锦缎衬托着，更加显得富丽堂皇，喜气盎然——这就是专门为新娘子准备的彩车。尽管在关外此刻还属于隆冬时节，凛冽的寒风不时地扫拂着人们的脸颊，每一张嘴里都滚动着一团团的哈气，可那温暖和煦的阳光，欢腾笑闹的气氛以及充满生机与活力的整队人马，却令人觉得仿佛提前跨入了春天，全无一丝冷意。

　　作为今天这个场面的主角，皇太极当然是人群中最高兴的一位。他身着紫貂皮的锦缎长袍，腰里佩挂着那把心爱的宝刀，皮鞘上嵌有红蓝宝石。他徜徉于众人之间，喜滋滋地接受着叔伯弟兄们的祝贺，同那些相识或不相识的人们寒暄、道谢。许多大姑娘、小媳妇也不由得用一种欣羡的目光追踪着他，发出一阵阵的私语和调笑声。不错，皇太极英俊、魁伟、潇洒，他那堂堂仪表和翩翩风度实在非凡，置身于众人当中确乎大有鹤立鸡群之感。

　　皇太极时年34岁，正当中年，身材魁梧，英俊潇洒。布木布泰年仅13岁，在今天看来，当然不够法定结婚年龄。但当时，北方女真、蒙古等少数民族有早婚的习俗，有的年及10岁即嫁。努尔哈赤最后一位大妃乌拉纳喇氏阿巴亥，12岁做新娘。后来皇太极即位称汗后，改革早婚习俗，也只是规定女孩12岁以前不许出嫁。布木布泰身材高挑、健美，又经蓄发，梳成当时风行的满族妇女两把头，脚穿鞋底嵌有三寸多厚四方木块的马蹄底鞋，更显得亭亭玉立，看上去，像个大姑娘。

　　布木布泰这时像个小玩偶似的任人摆弄。她只是紧紧地拉住母亲寨桑福晋和苏默尔的手。

　　送亲的队伍已经等在蒙古包外，吴克善作为新娘的送亲家长装扮一新，崭新的湖蓝色蒙古袍裤都是当时最珍贵的锦缎，脚上的云字蒙古靴用最好的牛皮由最好的皮匠做成。陪嫁品早已堆上马驮，珍贵的银器、绸缎、黄金、玛瑙、玉石、首饰，还有草原特产蒙药蘑菇发菜一类食品，装了十几匹马。送亲队伍由清一色的剽悍小伙组成，全穿着崭新的湖蓝色蒙古袍，腰里别着蒙古刀，个个威风凛凛，神气十足。马队的骏马是特意挑选出来的好马，匹匹高大健壮油光溜滑，精心梳理的马鬃在风中飘拂，马的脖颈上挂着红色绒结和金光闪闪的铜铃铛，铃铛在风中和马匹的走动中叮哨作响，增添着送亲队伍的喜庆色彩。十几辆装饰着彩绸的大红毡篷勒勒车扎着喜庆的大红绸花，停在蒙古包外等着新娘和陪嫁使女乘坐。

　　布木布泰换上了满族新娘服装，戴上了满族头饰。蒙古小呼哨变成了满族塔拉温珠子。寨桑福晋拉住布木布泰的手，把她最后一次揽进自己的怀里，小声叮咛着："到了大金，一定要好好听你姑姑的话，她会教你怎么办。要不你会吃亏的。要想办法讨皇太极的喜欢。"

说着，寨桑福晋从蒙古袍里掏出一个金光闪闪的小佛像塞进女儿的怀里，说："这是一尊欢喜佛，它会保佑你的，叫你婚后幸福。不过，这欢喜佛是我们蒙古人的家佛，决不能叫其他人看到。只能供奉在你们夫妇的睡房里。记住，要是叫别人看到了，佛爷会降罪于你。"布木布泰直点头。

陪嫁的使女们也都装扮一新，穿着鲜艳的蒙古袍，头上都包着鲜艳的头巾，戴着银光闪闪的头饰。苏嘛拉穿着粉红的蒙古袍，头上戴着亮光闪闪的银头饰，显得格外漂亮。她是布木布泰的第一陪嫁女，走在排着队的陪嫁使女前头。陪嫁使女跟随着苏嘛拉鱼贯走到勒勒车前，等着新娘上车。

蒙古包外的号角声和鞭炮声、锣鼓声齐鸣，新娘上车的时候到了。寨桑福晋眼睛里的泪水止不住地流了下来。布木布泰一头扑到母亲怀里失声痛哭。她要走了，可能永远不会回来了，她真害怕那陌生部族里的陌生生活。

莽古斯台吉和寨桑贝勒走进来，寨桑拉开自己的福晋，让吴克善和使女陪着布木布泰登上勒勒车。

勒勒车、马队在一片号角、锣鼓、鞭炮声中慢慢地启动了。车辘轳在绿草如茵的草原小路上辚辚地滚动，马蹄声得得，送亲的队伍在科尔沁草原上越来越远越来越小，慢慢消失在草原和蓝天交界的苍茫中。

科尔沁草原送走她美丽能干的，令科尔沁人骄傲和自豪的女儿。

努尔哈赤很重视这次婚礼。他已经决定在婚礼结束之后迁都到盛京沈阳，所以这婚礼既是庆祝也是与东京的告别。努尔哈赤率领他的王爷和贝勒及所有福晋组成的浩荡人马在沈阳以东的岗子上迎接送亲队伍。

皇太极的迎亲队伍早已在辽阳城外十几里外的草甸子上搭起迎亲的篷帐，等待着送亲队伍的到来。

皇太极心如火燎般等待着送亲队伍。自从去年见过布木布泰定下这门亲事以后，他就在盼望着这一天的到来。那机灵聪明美丽的小姑娘一定会给他新鲜的感受。他已经有六个福晋，但是他还渴望新福晋的滋味，特别是小新娘的初婚，才会叫他感到新鲜和刺激。34岁的他需要刺激。

历史也许就是这样，在人们的不经意间发生着翻天覆地和转折性的变化。这次联姻对历史有何影响，也许我们只有从研读文书的过程中去才能品味其中的玄机了。

第三章
皇太极登基

在后金，布木布泰最亲近的人是她的姑姑哲哲。哲哲需要布木布泰帮助她稳固博尔济吉特氏在皇宫中的地位，布木布泰则需要哲哲的指点。刚到后金，布木布泰有许多东西要学。

有一次，哲哲私下问布木布泰："你觉得大汗怎么样？"布木布泰想都没想，说："英明汗慈祥可亲。"哲哲笑了。不过，回去后她却陷入了长长的思考当中。思考的结果是，要想使布木布泰能立足于复杂的皇家，就必须让她清醒地认识到皇家的复杂。

她决定告诉侄女关于努尔哈赤的所有事情，包括努尔哈赤囚弟、杀子、休妻、嫁女等无情之举。

第一件是兄弟相残的故事。

努尔哈赤有一位比他小四岁的弟弟舒尔哈齐，二人同父同母，幼年时共同遭受继母的虐待，相依为命。努尔哈赤以十三副遗甲起兵时，舒尔哈齐即跟随左右，患难与共。努尔哈赤非常信任弟弟，给予舒尔哈齐很大的权力。明廷曾将他们兄弟并称为都督，朝鲜官方也将兄弟二人并称为"老哈赤"、"小哈赤"。在建州女真，除努尔哈赤外，权力最大的就是舒尔哈齐。舒尔哈齐拥有很大的兵权，有自己的部众和财产，与努尔哈赤共同掌管建州事务。他的女儿分别嫁给蒙古王爷、女真权贵和明朝边将。他的一个女儿还嫁给了明将李成梁之子，并生下一个儿子。这一点对舒尔哈齐非常有利，民间也有"奴酋女婿作镇守，未知辽东落谁手"的传言，这里的奴酋便是指舒尔哈齐。舒尔哈齐势力的增强，加强了他的自主意识，不再一心一意听从兄长的命令，这使努尔哈赤产生了戒备心理。

万历三十五年（1607年），东海女真的一个部落苦于乌拉女真的长期骚扰，自愿归附努尔哈赤，努尔哈赤派弟弟舒尔哈齐、儿子褚英、代善率兵三千前往迎接。归途中，部队受到乌拉女真部布占泰的袭击。

布占泰与努尔哈赤兄弟既是政敌又是姻亲。对努尔哈赤来说，布占泰是妻叔又是女婿；对舒尔哈齐来说，布占泰是内弟又是两个女儿的夫婿。努尔哈赤之所以与布占泰联姻，主要原因是政治需要。而舒尔哈齐则不同。这一次，按照努尔哈赤的命令，一旦布占泰胆敢袭击，我军必重挫之。而舒尔哈齐却并不愿意与布占泰争锋。因此，他虽为主帅，却采取了消极的态度。褚英、代善率领军兵浴血奋战，大败布占泰于乌碣岩，斩三千首级，获马五千匹，甲三千副。而舒尔哈齐却停滞不前，以五百人停滞于山下，他的部将常书、纳齐布也分别率百人跟从。

部队返回后，努尔哈赤不好直接惩罚舒尔哈齐，于是决定将常书、纳齐布定以死罪，以示惩罚。舒尔哈齐不服，起而抗争："诛二臣与杀我同。"努尔哈赤看弟弟这样执拗，便免除了二人的死罪，但从此不再派遣舒尔哈齐率领军队。舒尔哈齐更加对努尔哈赤不满，自己要另建一城，甚至要率部离开建州，到其他部落居住。这是努尔哈赤所不能容忍的。

努尔哈赤虽然很注重亲情，但亲情一旦成为他政治的障碍，他的天平就会向政治倾斜。这也许是古往今来许多政治家的共性。因此，他将怂恿舒尔哈齐的人诛杀之，并将舒尔哈齐拘禁起来。舒尔哈齐想不到曾十分疼爱自己的亲哥哥竟真的对他下手，因此郁郁寡欢。两年以后，即万历三十九年（1611年）八月，舒尔哈齐死于牢中，时年仅48岁。

第二件是父子恩仇的故事。

努尔哈赤有十六个儿子，褚英是第一子。褚英为元妃佟佳氏所生，英勇善战，屡建战功，深得父亲的喜欢。努尔哈赤受汉族思想的影响，立长立嫡，一度把褚英立为自己事业的接班人，并赋予他很大的权力。可是，褚英生性暴躁，气量太小。他在大臣们面前摆架子，耍威风，盛气凌人。在弟弟们面前也极其霸道，不允许不听他的话，而且不准任何人将他的话告诉努尔哈赤。他擅长使小性子，对于他看不惯的人，眦睚必报。他放出话来：凡与他不好的弟弟和大臣，等他即位后，一律处斩。这使许多人感到心惊胆战。最后，他的四个弟弟代善、阿敏、莽古尔泰、皇太极以及努尔哈赤十分倚重的五大臣，联合起来向努尔哈赤揭发他的行为，并说出自己的真实想法："担心大汗死后，我等的性命难保。"努尔哈赤听后大吃一惊，随后进行了认真地调查，调查结果表明，褚英的行为确实如此。努尔哈赤对褚英的看法因此大变，事实上不再打算将汗位传给褚英。此事过后，褚英并不汲取教训，而是将小心眼发展到极限，变得恶毒起来。他开始疯狂地结党营私，阴谋篡夺汗位。努尔哈赤亲征乌拉时，他对天诅咒父亲、弟弟，盼望他们在战争中失败，并试图纠集军队，堵住城门，不让父亲回来。努尔哈赤对这个孽子的行为终于忍无可忍，于是在万历四十三年（1615年）八月，下令处死褚英。褚英死时年36岁。

第三件事与休妻有关。

褚英死后，努尔哈赤将次子代善作为汗位的继承人，对诸王大臣们说："待我死后，要将我的幼子和大福晋，托大阿哥善为抚养。"代善的权势由此如日中天。此时的大福晋是乌拉纳喇氏阿巴亥。她为努尔哈赤生下三个儿子，分别为阿济格、多尔衮、多铎。这三个儿子非常聪明，尤其是多尔衮，极受努尔哈赤宠爱。

也许是大福晋阿巴亥看上了代善的权势，也许是觊觎汗位的人（最有可能是皇太极）恶意陷害，总之，就在代善满心希望接任汗位的时候，一件意想不到的事令努尔哈赤大发雷霆。努尔哈赤的小福晋代音察突然告发大福晋阿巴亥与大贝勒代善关系暧昧，并举出许多事例，说："大福晋曾两次备佳肴送与大贝勒，大贝勒皆受而食之；一次备佳肴与四贝勒（皇太极），四贝勒受而未食。"又说："大福晋一日二三次遣人至大贝勒家，大约商议事吧。大福晋自身也二三次深夜出宫院。"此事过后不久，努尔哈赤又听到外面的传言，说："汗宫内不论贝勒大臣宴筵，亦不论聚会议事，大福晋便以金银珠宝妆饰之，且望着大贝勒走来走去。"

努尔哈赤怒火中烧，但又不想家丑外扬，于是借着大福晋窃藏财帛等名义予以惩罚。他当众宣布："此福晋奸诈邪恶、欺诳盗窃。凡是人身上所具有的罪恶，她都具备。这样的人不杀不行。可是如将她杀死，我的像心肝一样心爱的三子一女将会怎样痛苦悲伤？她的小儿子们生了病有谁能够照料？不过，我再也不愿意和她一起生活，我要把她休离。只允许她在幼子生病时回来照料。"就这样，努尔哈赤将恩爱妻子休掉。由于种种原因，他没有惩罚代善，但代善从此名誉扫地，失去了继承汗位的机会。

努尔哈赤还将他的女儿远嫁蒙古，这自然不是女儿们所愿意的，也是努尔哈赤本人不愿意的。努尔哈赤曾对蒙古贝勒说："求亲之言诚然，岂能憎嫌于尔等乎？尔等常居郊野，而我女则不能。我女身居楼阁，衣食具备。我不能嫁女于受苦之地，分给万家之国人。"可是，说归说，当女儿远嫁成为他的政治需要时，努尔哈赤往往不顾亲情，强迫亲生女儿到生活艰苦、寂寞孤独的环境生活。在努尔哈赤看来，与亲情相比，万年基业、百代江山更为重要。

当然，无论在哲哲还是布木布泰眼中，努尔哈赤不会因为这些事而失去他的英雄光环。

哲哲之所以告诉布木布泰这些事情，只是希望她意识到政治的残酷，让她早点成熟，以便担当大事。

爱新觉罗·皇太极，万历二十年十月二十五日（1592年11月28日）生，其母为叶赫纳喇氏。

史书上记载，皇太极仪表奇伟，聪睿绝伦，颜如渥丹，严寒不栗。长益神勇，善骑射，性耽典籍，谘览弗倦，仁孝宽惠，廓然有大度。他是一位文武兼备的能人，颇受汉族文化的影响，懂韬略，心机深厚。他12岁丧母，20岁开始带兵打仗，其英勇善战，颇有战功。在著名的萨尔浒大战中，皇太极立奇功，努尔哈赤称赞："吾子皇太极，父兄依赖，如身之有目。"他虽然排行第八，却很早就执掌大权。后金建立后，他被称为四贝勒，与大贝勒代善、二贝勒阿敏、三贝勒莽古尔泰，合称"四大贝勒"。四大贝勒按月掌理国家机务，是后金的权力首脑。

四人都有继承汗位的可能。而二贝勒阿敏为努尔哈赤弟舒尔哈齐之子，继承汗位的可能性较小；三贝勒莽古尔泰生性鲁莽，亲手杀死自己的母亲，不被努尔哈赤喜欢，不可能继承汗位。因此，储君之争主要是在代善与皇太极之间进行。

最高权力的争夺向来异常残酷。皇太极的高明之处在于，他非常沉稳，在不动声色之间，抓住了代善可供攻击的把柄（当然也摸清了父亲的心理）。利用小福晋代音察的嫉妒心理，离间了努尔哈赤与代善的关系。

小福晋代音察本不敢轻易得罪努尔哈赤的大福晋与大阿哥，这二人无论哪一个，都有极大的权势，是代音察根本无法抗衡的。但代音察却做了别人所不敢为之事，就是因为后面有重量极的人物做后援。此人非皇太极莫属。

代善本人未必与大福晋有什么越轨行为，但在皇太极的策划下，二人均受到巨大的打击。即便如此，代善本人未必认为此事系皇太极幕后所为，他可能认为莽古尔泰嫌疑更大。因为莽古尔泰很明显与代善有更大的矛盾。

代善因代音察的揭发，被努尔哈赤疏远，但他的灾难远非就此结束。代善的前妻生了两个儿子，一个叫岳托，一个叫硕托。前妻去世后，代善所娶后妻经常向他说两个儿子的坏话，代善信以为真，经常虐待两个儿子。代善东窗事发后，心情郁闷，在家里乱发脾气，再加上后妻添油加醋，他将满腔怒气发泄在两个儿子身上，甚至要亲手杀死硕托。硕托忍无可忍，便与阿敏之弟齐桑古商量，企图投奔明朝。此事没有成功，但被努尔哈赤得知，在查找原因的时候，硕托讲述了父亲的行径。努尔哈赤愤怒地斥责代善，而莽古尔泰乘机落井下石，说："我辈诸弟、诸子及国内诸大臣都怕兄嫂。"努尔哈赤更加生气，呵斥道："像你这样的人，如何能当一国之君？"将代善的储君地位废除。代善非常惶悚，他不愿意有褚英那样的下场，于是亲手杀死后妻，并向努尔哈赤请罪，发誓："日后如果还存以非为是、以恶为善之心，还抱着怨恨与敌意，甘愿受天谴地责，不得善终。"努尔哈赤原谅了他，保留他大贝勒的爵位及正红旗旗主的地位。但他不再可能成为汗位的继承人。

此时，皇太极成为四大贝勒中最有可能继承汗位的人选。

不过，两次立储失败给努尔哈赤很大的打击，他也意识到，权力的极限潜藏着觊觎的野心。如果再这样下去，保不定自己的多少儿子要卷入残酷的纷争，斗得你死我活。这是他不愿意看到的。因此，他在晚年取消了预立储君的打算，改用八和硕贝勒共同治理国政的制度。他立代善、阿敏、莽古尔泰、皇太极、德格类、岳托、济尔哈朗、阿济格、多尔衮、多铎十位贝勒为和硕额真，共同管理国政。遇到涉及汗位继承大事时，由八大主旗贝勒共同推举新汗。同时，八大主旗贝勒也有权将不合格的国汗废除，择其善者而立。

努尔哈赤实行这一制度有其历史原因，也有他良好的愿望。他将军民分为正黄、正白、正红、正蓝、镶黄、镶白、镶红、镶蓝八旗。八旗各有旗主，各置官属，各有人民，互相并立，各不相下。这样一来，可以适当缓解儿子们对汗位的激烈争夺。

即便如此，皇太极仍然渴望着继承汗位，他虽然并不表现出来，但

不断增强自己的实力,并在紧要关头一举消灭最大的障碍,获得最后的成功。

努尔哈赤戎马一生,打过无数大战,几无败绩。到晚年更是兵强马壮,百战百胜。特别是他与明军的较量,可圈可点。

自与明廷翻脸后,努尔哈赤迅速攻占抚顺、清河。远东总兵张承胤率一万精兵来战,也被他打得狼狈逃窜,张承胤被杀。明廷感受到巨大的威胁,于是从全国征集八万八千多人的大军,并胁迫朝鲜、叶赫二万三千余人参战,浩浩荡荡进攻后金。敌众我寡,努尔哈赤了解到对方采取"分兵合击"的战术后,采取"任他几路来,我只一路去"的对策,即采取优势兵力,各个击破。此一役即萨尔浒大战,努尔哈赤以少胜多。之后,努尔哈赤取开原,攻沈阳,占辽阳,破广宁,如砍瓜切菜一般,七十余城尽入其手,辽河以东尽为后金所有。努尔哈赤还吓走明朝巡抚王化贞率领的十几万大军。山海关外的几百万汉民也纷纷内迁。在这种辉煌的战绩下,努尔哈赤大有挥鞭南下、直捣明廷的英雄气概。

可是,他万万没有想到,自己一不小心,竟栽在"无名小子"袁崇焕之手。

广宁失守后,明廷将王化贞下狱处死,改派王在晋经略辽东。王在晋胆小无能,不久被撤,改任孙承宗经略辽东。孙承宗原为明朝兵部尚书,有战略眼光,而且知人善任,重用袁崇焕。

袁崇焕本是一个下级文官,但他很有胆略,颇具将才。广宁失陷后,袁崇焕曾单骑出山海关,夜行入荆棘蒙茸虎豹潜伏之地。实地考察后,他提出建议:"若保关内,必守关外,若保关外,必守要冲之地宁远。"并说:"予我军马钱谷,我一人足守此。"孙承宗接受了袁崇焕的建议,"以守为战",大力整顿山海关的防务,重点提高宁远城的守备力量,派袁崇焕、祖大寿等人驻守宁远。袁崇焕干劲十足,将宁远城修筑得非常坚固,并且训练了十一万人的精兵,购买了先进的武器,其中包括"红夷大炮"。

在孙承宗的布置下,明军形成了以锦州、宁远为重点的严密的关外防线,使努尔哈赤无机可乘。可惜的是,孙承宗不久被阉党魏忠贤诬陷,乃弃职不干。他的继任高第认为关外不可守,将关外守备统统撤去。袁崇焕不肯撤离宁远,于是宁远成为关外的孤城。

努尔哈赤进攻关内的机会终于来临,但是他必须先攻下宁远。他了解到袁崇焕从未指挥过大的战役,觉得对方远不是他的对手。努尔哈赤亲自率领大军到达宁远,传话给袁崇焕:"汝等此城,吾以兵二十万来攻,破之必矣。城内官若降,吾将贵重之,加豢养焉。"袁崇焕回答:"汗称来兵二十万,虚也。大概有十三万。即使如此,我不以来兵为少也。"意思就是,我们会严阵以待。努尔哈赤于是下令攻城,袁崇焕激励将士,誓死守城。城池如铜墙铁壁一般,城上矢石俱下,且有红夷大炮大发,土石俱扬,攻城将士纷纷腾空坠马,损失惨重。努尔哈赤派出一批又一批的将士日夜不断地拼死进攻,但守城军兵异常顽强,也是豁出性命与金兵抵抗到底。后金军马的尸首累积如山,努尔哈赤仍不甘心,亲自冲锋陷阵,不料也被炮石击中,身负重伤。这样,努尔哈赤不得不承认自己的失败,打算撤兵。袁崇焕见状,派遣使者送礼物给努尔哈赤,说:"老将久横天下,今日败于小子,岂非天数?"努尔哈赤当然不服,约袁崇焕再战。接着,努尔哈赤率部返回。

努尔哈赤英雄一世,从未打过这样的败仗,心情之恶劣可想而知,不久,他便郁闷而死。

返过头来,细想一下,为什么宁远城的汉民宁愿战死,也要顽强抵抗?这与努尔哈赤对待汉人的态度有很大的关系。

努尔哈赤进入辽沈地区以后,其野蛮的掠夺杀戮,激起了广大汉族百姓的强烈反抗。他没有采取灵活多变的政策,反而更加凶残地镇压,这种血腥镇压加强了汉人的仇恨心理。由此也就可以理解,为什么宁远城的军兵在袁崇焕的有力指挥下,甘愿舍身保城!

看来,对待文明程度高、人数又多的汉人,后金的统治者应该采取一种明智的统治策略。这可能就是宁远之败后摆在努尔哈赤、皇太极等人面前的严峻问题。这个问题无法解决,后金想要进一步发展壮大,就会难上加难。

这件事显然对布木布泰也有启发,以后的事例可以加以证明。

天命十一年(1626年)七月,布木布泰到达后金已是一年有余,聪慧的她在姑姑的指引下很快熟悉了宫廷内的各种关系。她也见到了努尔哈赤的所有子侄,这些人当中,大福晋阿巴亥之子多尔衮与布木布泰年龄相仿,二人相互熟悉。

大福晋阿巴亥也被称为大妃,相当于后来的皇后。她与代善私通,曾被努尔哈赤废除大妃名号。但努尔哈赤非常宠爱她,不久之后又察明，阿巴亥虽与代善关系密切，但说二人有越轨行为，又缺乏证据。加上阿巴亥事发后表现良好，努尔哈赤也就原谅了她，很快又恢复了她的大妃名号。

大妃有三个儿子，大儿子阿济格，二儿子多尔衮，三儿子多铎。努尔哈赤爱屋及乌，非常疼爱这三个儿子，将他们的住处安排在离自己最近的地方，以便能常常见到。天命十一年时，阿济格二十出头，而多尔衮不过十五岁，多铎不过十三岁，努尔哈赤却给予他们非常大的权力。

此时八旗的分管情况如下：皇太极掌管着正黄旗和镶黄旗，代善掌管正红旗，莽古尔泰掌管正蓝旗，阿敏掌管镶蓝旗，阿济格、多尔衮、多铎三兄弟分掌正白旗、镶白旗和镶红旗。八旗旗主中，皇太极权势最大，一人兼任两旗旗主。但多尔衮三兄弟合起来的权势却高过了皇太极，背后且有他们颇懂权术的母亲阿巴亥。因此，在最高权力的博弈中，大妃与她的儿子们成为众矢之的。

努尔哈赤在世时，权力的博弈被隐藏得很深。而努尔哈赤一旦驾崩，斗争很快转变为你死我活的较量。

七月二十三日，努尔哈赤身体不适，前往清河温泉疗养。十三天后，努尔哈赤病情加重，自知离死不远，乃乘舟顺太子河而下，并遣人召大妃阿巴亥来迎。舟入浑河的时候，阿巴亥赶到，此时努尔哈赤已进入弥留状态。他为阿巴亥留下了最后的遗言。八月十一日未时，舟至距沈阳四十里的瑗鸡堡，努尔哈赤病逝，年68岁。

听到大汗死去的消息，诸贝勒大臣乃至万民百姓哀痛呼号，如丧考妣，远近不绝。但国不可一日无主，由谁继承大位成为最迫切的问题。

努尔哈赤临终前，只有阿巴亥一人在身边。因此，她向诸贝勒大臣宣布了汗王的遗旨，主要内容是：汗位由十四子多尔衮继承，由大贝勒代善辅政，待多尔衮成年后，代善归政。

大妃阿巴亥刚刚宣布完毕，下面已闹得非常厉害。参加会议的都是后金的首领，每个人的心里都有一杆秤。如果按照大妃所言，则大妃可以凭借"皇太后"的名义，借助三个儿子的权势，左右整个大金国，而其他贝勒如皇太极、莽古尔泰等人，将无立锥之地。这是皇太极等人绝不愿意看到的。

用不着皇太极先开口，莽古尔泰抢先跳出来说："你说这是汗王的遗言，可有什么凭证？"

大妃拿不出凭证，因为努尔哈赤没有写下任何字据。

莽古尔泰不答应了，质问："谁知道你的话是不是真的?"

紧接着，皇太极等人也开始反守为攻。

这一争夺的胜败，最终决定于实力的高低。

皇太极、莽古尔泰等人联合起来，其力量之大，远非大妃及她年幼儿子们所能抗衡。而代善向来圆滑，他在权衡利弊后，也把杠杆倾斜于皇太极等人一边。

因此，史书上便有了这样的话，认为努尔哈赤于"国家政事，子孙遗训，平日皆预定告诫，临崩，不复言及"。就是说，努尔哈赤并没有什么临终遗言。

不仅如此，皇太极等人意识到大妃阿巴亥的强大威胁，因此，为了自己的安危，必须尽早铲除阿巴亥。

他们宣称：大福晋美丰仪而心未纯善，常拂上（即努尔哈赤）意，虽有机巧，皆为上英明所制。上知之，恐其后为乱于国，预以书遗诸贝勒。

接着，皇太极等人拿出一份遗书（是真是假，谁也不知），宣读努尔哈赤的遗旨："我身后必令大福晋殉葬。"

妻子为死去的丈夫殉葬，这是当时一种落后的习俗。不过，习俗中也有规矩，即：如果一定要妻子殉葬，必须是此妻没有年幼的子女。否则年幼的子女由谁抚养？

因此，阿巴亥于情于理，是不应该为努尔哈赤殉葬的。

大妃不想就此死去，与诸贝勒周旋。

诸贝勒坚称：必须服从先帝遗命。你虽不想死，但帝命不可违背。你就死心吧！

双方剑拔弩张，但大妃明显处于劣势。

她想到了自己的儿子，害怕年幼的儿子们卷入这场政治漩涡，无辜葬送了前程。最后，她决定以自己的死，换儿子们的平安。

大妃阿巴亥穿上礼服，装饰上金珠珍宝，涕泣着对诸贝勒说："我十二岁就开始侍奉先帝，丰衣美食二十六年，怎忍心离开？我愿意相从先帝于地下。但我的两个幼子多尔衮与多铎，请你们恩养之。"

皇太极、代善等人见阿巴亥让步，想想让她活活死去，也够凄凉的。她的临终遗言，还有什么不可以答应呢？

于是，皇太极等人也流着泪答应："我们如果不恩养二幼弟，是忘父皇也，焉有不恩养的道理？"

大妃阿巴亥于当天辰时，以身殉葬。与她一起从殉的，还有两位小福晋。其中之一，就是曾告发大妃与代善私通的代音察。

有人说，皇太极害怕秘密泄露，为了灭口，顺便将代音察铲除。

大妃之死就发生在布木布泰身边。如果说，她的老公公努尔哈赤囚弟、杀子、休妻、嫁女均是耳闻，那么，一个权力达到巅峰，在努尔哈赤死后可能掌握最高权力的大妃，却在转眼之间被活活地逼死，就是布木布泰亲眼所见了。她亲眼看到了大妃、多尔衮的绝望的神情，对多尔衮产生了无比的同情。她仔细琢磨此事的来龙去脉，感到后脊梁一股凉意……高处不胜寒，但她已位于高处。因为她是皇太极心爱的妻子，她还担负着科尔沁娘家的无限寄托。她必须在政治这条险恶的道路上走下去，她有雄心壮志，但她又必须慎之又慎，有前人之鉴，不可不防。

大妃一死，皇太极成为继承汗位的最佳人选。

代善是皇子当中最长者，又是大贝勒，执掌重权，本有意争夺汗位。但他的儿子岳托贝勒及萨哈廉贝勒来到他的面前，说："国不可一日无主，宜早定大计。四大贝勒皇太极才德冠世，深得人心，众皆悦服，当速继大位。"代善本性圆滑，一听此话，便知自己绝不可能与皇太极争锋。与其失败受辱，还不如早立拥戴之功。他沉吟片刻，说道："我早有此意。你们所说的话，天人共拥，有谁不从？"于是和他的儿子们连夜赶着写了一份拥立皇太极的文书。

第二天，诸贝勒大臣聚集于朝堂之上。代善将拥戴皇太极之书拿了出来，当众阅读。莽古尔泰见大贝勒都让贤了，他自然也无话可说。

于是，史书上便有记载："大贝勒、阿敏、莽古尔泰及诸贝勒。阿巴泰、德格类、济尔哈朗、阿济格、多尔衮、多铎、杜度、硕托、豪格等皆喜曰，善。议遂定，乃合词请上（即皇太极）即位。"

可以说，皇太极继承汗位，底下的文章已做得非常充分，是水到渠成之事。他本人深受汉文化影响，所以在知道汗位已稳入己手的时候，便仿照汉族统治者的怀柔之术，一再谦逊地推辞。

皇太极面对众人的拥戴，说："汗王并无立我为储君的命令，我怎么能擅自登位呢？再者，我还有兄长，我怎么能在他们之上成为君主呢？"

皇太极的此番表白赢得了代善等人的好感。代善等于是更加诚心诚意地拥戴皇太极。

皇太极仍不答应，说："如果我继承汗位。我怕自己上不能敬诸兄，下不能爱子弟。怕自己不能很好地治理国政，不能对下属赏罚严明。还怕不能爱养百姓，不能举行善政。我德行浅薄，恐怕不能胜任。"

这番语重心长的话自然更加重了众人对他的好感。众人更加强烈地拥立他。

诸贝勒齐声说道："国岂可无君，众议已定，请勿推辞。"

如此这般，皇太极推之又推，众人拥之又拥。在这一过程中，众人为了使皇太极就位，免不了一再强调自己的忠心，强调自己日后一定尽心竭虑地听从皇太极的命令。这才是皇太极真正想得到的。

多次谦让后，皇太极终于"被逼无奈"地成为新皇帝。

九月初一，皇太极率诸贝勒群臣，焚香，盟誓，告天，奏乐，向天地行九拜礼。

皇太极自立誓言："皇太极谨告于皇天后土，今我诸兄弟子侄。以家国人民之重推我为君。敬绍皇考之业，钦承皇考之心。我若不敬兄长，不爱子弟，不行正道，明知非义之事而故为之，兄弟子侄微有过愆，遂削夺皇考所予户口，或贬或诛，天地鉴谴，夺其寿算。"

诸贝勒立誓：保证全心全意辅佐新皇帝。如有违背，天地不容。

盟誓完毕，皇太极还做出非常之举。他亲自率领诸贝勒大臣，向代善、阿敏、莽古尔泰三拜，表示不以臣礼对待。这便消除了三大贝勒心中的顾虑，消除了因汗位之争而形成的短暂的混乱局面，有利于形成一个团结而强有力的统治集团，共同对抗外来压力。同时，这也是遵从努尔哈赤八和硕贝勒共同治理国政、四大贝勒按月分值的制度（虽然皇太极心中并不愿意如此），让众人心服口服。从这一点看，皇太极确实有深谋远虑。

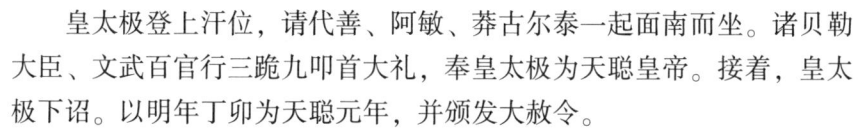

皇太极登上汗位，请代善、阿敏、莽古尔泰一起面南而坐。诸贝勒大臣、文武百官行三跪九叩首大礼，奉皇太极为天聪皇帝。接着，皇太极下诏。以明年丁卯为天聪元年，并颁发大赦令。

这一年，皇太极35岁。

一个新的时代开始了。这是皇太极的时代。

第四章
迎来庄妃时代

康熙二十六年（1687年）十二月，孝庄太皇太后临逝世时，在遗诰中回顾说，她很小被太祖努尔哈赤聘为儿媳，奉太宗文皇帝皇太极之命"赞助内政，越既有年"。皇太极在世时，她多年参与处理国家政务，已被公认。在诸王、大臣共同上给康熙帝的奏请节哀疏中，也提到这位太皇太后早在崇德年间，就曾辅佐太宗文皇帝"肇造丕基"，肯定她为奠定大清江山，做出重要贡献。

古代朝廷都有不许后宫介入朝政的规定。但事实上不是绝对的，在某种意义上甚至可以说是虚伪的。许多有作为的皇帝，都有后宫智囊，得益于她们的帮助。凡家天下，国事与家事密不可分。家里人谈家国事，开诚布公，无所顾忌。与朝廷官员的谨言慎行，明哲保身，但求无过相比，皇帝在家中能听到真实、负责任的见解。除非后宫无才女。

布木布泰入宫之初，谈不上涉入朝政。随着知识增长，经历积累，才能提高，她展现出与众不同的境界和才智，并逐渐成熟起来。皇太极培养她作为处理朝政的助手。她是属于那种德、才、貌都不错，而德、才更胜于貌的青年女子。皇宫里美女如云，但德才出众的并不多得。皇太极和她在一起，与在其他妃嫔宫里会有不同的感受，话题广泛，有共识，能化解乃至消除烦恼。有些事，听听她怎么说有益无害。封永福宫庄妃后，特别是皇九子出生，皇太极更有意引导和指导她了解政治，参与朝政，常令她协助做一些具体的政务工作。她从皇帝对多变形势的观察，纷繁政务的裁断中，对官员品评、任用、升降及复杂的人事关系的处理，以及言谈话语、待人处世中，学得更多，也更关心家国事。她不能到朝廷议事会发表见解，更不能发号施令，但可利用后宫的条件，借着与家族成员的日常接触、亲戚朋友的来往，留心涉及朝政的大事小情，及时提供给皇太极。在用人行政方面，她的意见往往能对皇太极起补充或参考作用。

清朝国初有一件事，使布木布泰和她的侍女苏麻喇从不同的角度都受到人们的重视，这就是苏麻喇参与厘定清初服饰，立了功。

布木布泰出嫁时，带到盛京婆家一位侍女，名苏麻喇。苏麻喇是蒙古族姑娘，蒙语名叫苏墨儿，意思是"毛制的长口袋"。蒙古族和汉族都有些父母用孩子降生时眼前见到的器物取名，毛制的长口袋是蒙古族日常随身携带的用品。满语和蒙语相近，到清宫后，人们用满语称呼她时就叫苏麻喇，满语苏麻喇是"半大口袋"，意思基本一样。"苏麻喇姑"的"姑"，是她一生的功德博得了公认，人们对她的尊称。苏麻喇比布木布泰小几岁，是科尔沁草原贫苦牧民的女儿，长的虽不俊美，但吃苦耐劳，做事认真，勤奋好学，聪明伶俐。她从大草原来到后金国都，带来蒙古劳动人民的质朴、善良、节俭。同时也大开眼界，增长了见识。她在清宫陪伴布木布泰学习的过程中，凭着刻苦努力和聪明的头脑，精确地掌握了满语，写得一手漂亮的满文，并提高了整体文化素养。以致后来能担任康熙的启蒙老师。她在布木布泰身边，将日常起居、屋里屋外的事，处理得既利索又妥帖。她的才干和忠诚，足以使布木布泰信任，经常放手大胆地交给她更重要的工作。人们也认为她是孝庄文皇后心腹之人。

皇太极称帝，改国号为大清后，制定一系列新制度。清代官服的定制，始于后金天命初年，当时等级差别不大，只是贝勒穿一种带披肩领的朝服，以区别于大臣及其他官员。天命六年努尔哈赤颁布补服制度，以辨别等级。所谓补服，就是在衣服的前胸后背各缝上一块"补子"，是用金线和彩丝绣上不同的飞禽或走兽，作为官员品级的徽饰。皇太极除继承前朝的服制外，由于实行帝制，权力集中，等级制度严格，而且，扩大范围，直至后宫、王府家眷等，都有品级。所以，更强化服制的等级差别。不同等级、不同身份的人，用不同的服饰。服饰的材料、颜色、样式、图案等，全要体现出等级和身份。

崇德元年（1636年）在着手厘定清朝上下冠服诸制，物色人选时，庄妃推荐苏麻喇参与其事。苏麻喇擅长女红，除了熟习蒙古族服饰，又饶有兴趣地对比研究汉族和满族的服饰。根据朝廷的要求，她领会服制内涵，参与设计，在继承传统式样的基础上，吸收满、蒙、汉等北方各族服饰之长，精制，创新，出色地完成了任务，为后世认可。史书记载：清崇德初年，厘定上下冠服诸制，而其"衣冠饰样"，皆苏麻喇姑"手制"。

据史书记载，满族先世女真人的袍，左衽、无领或盘领、窄袖，袍幅略短，仅及小腿部位。清朝国初制定官服的长袍、马蹄袖，女真时代没有，很可能采自蒙古族服装。苏麻喇最熟悉本民族服饰，她能得心应手地在保持满族服饰基本特征不变的前提下，取长补短，锦上添花。

这是一项历史性的工作。崇德元年厘定的清朝皇室和上下各级官员的冠服，一直沿用到清朝末年，二三百年无大的改动。皇太极一再强调，服制是立国之经，为了不忘骑射，要按规定服朝衣，并告诫后世子孙遵守，不要变弃祖宗之制。表明他对苏麻喇等人制定的冠服感到满意，才这样肯定。清朝灭亡后，有些旗装仍受欢迎。如：旗袍被反复改进，一直流传，深受女士们喜爱。追本溯源，应当也有苏麻喇姑的功劳。苏麻喇是布木布泰的人，又经其亲手调教、推荐，证明她知人善任，也是她的成功。

后金天聪八年（明崇祯七年，1634年），皇太极对元朝的直系后裔蒙古察哈尔林丹汗用兵取得了决定性的胜利，从而消除了他进军中原、完成大业的最大后患，大金举国欢腾，皇太极的后妃们也一样兴高采烈。但是这一胜利却给她们，尤其是给布木布泰带来了未曾预料到的烦恼。

林丹汗是漠南蒙古左翼察哈尔部的首领，一直与后金对抗为敌。努尔哈赤去世后，皇太极加快了征服蒙古各部的步伐，前后三次征伐林丹汗。

在对待蒙古的过程中，皇太极以政治联姻为手段，以八旗为基础绥服了察哈尔部外围的蒙古各部。其中的科尔沁部归顺最早，另外来自喀尔喀（巴林、扎鲁特、巴岳特、乌齐叶特、弘吉剌特）的支持使得素来强大的察哈尔部的力量大大削弱，于是皇太极将军事行动的锋芒直指察哈尔部。后金天聪六年（明崇祯五年，1632年）四月，皇太极率领八旗铁骑与科尔沁、扎鲁特、巴林、奈曼、敖汉、喀喇沁、土默特、阿鲁科尔沁、翁牛特、阿苏特等归顺后金的蒙古各部及部长台吉会于西拉木伦河岸，发动了对察哈尔林丹汗的第三次远征。皇太极分兵三路对林丹汗穷追猛赶了41天，林丹汗率领所属十万之众，向西奔逃到库赫德尔苏，经呼和浩特，渡黄河到达鄂尔多斯。一路丢盔弃甲，所遗部众数万人。

　　林丹汗在大草滩永固城一带拥众落帐，准备重整旗鼓，东山再起。不料42岁的林丹汗于后金天聪八年（明崇祯七年，1634年）夏因病去世。林丹汗福晋苏泰与她的儿子额尔克孔果尔额哲率领察哈尔和鄂尔多斯部众自大草滩返回鄂尔多斯。后金天聪九年（明崇祯八年，1635年）二月，皇太极命多尔衮、岳托、萨哈廉、豪格领兵一万，前往鄂尔多斯追歼林丹汗的残部并寻找他的儿子额哲。三月，多尔衮在西喇珠尔格地方遇到林丹汗的妻子囊囊，并得知额哲所在地。包括林丹汗多罗大福晋囊囊太后和苏泰太后在内的部众纷纷投奔大金国。四月，皇太极欣喜万分地亲率诸贝勒远迎西征林丹汗凯旋归来的军队。

　　值得一提的是，林丹汗的福晋还给皇太极一个意外惊喜，即她们献上了元朝历代的传国玉玺。这个玉玺实在不简单，据说从汉朝一直传到元朝，元顺帝北逃的时候。就把玉玺带到大漠，后来又丢了。大约二百年后，一个牧羊人无意间发现他的一只羊三天没有吃草，只是用羊蹄子刨着同一个地方，好奇的牧羊人挖开一看，竟然获此无价之宝，用汉文写着篆字，叫"制诰之宝"。挖出来之后就献给了蒙古察哈尔部林丹汗，林丹汗死之前把这个玉玺给了他的苏泰太后和他儿子额哲，苏泰太后和额哲把这块玉玺献给皇太极。传国玉玺辗转到了自己手中，这叫皇太极如何不高兴，后金上下也是一片欢腾，因为他们觉得这是天命所归的祥兆。后金天聪九年十月十三日（明崇祯八年，1635年11月22日），皇太极正式下令，"我国建号满洲，统绪绵远，相传奕世，自今以后，一切人等，止称我国满洲原名，不得仍前妄称"，把新兴的民族共同体定名为满洲，从而整合凝聚了整个满洲内部的力量。

　　皇太极的另外收获就是他又添了三个身份高贵的妃子。皇太极设大宴款待前来归附的蒙古察哈尔部众。宴会融洽而又热烈，立下大功的诸贝勒又一次纷纷奏请，说囊囊太后是察哈尔林丹汗多罗大福晋，既归我朝，必应使得其所，只有汗王纳娶，最为适宜。皇太极此前已经收纳林丹汗的窦土门福晋，又想从其他前来归附的年轻美貌的蒙古福晋和格格中挑一个中意的，心上对年老色衰的多罗大福晋不太乐意，对此不置可否。反而豁达大度地要诸贝勒挑选各自中意的女子。

　　挑选的最终结果是这样的：贝勒豪格看上了察哈尔伯奇福晋；贝勒阿巴泰选中了察哈尔俄尔哲图福晋；贝勒济尔哈朗对已故妻子的妹妹苏

泰太后心向往之，皇太极也准了他的请求。不料大贝勒代善也看中了富有而美丽的苏泰太后，但皇太极答应济尔哈朗在先，并且济尔哈朗娶苏泰太后也更近情理。为了安抚兄长，皇太极命代善娶尊贵的察哈尔多罗大福晋囊囊太后，代善竟嫌囊囊太后贫穷而不肯，最后倒娶了财产丰厚的察哈尔汗的女儿泰松格格。皇太极于是娶了囊囊太后。

察哈尔林丹汗作为元朝的直系后裔，保存和搜集的财富也很可观。两位太后都带来众多的部众，其中囊囊太后有1500户。她们成为皇太极妃子意味着她们的前夫林丹汗命运的终结，皇太极的后宫一下又充实了许多。

海兰珠是不是林丹汗的妻子，并没有直接的有力的证据，但还是在此做一个推测，以待有兴趣的人进一步去揭开这个谜底。海兰珠生于明万历三十七年（1609年），后金天聪八年（明崇祯七年，1634年）嫁给皇太极的时候已经26岁。她比同胞妹妹大了五岁，但她貌美温顺绝不输给布木布泰。因为海兰珠嫁皇太极时已经26岁，此时正是皇太极对察哈尔林丹汗用兵取得胜利的时候，也许有人会问科尔沁为什么要把海兰珠嫁给后金的死敌林丹汗呢？因为在布木布泰出嫁之前，科尔沁与后金关系并没有巩固，即便是在布木布泰出嫁后，科尔沁与后金关系并非一直稳定，察哈尔部也经常以元朝正朔威逼科尔沁。所以莽古思家族极有可能把海兰珠嫁给林丹汗，也算是为自己留一条后路。况且当时北方游牧民族中把自己部族的子女嫁到敌对部族的现象屡见不鲜。如果海兰珠也是林丹汗遗孀的话，那么皇太极从林丹汗那里所获得最宝贵的东西，不是两位太后，也不是领土和财物，而是海兰珠。这个女人中的女人以她的柔媚博得了集三千宠爱于一身的殊荣。姐姐海兰珠给布木布泰带来了一时的欣喜，接下来便是无边的寂寞与哀愁。

这时候，朝鲜业已臣服，察哈尔蒙古灭亡，元朝传国玉玺到手，沈阳皇宫建成，雄心勃勃、踌躇满志的皇太极在后金天聪十年（明崇祯九年，1636年）正式称帝，建立大清，改元为崇德。

努尔哈赤时代，妻妾没有名号，他的16个妻子都叫福晋。为了改变父汗努尔哈赤时期没有后妃制度的弊端，清崇德元年（明崇祯九年，1636年）七月十日，册封后妃典礼终于在崇政殿得以举行。皇太极御殿升宝座，执事官将册、宝置于案上，左置册、右置宝，正副使二人持节前导，举案并仪物至清宁宫前。

哲哲与诸妃俱按品大装，面南恭立，凤冠霞帔与钗环裙佩交织成欢庆的海洋，这是太宗皇帝登基庆典中最后也是最有趣的一幕，分封五宫在某种意义上比犒赏三军更让人感到欣喜，因为这才是真正的帝王尊荣，是享受胜利果实的时刻。

使臣取册置东侧案，转下西向立，开始高声宣读满、蒙、汉三体书册文，第一道旨，是册封后宫之主，皇后哲哲：

奉天承运，宽温仁圣皇帝制曰：夫开天辟地以来，凡应运之君，必配嫡亲福晋辅佐，于是居止成双，功德咸同，富贵与共。此乃亘古之制。三纲五常为古之帝王所定之大典，今朕缵承大统，愿效先王定制。上天作配朕之福晋系蒙古科尔沁博尔济吉特氏，特赐尔册宝出诸福晋之上，册尔为中宫清宁宫国主福晋。尔宜清廉端庄恭简纯孝重礼仪，为诸福晋之楷模，母仪天下，勿负朕命。

宣读完毕，使臣将册授予女官，捧宝官将宝授与另一女官，两女官皆跪接，放置于前面黄围桌案上。哲哲在女官导引下登上御座金椅，正式成为大清国第一任中宫皇后，号令后宫，母仪天下。

接着，是册封四位侧宫福晋，依次是东宫正福晋宸妃海兰珠、西宫正福晋贵妃娜木钟、东次宫侧福晋淑妃巴特玛、西次宫侧福晋庄妃，也都由使臣以满、蒙、汉三体文字高声宣读。

其中庄妃的册书是这样的：

奉天承运，宽温仁圣皇帝制曰：自开天辟地以来，有应运之君，必有广胤之妃。然锡册命而定名分，诚圣帝明王之首重也，兹尔本布泰，系蒙古廓尔沁国之女，凤缘作合，淑质性成，朕登大宝，爰仿古制，册尔为永福宫庄妃。尔宜贞懿恭简，纯孝谦让，恪遵皇后之训，勿负朕命。

册封制诰四米多长，为黄绫裱，蓝线勾边，绡金云龙纹饰，上下边缘绘行龙和流云，在用满文书"奉天承运"四字的两侧，各有一贴金立龙作上升状，看上去栩栩如生。满、蒙、汉三体文字俱工笔竖书，册文上钤"制诰之宝"印各一方，上题"大清崇德元年七月初十日"的年款，真正龙飞凤舞，万世荣光。

皇太极后宫的"五宫制"是仿照汉制确定的。其中规定："中宫为清宁宫，东宫为关雎宫，次东宫为衍庆宫，西宫为麟趾宫，次西宫为永福宫，台尔楼为翔凤楼，台西楼为飞龙阁，正殿为崇政殿，大门为大清门，东门为东翼门，西门为西翼门，大殿为笃恭殿。"册封的五大福晋的名号和对应的宫名分别是这样的：清宁宫中宫大福晋哲哲，为国君福晋，称皇后；东关雎宫福晋海兰珠为东宫大福晋，称宸妃；西麟趾宫福晋娜木钟，即原察哈尔多罗大福晋囊囊太后，为西宫大福晋，称贵妃；东衍庆宫福晋巴特玛·璪，即原察哈尔窦土门福晋，为次东宫侧福晋，称淑妃；西永福宫福晋布木布泰为次西宫侧福晋，称庄妃。她们是皇太极众多妻妾中地位最为尊贵的后妃，她们的寝宫建在被四面高墙围起的这四米高台之上，这后宫大院的唯一门户便是那高高的凤凰楼。它不但是沈阳故宫里最高的建筑，而且还是皇太极策划军政大事和宴筵之所。传说当年努尔哈赤迁都沈阳修建了沈阳故宫，到皇太极时又进行翻新和扩建，就在翻新这后宫时，在房基处挖出一石碑，石碑上赫然怵目地写着"灭大清者叶赫那拉"，这曾让皇太极吃惊不小，便下令在此建凤凰楼，以告慰祖训。

这五宫后妃寝宫的名称也各有来历，从中可以窥探出某种意韵出来。清宁宫是皇太极与皇后哲哲的寝宫，名字最为大气。明朝皇帝居住的宫叫"乾清"，皇后居住的宫叫"坤宁"。皇太极取后二字而名"清宁"。《周易》有乾、坤二卦，代表天地。"乾清"、"坤宁"寓意天地清宁，天下太平，天地交泰。古人认为天地不变而万物不生，天地交泰而四时运转、万物滋生。

关雎宫是皇太极和宸妃居住的寝宫，其名字一眼便可以看出皇太极对宸妃海兰珠宠爱有加。"关雎"出自《诗经》："关关雎鸠，在河之洲。窈窕淑女，君子好逑。"诗序中又说此诗为"歌咏后妃之德"。其实，"关关雎鸠"是指一种叫雎鸠的雄雌水鸟在一起嬉戏所发出的叫声，古人用其寓意男女情爱，皇太极选择"关雎"作为宸妃的宫名，表达了他对宸妃的深笃感情。

麟趾宫是皇太极的大贵妃娜木钟居住的寝宫。"麟趾"出自《诗经》："麟之趾，振振公子，于嗟麟兮。"是赞扬多子多孙，子孙贤能，寄予的希望非常美好。后来麟趾宫贵妃娜木钟生下一子一女，儿子即博穆果尔（后面将要讲到他与其王妃董鄂氏演绎出一段离奇的故事），可惜福禄不长。

衍庆宫是太宗淑妃巴特玛·璪居住的寝宫，又称次东宫。"衍庆"二字含义是福庆长久。她抚养了一蒙古女，后来嫁给了睿亲王多尔衮。

庄妃的寝宫叫做永福宫，"永福"二字出自《仪礼》，为福寿长久之意。和其他几宫的名称比较来看，这个名字显得大气不足，典雅也不够，甚至还有点俗气。不过这个名字倒是挺实在的，后来证明这个宫名确实是个吉兆。因为它为庄妃带来了福气，顺治皇帝福临即出生在这里。它也为庄妃带来了长寿，一直活到75岁，而她专宠一时的姐姐海兰珠，红颜命薄，儿子夭折，己身殇逝。有时候命运真爱捉弄人。

细细看皇太极这一后四妃的许多特点，其中最大的特点和共同点就是她们都是蒙古人，都姓博尔济吉特氏。这在中国的历史上恐怕是空前绝后。第二个特点就是，决定着他生前死后命运的三个最重要的女人竟然是出自同一家的姑侄两代人。

林丹汗窦土门福晋巴特玛·璪，多罗大福晋囊囊太后娜木钟和布木布泰的亲姐姐海兰珠的到来使皇太极一下子增加了三位尊贵、美丽、富有的大福晋。这对皇太极原来的后妃地位和格局带来了非常大的冲击。这一点，庄妃是非常明显地感觉到了。本来，庄妃一直保持着仅次于皇后哲哲的西宫妃的地位，就连她多次生育未能得子也没有影响皇太极对她的宠爱。只是在后金天聪六年（明崇祯五年，1632年）东宫妃戴青女的到来才使她从形式上降到第三位，但是丈夫对自己还是宠爱有加，两人的感情渐入佳境。现在比自己晚进宫的姐姐和另外两个林丹汗遗孀都后来居上排在前面，自己被挤到了五大福晋的末位，心中难免有点波涛。

当然庄妃是知道皇太极的难处的，姑姑哲哲是当然的正位中宫为皇后，麟趾宫贵妃、次东宫衍庆宫淑妃，原为察哈尔蒙古林丹汗之妻，她们的归附为丈夫带来一大笔收入，部属就有二三千户，牛羊牲畜更是数不胜数，还有无数珍奇宝物。更重要的是，她们身为蒙古大汗、元朝直系后裔林丹汗的福晋，身份高贵，有着很大的象征意义，这些是自己无法比拟的，若把姑侄三人都搁在她们前面的话，似乎于礼不合。

庄妃的心态也是非常复杂的，她知道身处后宫的女子一定要大度和宽容，不能太过计较个人得失。但是比自己后入宫的姐姐海兰珠后来居上，成了仅次于皇后的东宫大福晋使她心中充满着挥之不去的苦闷与失落。到底是丈夫失去了对自己的兴趣，还是在丈夫的眼中，政治利益永远是第一位的呢？也许两者都有吧？她毕竟是个有血有肉、风华正茂、感情丰富而敏感的女人啊！

不过庄妃也是"不幸"之中的幸运者了。例如，以前的东宫妃都被排挤在五宫之外（不知是皇太极不喜欢，还是为了笼络蒙古部落，后来他把自己的妻子戴青女改适他人）。豪格的母亲跟随皇太极这么多年，而且儿子战功显赫，手握重兵，连她也没有为自己谋得一个位置。庄妃想：自己是年龄最小的五宫后妃，应该知足常乐了，而且往后的日子还长着呢！再说，姑姑作为丈夫多年的嫡妻，又早已正位中宫，地位丝毫没有动摇，成为了中宫皇后，今后疼爱自己的姑姑对各方面照应自不待说。再说还有圣眷正隆的姐姐也不至于为难自己啊！体己说话的人有了，家族荣耀也有了，还图个什么呢？

皇太极是幸运加幸福的，通过册封五宫后妃，他首先取得了政治婚姻的丰硕成果。加上海兰珠的话，五宫之中尽管有三个是林丹汗遗孀，但是通过她们表明了大清和蒙古察哈尔部联盟的诚意和决心，有利于巩固满蒙联盟。而与莽古思家族的一后二妃的联姻，则表明了大清与科尔沁部友好关系的牢不可破，从而取得了蒙古各部中最强大的科尔沁部的支持。通过政治联姻，结成满蒙联盟，消除了隔阂和战争，共同对付明朝，才会有皇太极天降奇兵，从蒙古暗度陈仓绕道包围北京之举。之所以说皇太极是幸福的，另外一个原因就是他遇到了他一生中的挚爱，收获了爱情。他心目中的爱神和天使正如大家所料到的，就是这位再嫁的宸妃海兰珠。那么等待着庄妃的又是什么样的生活和命运呢？

对于庄妃来说，海兰珠的到来，她原本是很高兴的，当初也是她和姑姑在皇太极面前加以推荐的。道理不言而喻，本来把布木布泰迎娶来的一个重要原因就是加强满蒙联姻，解决大福晋哲哲多年无子的窘境，布木布泰来后姑侄俩虽然多有生育，但遗憾的是她们生的都是不能领兵也没有王位继承权的女儿。哲哲在后金天命十年（明天启五年，1625年）生了皇二女马喀达以后，后金天聪二年（明崇祯元年，1628年）生了皇三女，后金天聪八年（明崇祯七年，1634年）第三胎又是一位公主，即皇八女。天聪三年布木布泰16岁时，生了皇四女雅图；后金天聪六年（明崇祯五年，1632年）又生皇五女阿图；后金天聪七年

（明崇祯六年，1633年）再生皇七女。直到皇太极正式称帝之前，姑侄二人为她们的丈夫共生了六个女儿。除了皇长子豪格而外，汗王只拥有两个幼子，一个是庶福晋颜扎氏所生的皇四子叶布舒，一个是侧福晋叶赫那拉氏所生的皇五子硕塞。这种局面，对科尔沁，对莽古思家族，显然更对姑侄今后的命运都不利，当然皇太极也非常希望她们为自己生下高贵的皇儿。现在姐姐到来，凤凰楼下高台五宫的五大福晋中，她们亲姑侄就占了三位，今后三人和睦相处，共侍一夫，"龙种"必定诞生其中，这是整个家族的荣耀啊！

但结果没有想象的那么完美，皇太极除了五宫后妃之外，现在也无法确知数目的元妃、继妃、侧妃等，见于史籍者计有15人，史籍记载之外的就更多。在这众多后妃中，天生丽质者不乏其人，但是只宸妃集三千宠爱于一身，夺去了皇太极的全部爱恋，这也是庄妃未曾预料到的。自从姐姐进宫后，皇太极就与她朝夕作伴，形影不离，变得儿女情长了，一颗心全放在了她的身上。庄妃甚至想，如果姑姑不是正位20年的嫡福晋，不是姐姐的亲姑妈，现在的皇后，清宁宫的主人一定会是海兰珠。

历史上对皇太极宠爱宸妃的情形多有反映。如花似玉、温柔贤淑的海兰珠一嫁过来就与皇太极情投意合、形影不离了。所以，清崇德元年（明崇祯九年，1636年），她能后来居上，成为四妃之首的东宫大福晋。事实上，宠冠后宫的海兰珠，已经不啻中宫皇后了。每当高台五宫的后妃们凝目凤凰楼，聆听着随驾侍卫的开路呼喊和宫婢的禀告，注视着迎接皇太极回后宫时，心里总充满新的希望：也许在清宁宫帝后同坐，众妃请安拜礼之后，皇上会进自己的宫门，进自己宫内的暖阁，给自己一次获得皇子麟儿的机会。然而绝大多数时间，绝大多数宫妃们都失望了，因为皇太极只到关雎宫，只宠幸宸妃海兰珠。在宸妃生下了皇八子之后，母荣子贵，这种宠爱更是一日胜过一日了。

然而好景不长，皇八子命薄福浅，不幸夭折。这样残酷的打击是宸妃海兰珠难以承受的，她终日哭泣，日夜悲伤，寝食不安，本来弱不禁风的宸妃遭受丧子之痛，身体一天天消瘦下去。

日理万机，为国事忧劳的皇太极顾不上身体劳累，强忍丧子之痛，故作欢颜，一回到后宫，就在关雎宫里陪伴郁郁寡欢的海兰珠，还不时带她到郊外散心。想尽一切办法，对宸妃又是劝慰，又是赐珍宝锦

缎，嘱咐御医精心调理饮食药饵，同时请上萨满法师作法驱邪，只要想得到的办法都用上了，然而一切仍不见效。别出心裁的皇太极想，也许来自宸妃家乡的亲人会使她从哀怨愁闷中解脱出来，抚慰和消除爱妃心头的创伤。

清崇德三年（明崇祯十一年，1638年）夏，年前刚刚受皇太极封赐为和硕福妃的科尔沁蒙古大福晋，即莽古思之妻哲哲之母，带领着儿媳妇寨桑之妻和孙子满朱习礼、吴克善等前来朝见，他们都是凤凰楼下高台五宫里姑侄三人的至亲，皇太极亲自率领诸王贝勒福晋到演武场迎接，直接迎回盛京皇宫。

皇太极在崇政殿里对亲戚们行规格最高的接见礼，和硕福妃献上鞍马、骆驼和贵重的貂皮。皇太极于是在金銮殿上摆开了盛宴，家族亲戚欢聚一堂，歌吹响亮，舞队翩翩，欢快达于顶点时，在筵席间打起了莽式，这满洲传统的粗犷又豪放的舞蹈，几乎把所有的宾客都卷进了欢乐的旋风之中。皇太极宴前申明：大家都要尽欢！皇后哲哲依在母亲科尔沁大福晋、和硕福妃身边，宸妃海兰珠和庄妃布木布泰姐儿俩依在她们的母亲科尔沁小福晋寨桑之妻身边。一后两妃都因娘家得到皇上如此的恩宠而感激谢恩，但谁的心里都明明亮亮，这一切，只是为了讨得脸色苍白、眼神忧郁的宸妃的欢心。

不几天，皇太极又诏封海兰珠和布木布泰的母亲科尔沁小福晋为贤妃，并赐给仪仗。这可是非同一般的极大荣宠，爱新觉罗氏家族之外就独此一家了。然而人人都明白，这完全是为了宽慰宸妃，布木布泰甚至皇后哲哲也不过沾光而已。

清崇德六年（明崇祯十四年，1641年）九月，海兰珠终于熬到了人生的尽头。这个消息没有谁敢耽搁，迅速被报到了正在锦州松山与明朝守军作战的皇太极那里。九月十二日，皇太极立即丢下军务踏上了返回沈阳的路途。五天后，皇太极昼夜兼程终于赶到了沈阳城，却在入城之际得到了海兰珠已经先一日病逝的消息。男儿有泪不轻弹，只因未到伤心处。

得知消息后的皇太极犹如五雷轰顶，当时即恸哭失声，飞马驰入大清门，直扑关雎宫，直扑到海兰珠的遗体上，恸哭不止，捶胸顿足。皇后与众妃力劝、诸王贝勒跪求，他始终泪如泉涌。他下令宸妃丧殓之礼一切从厚，甚至元旦佳节也免去朝贺、停止筵宴乐舞，等同于国丧。他自己身离宫院,独居御幄,朝夕悲痛,竟至六天六夜不饮不食,终于导致昏迷休克,太医们七手八脚地救醒之后仍然神智不清,口齿含糊,吓得后妃及诸王大臣设祭物于神前祈祷。这个意外事件把宫里宫外都吓得乱成一团,皇太极面对前来劝谏的文武官员也不禁有些自责,说:"天生朕为抚世安民,岂为一妇人哉?朕不能自持,天地祖宗特示谴也。"

随后,终于有些缓过劲来的皇太极下令,为海兰珠举行隆重的国丧之礼,丧期内举国停止宴饮娱乐。清崇德六年(明崇祯十四年,1641年)十月二十七日,海兰珠被追封为"敏惠恭和元妃",并于清崇德八年(明崇祯十六年,1643年)二月正式下葬。

对庄妃来说,海兰珠的去世来得是那么沉重和突然。她不由得想起了小时候,姐姐带自己在草原上采花,一起捉蝴蝶,一起骑马,一起舞蹈,这些都历历在目啊!怎么一转眼间姐姐就不在了呢?看到丈夫整天愁肠百结、魂不守舍的样子,庄妃又是满心的不解。特别是刚开始时他不饮不食、恸哭昏迷的样子她从来没见过,都快吓坏了。丈夫为什么单单对姐姐海兰珠情有独钟啊?是她年轻、漂亮、高贵?……好像都不对。自己比姐姐小五岁,年轻说不过去。姐姐曾经出嫁过,自己有满蒙第一美女之誉,外表体貌丝毫不亚于姐姐,美貌也说不过去。两人是同胞亲姐妹,都是黄金家族的后裔,血统高贵也说不通啊!庄妃想,也许是自己在丈夫眼中永远是个小他二十多岁的小女孩吧。自13岁入宫,自己稚嫩的脸庞,就一直刻在丈夫的脑中。尽管在一天天地长大,在丈夫眼中自己仍是没有女人味的孩子。而丈夫对姐姐惊鸿一瞥的瞬间,对姐姐那温柔哀怨的眼神,成熟脱俗的韵致刻骨铭心。丈夫在政治和战火中锻炼出来的铁石心肠在姐姐那儿得到了排遣和慰藉,而这些是自己改变不了的,自己只会帮助丈夫出谋划策,讨论家国大事。庄妃终于意识到丈夫不是神,而是一个有血有肉、有着七情六欲的人,除了政治婚姻之外,他也渴望收获爱情。

此时,庄妃布木布泰正身怀六甲,而且妊娠已11个月,超过预产期。她先有三女,当然渴望能生皇子。皇八子夭亡,无形中增加了对她的压力。果真能生皇子,既可抚慰皇帝内心的创痛,又能弥补由于皇八子之死带来的姑侄三人都无子的缺憾。但若又生一女,会尴尬到何等地步?她既担心不生皇子,又害怕发生意外。心神不安和情绪紧张,可能起了催生作用,在皇八子去世的第三天,即正月三十日晚上八时左右,

第四章 迎来庄妃时代

皇九子福临、也就是后来的顺治皇帝，呱呱坠地。

小福临的一声啼哭，划破了笼罩大清皇宫上空的乌云，露出曙光，人们奔走相告，脸上展现出宽慰的笑容。皇八子带走了皇后哲哲的希望和光明，皇九子给她带来一个惊喜。皇帝也因九子的出生得到极大的安慰。他应当欣赏自己的圣明：用"永福"命名次西宫。庄妃实在是一颗福星，这颗福星重新照亮了他的心，照亮了大清皇宫，让整个皇宫感受到"福"的来临。所以，为皇九子取名"福临"。

不过，喜归喜，忧归忧，皇八子初丧，宸妃海兰珠呻吟在病榻上，皇帝、皇后放不下他们。皇太极从皇九子得到的安慰，取代不了他对皇八子的痛惜。他处处谨慎行事，唯恐伤害海兰珠。所以，既不为皇九子诞生发布大赦令，亦不举行什么庆贺仪式，更不称之为"皇嗣"。

至此为止，皇九子是唯一的五宫后妃所生皇子，排在什么地位，将来可能坐上哪把交椅，谁都清楚。不论称不称太子，都不影响他在人们心目中的位置。几天前还没有人预言庄妃会生皇子，现在，庶妃、宫女们纷纷回忆说，她们在婴儿降生前就看到了吉兆。有人说看到了红光，有人说闻到了香味。内国史院学士将此类传说记录下来，写入《清太宗实录》。顺治皇帝驾崩后，修《清世祖实录》时，又对他出生时的情景进一步加以渲染，说他的母亲孝庄文皇后怀孕时，经常有红光围绕在身上衣裙间，像是有龙在盘旋，侍女发现，以为是火，急忙走到她身边，可又什么也看不见。像这种事情，发生好多次，众人大为惊异。福临诞生的前夕，孝庄文皇后梦见一位神人抱一男孩交给她，说，"这是统一天下之主。"孝庄文皇后接过孩子放在膝上，那人便不见了。如此种种，无非是制造舆论，让天下人承认：皇九子不是凡人，是真龙天子。

这里需要关注的一个问题就是，前面我们曾说过，1625 年，布木布泰 13 岁就嫁给了皇太极。为了完成科尔沁蒙古的秘密使命，她和她的姑姑哲哲、姐姐海兰珠，先后嫁给了同一个男人——皇太极。

就在布木布泰嫁给皇太极一年以后的 1626 年，后金政权的建立者、皇太极和多尔衮等人的父亲努尔哈赤去世了。布木布泰的丈夫皇太极顺利继承汗位，成为后金政权的第二任大汗。1636 年，皇太极又正式称帝，建立清政权。这个时候，清王朝的皇帝皇太极在盛京广蓄后宫，其中比较重要的就是他的"一后四妃"。

而让人感到不解的是，在这都来自同一个民族——蒙古，都来自同一个姓氏——博尔济吉特氏，只不过是分属于蒙古科尔沁部和察哈尔部而已的"一后四妃"中，布木布泰——也就是我们通常所说的庄妃却屈居最后一位。这是为什么呢？难道真的像《孝庄秘史》这部电视连续剧中描写的那样，是遭到了她的亲姐姐海兰珠的排挤么？

其实，说到皇太极娶了这五位来自同一个民族——蒙古族，都来自同一个姓氏——博尔济吉特氏，只不过是分属于蒙古科尔沁部和察哈尔部而已的后妃，我们是非常容易理解的：主要是出于笼络蒙古民族的政治考虑。皇太极知道，只有笼络住了蒙古各部，清王朝才有可能问鼎中原，完成中国的统一。

问题在于，为什么在这"一后四妃"当中，庄妃的位置下降了？

通过前面的讲述，我们知道，在皇太极的这"一后四妃"当中，庄妃是第二个入宫的，时间上仅次于她的姑姑、皇太极的皇后博尔济吉特氏。可是在1636年皇太极册封这"一后四妃"的时候，为什么庄妃的位置却落到了最后一位了呢？

在回答这个问题之前，我们首先要了解一下皇太极的这"一后四妃"。

皇后博尔济吉特氏，她在娘家的名字叫做哲哲，是蒙古科尔沁贝勒莽古思的女儿。1614年他们成婚时皇太极22岁，博尔济古特氏14岁。皇太极继位后，博尔济吉特氏成为后金"第一夫人"，称中宫——清宁宫大福晋。1636年，皇太极登上皇帝宝座后，妻以夫贵，博尔济吉特氏就成为中宫皇后。

皇太极宠爱的还有四位皇妃：

第一位是关雎宫（东宫）宸妃，博尔济吉特氏，她在娘家的名字叫做海兰珠，是中宫皇后的侄女，也是永福宫庄妃博尔济吉特氏的姐姐，1634年同皇太极结婚。他们结婚的时候，海兰珠25岁，皇太极42岁。

第二位是麟趾宫（西宫）贵妃，她在娘家的名字叫做娜木钟，为蒙古阿霸垓郡王额齐格诺颜之女。她原是蒙古林丹汗囊囊福晋，林丹汗死后，投顺后金。同年，皇太极娶囊囊福晋为妻。娜木钟贵妃后生下一子名博穆博果尔和一女。她的儿子博穆博果尔及其王妃，日后演绎出一段离奇的故事，留待谈到顺治皇帝时再讲。

第三位是衍庆宫（次东宫）淑妃，她在娘家的名字叫做巴特马·

璪,原是蒙古察哈尔林丹汗的窦土门福晋。林丹汗死后,她携部众降金,不久被皇太极纳娶。她抚养蒙古一女,皇太极"命睿亲王多尔衮娶焉"。

第四位是永福宫(次西宫)庄妃,俗称大庄妃,名布木布泰,是科尔沁贝勒赛桑之女,又是中宫皇后博尔济吉特氏的侄女,关雎宫宸妃的亲妹妹。庄妃13岁嫁给皇太极,这一年皇太极33岁。皇太极继皇帝位后,封她为永福宫庄妃。庄妃作为一个女人,人生中最大的事,就是为皇太极生下了一个儿子——爱新觉罗·福临,即后来的顺治皇帝。有关这段故事,我们后面再讲。

此外,皇太极为了联络蒙古,还以次女下嫁林丹汗之子额哲,命济尔哈朗娶林丹汗遗孀苏泰太后为福晋,长子豪格及二兄代善、七兄阿巴泰分别同察哈尔部联姻,从而构成错综复杂的姻盟。

皇太极的很多措施我们都能够理解,但是让我们不能理解的是:皇太极为什么把后娶的、庄妃的姐姐海兰珠的位置放在了庄妃本人的前面呢?难道真的是像电视连续剧《孝庄秘史》说的那样,存在一个姐妹恩怨么?

还是让我们先来看看电视连续剧《孝庄秘史》中的介绍吧。

从电视连续剧《孝庄秘史》的介绍中,我们可以看到:

海兰珠是庄妃的姐姐,她本来已经嫁过人了,嫁给了蒙古的贵族。后来她丈夫死了以后,她自己就回家了。然后,她来到了宫中看望她的姑姑——当然也是庄妃的姑姑哲哲。这样她就认识了皇太极。

由《孝庄秘史》上的描述可以看出,海兰珠与她妹妹布木布泰这姐俩好像确实是不太和睦:一个是在海兰珠有身孕,并且还被太医看出来是男胎,因此皇太极宠爱海兰珠。正像《孝庄秘史》中皇太极所说的那样:"你终于给我怀了一个儿子!"所以恃宠而骄的海兰珠,就开始刻意排挤大玉儿。

这个时候,就有了另外一个人物——多尔衮的妻子——小玉儿出场了。在电视连续剧《孝庄秘史》中,这个小玉儿非常爱她的丈夫多尔衮,可由于多尔衮的心里面只有大玉儿,因此并不珍惜自己的妻子小玉儿。因此,被冷落了的小玉儿非常嫉恨大玉儿,就寻找各种时机来对付大玉儿。于是,就出现了下面的对话:

小玉儿："我说姐姐，皇上到底对你怎么样啊？"

海兰珠："很好啊。"

小玉儿："那怎么庄妃悄悄地就给怀上了呢？皇上是什么时候去临幸她的？我看啦，人家是手段高明，暗地里使劲呢。"

海兰珠："我这个人反正一辈子命苦，也没什么手段。只要皇上对我们娘儿俩好，我就心满意足了。"

小玉儿："姐姐，这可不行啊！这后宫的事跟民间可是不同，日久生变。她们一个是皇后统领后宫，一个是手段高明装得可怜来陷害你。你防不胜防啊。你就是不为你自己考虑，你也得考虑八阿哥。他总得长大成人啊。将来这个日子可怎么过呀？"

海兰珠："对，我不能忍气吞声。为了八阿哥我也不能。"

小玉儿："对！这一步决不能退。"

海兰珠："哼！姑姑不让我再踏入永福宫，谁稀罕！妹妹，你帮我放话出去。以后哪宫妃子，哪府女眷，谁要是再踏进永福宫。谁就是跟我过不去！"

在正史当中，这姐妹俩真的那么仇视吗？

首先我们要交代一下这个小玉儿的原型。在正史当中。这个小玉儿的原型是科尔沁部的另外一个台吉阿尔赛的女儿。1623年，多尔衮11岁的时候与她结婚！在野史上，有一种说法，说多尔衮的这个妻子很恶毒，她自己怀不上孩子，还极力阻止别的女人生下多尔衮的骨肉！但是，在正史上，却没有这样的记载！

我们还是话说回来，继续说说海兰珠与布木布泰这姐妹俩的恩恩怨怨！

在正史当中，海兰珠与布木布泰这姐妹俩，再加上她们的姑姑哲哲，这姑姑和侄女三个人团结如一体。

也就是说，海兰珠与布木布泰这姐妹俩应该是非常和睦的。因为她们只有一个共同的目标：我们一定要改造满清皇室的后代！一定要让满清皇室世世代代有我们蒙古人的血统！

因此，从我们前面的讲述中可以有一种感觉：她们姑侄三人一同出嫁这事之后，我感觉哲哲、布木布泰与海兰珠她们三个人颇有一点前仆后继的意思：一个没生孩子，咱们再来一个。再来一个还没生，咱科尔沁蒙古有的是美女，一定要让我们科尔沁蒙古人给你们满清皇室生出一个有蒙古血统的后代，让他来继承日后的满清江山，来完成我们借满清皇室人的手，复兴我们蒙古帝国大业的任务！

因此，我们可以说，布木布泰与海兰珠姐妹俩之间的恩怨是从来没有发生过的。

但是，问题又出现了：既然布木布泰与海兰珠她们姐妹俩之间从来没有过恩怨，那为什么在1636年皇太极在册封他的"一后四妃"的时候，第二个入宫的庄妃的位置却落到了最后一位了呢？

其实原因很简单：这是妥协的产物！

皇后博尔济吉特·哲哲是最早入宫的，一开始就是皇太极的大福晋，到1636年皇太极称帝的时候他们两个人已经共同生活了22年了，俗话说得好，一日夫妻百日恩、百日夫妻似海深嘛！22年的感情，不能因为她没有给皇太极生养孩子就把她废掉吧？何况她还是皇太极的另外两位妃子——海兰珠和布木布泰二人的亲姑姑呢！更为重要的是，她们姑侄三人还来自蒙古的同一个部落，清王朝最为重要的支持者——科尔沁部！

1634年同皇太极结婚的、布木布泰的姐姐海兰珠，虽然她与皇太极共同生活的时间比较短，但是海兰珠毕竟是布木布泰的姐姐，而且她在这个时候还刚刚怀了孕。这个还没有生下来的孩子经过医生查看证明是个男孩，这就意味着满洲皇室终于有了一个满洲皇室和蒙古科尔沁部的男性后代，而这对于巩固满蒙联盟则是非常重要的。

从这点上来说，虽然布木布泰这个时候已经与皇太极共同生活了11年，但是这11年来，在皇太极的眼中，她基本上是一个小孩子而已，两个人谈不有什么共同语言的。更为重要的是，这11年来，布木布泰并没有给皇太极生个儿子，只是连续给皇太极生了三个女儿：1629年生皇四女，1632年生皇五女，1633年又生下皇七女。这样，就做不到什么母以子贵了！

我们再说这个麟趾宫（西宫）贵妃娜木钟和衍庆宫（次东宫）淑妃巴特马·璪，她们两个人原来都是蒙古察哈尔林丹汗的福晋。而蒙古察哈尔部一直都是满洲皇室的劲敌，让来自蒙古察哈尔部林丹汗的福晋作为自己的福晋则会被蒙古人认为是很好地照顾了蒙古察哈尔部林丹汗的家室，这对于提高满洲皇室的威望是非常重要的。

在这种情况下，永福宫（次西宫）庄妃布木布泰的地位处在最后一位就很正常了。

有的读者这时候很自然地会想到下面的一个问题：你说的是不错，但问题在于，如果布木布泰与海兰珠她们姐妹俩都给皇太极生了儿子的话，那么自然就会出现下面的问题：我们的这两个儿子，谁才能够继承日后的满清江山，完成科尔沁蒙古人借满清皇室人的手，复兴蒙古帝国大业的任务呢？

如果我们承认了上述的推断是正确的话，就会很自然地同意电视连续剧《孝庄秘史》中的另外一段描述：

海兰珠与布木布泰这姐妹俩都给皇太极生了个儿子，海兰珠的儿子先出生了，然后是福临出生。接着就是海兰珠的儿子因病死了。然后就是海兰珠与布木布泰两个人的恩怨越来越重！

历史，是这样发展的么？

历史，完全不是这样发展的！

真实的历史应该是这样的：先是海兰珠的儿子出生了，然后布木布泰才开始坐胎怀孕。到了这一年的正月二十八（公历1638年3月13日）这一天，海兰珠的儿子病死了，夭折了。正是因为海兰珠的儿子夭折了，所以历史上就记载了他夭折的那一天而没有详细记载他出生的那一天。因此，我们后人就只能知道海兰珠的儿子是在一周岁左右夭折了。

但是，奇怪的事情很快就发生了：就在海兰珠的儿子夭折的时候，就在皇太极伤心欲绝的时候，公元1638年的3月15日（也就是正月三十），庄妃便给皇太极生了一个儿子！这个儿子就是爱新觉罗·福临。

这个爱新觉罗·福临的名字可是皇太极亲自给起的——灾难过后大福降临的意思。

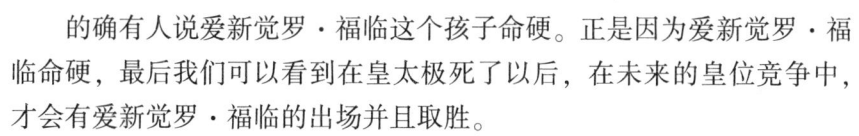

的确有人说爱新觉罗·福临这个孩子命硬。正是因为爱新觉罗·福临命硬，最后我们可以看到在皇太极死了以后，在未来的皇位竞争中，才会有爱新觉罗·福临的出场并且取胜。

不过，这是后话，现在的问题是，在皇太极和他的妻子庄妃所生的儿子爱新觉罗·福临出世不久，便有了明清之间的松锦大战。而在松锦大战之后，就有了所谓的庄妃设计招降洪承畴的故事。

第五章
诱降洪承畴

1642年（明崇祯十五年，清崇德七年）二月，清军攻破松山，生擒明蓟辽总督洪承畴。

此刻，立在槛车里的洪承畴所能想的就只有一个字：死。

洪承畴的脸色，由于尘土垢面而变成了黑色，发紫的嘴唇上出现了一道道干裂的口子，从口子里渗出了殷红的血，笨重的枷锁折磨得他全身阵阵疼痛难忍。一路上，不吃不喝、不言不语的洪承畴像个木头人，他的心早已随着丢失的松锦而死去，脑子里只有一个念头，那便是但求速死，早日解脱，了断此生。

明智的皇太极当然不能让他死了，因为皇太极早已将洪承畴的情况琢磨透了，他除了是位不可多得的将兵帅才之外，其影响所及实在太广泛了，这样的人才是大清求之不得的。于是，皇太极早已吩咐将洪承畴安置于三官庙，屋内一切用具豪华气派：雕花大床、兽皮褥子、绣帐锦被、大漆桌椅等，并且派四位宫女侍候。皇太极满怀信心，就是铁样的罗汉也能软化得了。自从洪承畴在三官庙住下之后，一拨又一拨的王公显贵、明朝降臣前往劝降。

劝降的结果传回清廷，洪承畴除了叫骂之外就是求死，而对那些豪华陈设、珍馐美味更是视而不见。

皇太极听了这些奏报长吁短叹，谓众王公大臣道："大明朝廷昏庸无能，大明百姓民不聊生，水深火热，可大明的臣子中偏偏就有如此的愚忠之人，让朕如何是好？"

肃亲王豪格怒从心头起："父皇，那就干脆杀了他，依儿臣之见，就是少了个洪承畴，我八旗子弟也照样拿得下大明京师，也照样能一统大明。"

皇太极瞥了他一眼，很不以为然地道："杀人容易，挥刀即成，而降人则难，降人之心就更难。你就不想想，天底下熙来攘往之人，你能杀得完吗？故而，朕要一统大明天下，就必须得到大明的子民。"

睿亲王多尔衮奏道："皇上圣言极为英明，实在不行，就只有想方设法诱他、逼他进食了。"

皇太极道："人心都是肉长的，朕当亲自劝降，以示恩宠有加。"

范文程出班奏道："皇上，还是由臣先行前往，好生说和说和，以便摸清情况相机行事才好。"他是在担心洪承畴的骂詈之言实在难以入耳，说不定会激怒皇太极，反而弄得功败垂成。他知道，杀了洪承畴，差不多就等于断了入主中原的敲门砖、引路人。

皇太极点头应允："那么就有劳范先生了，朕在此等候消息。"

范文程忙奏道："那倒不必了，臣想皇上还需要一些耐心。皇上能等祖大寿十年之久，为何不能等洪承畴十天呢？"

"先生言之有理，"皇太极听后顿悟。是呀，而今祖大寿不就在自己的耐心和攻势之下，拱手交出了锦州吗？"罢朝吧，朕就在宫里静等先生的回音。"皇太极的声音里充满了疲惫。

自从关雎宫宸妃辞世后，永福宫接驾的机会大增，一天比一天热闹起来。

庄妃今日特意精心地把自己梳洗装扮了一番，粉腮上淡淡地搽了些胭脂，素雅的旗袍边儿上缀着一块温润的玉片儿，显得别有韵致。

皇太极将庄妃揽于怀中，细细地欣赏起来。在庄妃身上，皇太极有时可觅得宸妃的影子：眉横远山，眼如秋水澄波，在这秋波之上忽闪着微卷而浓密的睫毛，配以微微隆起略略下垂的鼻子，以及恰到好处的桃红嘴唇，越看便越觉得有宸妃的丰姿神韵。

置身于这四面挂满了锦绣帷帏的永福宫，望着眼前透出宸妃风韵的人儿，皇太极心里生出了一种温情脉脉、温柔香艳的感觉。

"爱妃，科尔沁草原上的姑娘莫非都长得像你这般美吗？"皇太极又打量了一番庄妃袅袅婷婷的身材，柔声道。

庄妃抿嘴一笑，"皇上错夸臣妾了。"接着柔声道，"皇上，今儿个就在永福宫安歇吗？"

"怎么？难道爱妃还想将朕赶走不成？"皇太极微笑着说。

庄妃笑着摇头答道："臣妾哪里敢！臣妾常想，皇上龙体康泰后，可别忘了其他嫔妃，尤其是皇后。"

皇太极不禁赞道:"爱妃真可谓贤淑有德,这几日朕脑子里乱糟糟的,还真没去过呢。"

庄妃听后不语。她知道,皇上之所以常常驾临永福宫,其中一个重要的原因,就是要与自己倾诉大政方略,她静候皇太极的下文。

果不其然,片刻后皇太极便开言道:"松山大捷后,俘获了明蓟辽总督洪承畴,此人胸怀大才,可他宁死不降,不能为朕所用。对此,爱妃可有什么良策呀?"

庄妃答道:"刚强之人总有脆弱的地方,一心赴死的人也会留恋人世之情。臣妾想,金银珠宝、高官厚禄都不能打动的人,若从情字入手,就定可收到奇效。"

几句话说得皇太极茅塞顿开,频频点头道:"朕等范先生劝说回来后,再据其情形好好合计一下。"

正说之间,执事太监入奏:"启奏皇上,范文程大学士求见。"

"快宣他觐见!"

范文程行君臣之礼后,皇太极急忙问:"事情办得如何?"

范文程答道:"还是宁死不降。"

"他的身体怎样?"皇太极又急着问。

"已饿得骨瘦如柴,要不是天天强制着灌奶,怕早就饿死了。"

庄妃道:"就是死,也有个愿望,能咽下所灌之奶,就说明他还有想头、还有希望。"

范文程不觉眼睛一亮,道:"对呀!适才臣在三官庙与洪承畴交谈时,有一点儿尘埃落在他的衣袖上,臣见那洪承畴认认真真地将其拂拭而去。臣想一个身陷囹圄又一心求死之人,爱惜自己的衣服尚且如此,肯定会更爱惜自己的生命,只是时机还不到罢了。"

庄妃又道:"古语有云,良禽择木而栖,贤臣择主而事。臣妾认为,洪承畴是在等皇上亲自前往抚慰。"

范文程答道:"很有这种可能。只是臣担心,那洪承畴满口的污语秽言,会伤了皇上,触怒天威。"

皇太极道:"那倒不会。只要能真心归顺大清,朕就是让他骂上一阵子,何损毫发,又何必动怒?"

洪承畴以知兵善战而闻名于当世。他于天启年间进士及第,而后仕途顺遂。崇祯朝官至陕西布政使司右参政,是平息陕西农民起义的主要军事统帅。崇祯十一年,他率军伏击李自成部大获全胜,一时间名声大振,颇得摇摇欲坠的明朝末代皇帝崇祯之宠信,满朝文武亦青眼相加。在大清不断加强对明进攻的情况下,洪承畴一时成为大明的中流砥柱。

范文程告退后,皇太极便依庄妃之计,收买了洪承畴的贴身仆人金升,探听洪承畴的爱好和弱点,那金升献计道:"我家主人禀性沉着坚毅,爵禄不能动其心,刀斧不能易其志,唯有见到美女,或可撼其心志。"

皇太极闻言大喜,当下便派宫中美女数人前往,但均碰了一鼻子灰,无功而返。皇太极无可奈何之下,加之求贤若渴,便对庄妃道:"看来,只有爱妃能解朕之忧了。"

庄妃听后,欣然应允,然后她从容地对镜梳妆。此时的庄妃刚及三十,正是女人一生中最光彩的时候,集端庄、成熟、娇艳、温柔于一身,顾盼生情的明眸,细嫩流香的肌肤,胖瘦适度的腰身,亭亭玉立的丰姿,加之蒙古草原公主的气质,大清皇妃的高贵,可谓仪态万方。

入夜之后,有两名宫女手提食盒来到三官庙。

洪承畴多日来水米未进,形容枯槁,兀自呆坐在文案前。门前的两个守卫兼仆人死死地盯着,以防他撞墙或用其他方法自杀。

宫女装束的庄妃款款而入,用眼神示意守卫退下后,打开了食盒。顿时,乌鸡炖参汤的香味儿弥漫了整个房间。而洪承畴仍一言不发,目光呆滞。

"洪大人,喝点儿参汤吧!这是大清皇上御赐的,就请趁热喝吧。"庄妃将参汤端到洪承畴面前,柔声劝慰,"洪大人一心求死,难道就没有一点儿顾恋?难道洪大人不想家吗?多年征战在外,家中令尊令堂倚闾而望,妻子家小也望眼欲穿,大人就不想他们吗?"

洪承畴的身子似乎微微一抖,这是被俘以来听到的最温柔、最动情的话语。想到家,洪承畴的眼中噙满了泪水,自落入清军之手后,除了死就从未想过别的。而"家"对此时的他来说是多么温馨的向往,他仿佛又看到了过去每每出征归来,妻妾相迎、儿女绕膝的场面。而现在自己兵败被俘,家小亲朋还不知道自己的下落呢?

"唉——"洪承畴不由得轻轻叹了一口长气。

就这一声微微的叹息,庄妃便知道了洪承畴此时的心境,于是紧接着又说道:"人非草木,孰能无情?离家时间长了,就是洪大人不挂念家中妻儿老小,而他们也会挂念大人的呀!他们一直翘首盼望大人能早日归来，共享天伦之情。而今洪大人却身陷此地，问讯无音、归期无望，真不知他们会如何以泪洗面、度日如年呢！"庄妃说着说着，想起自己少小离开科尔沁故乡，动情之时语带哽咽。

虽说是大丈夫四海为家，但现在自己是笼中之囚，要是能活着回家，该有多好。洪承畴闻着参汤四溢的香味儿，喉结不时地上下游动。

庄妃看在眼里，又道："洪大人身子要紧，还是喝一点儿吧，要不，让奴婢给大人喂下？"说着，真的端起参汤，凑到洪承畴的嘴旁。

洪承畴一边摆手一边打量着庄妃，云鬓高拥、凤鬟低垂、玉手纤纤、樱桃素口，尤其是她那文雅端庄的气质，高贵雍容的风度，肯定不是一位普通的宫女。

"自古以来，识时务者为俊杰。历史上朝代更迭屡见不鲜，绝不会仅仅发生在明朝。洪大人熟读经史，绝不会愚忠到宁可抱残守缺，也不思顺应潮流、改弦更张的地步。如果是那样，岂非太不明智了吗？"说着，庄妃妩媚一笑，又道，"我家皇上如此器重大人，大人何不就此归顺大清，也好早日与家人团聚，以解妻小相思之苦。"

"敢问你是何人？"洪承畴问。

"待洪大人喝过参汤之后，奴家便自告身份。"庄妃答。

洪承畴早已饿得老眼昏花，俯下身子嗅了嗅，不无解嘲地道："也好，为了知道你的身份，洪某就喝了它。"说完，便一口气喝完了一碗参汤，顿时感到全身的经脉甚至无数的毛孔都舒张了开来，舒服无比。是呀，活着就是好，我洪某人为何要求速死呢？

连日来，其实洪承畴的脑子里也在时时地作着激烈的自我斗争，他想起与范文程的交谈，至今那些话还掷地有声："《尚书》上说，'民为邦本，本固君宁'。你洪承畴讨伐农民军有功，可你为何就不问一问，那些老实巴交的农民为什么会起来造反，冒着杀头的危险和官府作对呢？难道是吃饱撑的吗？不错，你洪承畴是一位清官，但大明朝有多少贪官，腐败到了什么程度，你清楚吗？你洪承畴是一大忠臣，但大明朝的忠臣都有什么样的下场，你难道会不清楚？"

是呀，洪承畴当然很清楚。辽东经略杨镐兵败后被判死罪；文武双全的熊廷弼经略辽东有功，而下场是被捕入狱，以致尸首无存；孙承宗为一代宗师，因支持袁崇焕，被解职归乡；而袁崇焕则更惨不忍睹，这座大明的"长城"被千刀万剐于京师菜市口。为什么怀着一腔耿耿忠心的国之干将都落得如此悲惨的下场呢？真不敢想啊，倘若自己当时侥幸逃回京师，那会是何等结局呢？保不准皇上会给自己定个死罪以谢天下……

洪承畴不敢想下去了。由于有这些激烈的思想斗争，所以洪承畴尤其觉得这位所谓宫女也出语不凡，于温情细语之中发出振聋发聩之音。所以洪承畴越发不相信她是一个宫女，他喝完参汤后，再次发问："敢问你到底是何人？"

庄妃将外罩的宫女服饰除去，露出紧身的一袭粉红色旗袍，朱唇轻启："洪大人，我的身份不说也罢，只要洪大人能看重自己的身子，不要一心只想什么死呀死的，本宫就放心了。"

"你，你说什么？"洪承畴自然明白"本宫"之义，吃惊地睁圆双眼问。

"我的身子有何金贵之处？败军之将，虽死也不辱以人！"洪承畴顿足再三地道。

"洪大人，"庄妃直截了当地说，"皇上把你当做成就大事的引路人，大人为何还要执迷不悟呢？"接着又说，"皇上怕洪大人落寞孤苦已久，特命本宫服侍洪大人。"边说边俯身上前，双手扶起洪承畴，对门外吩咐道，"来人，先给洪大人沐浴更衣。"

"不，不，"洪承畴闻到了庄妃身上的阵阵脂粉香气，语气坚决地说，"请快回去吧，告诉皇太极，我洪某领情了。"

庄妃笑道："我就知道洪大人是位知情重情之人，那么就好好地活着，要不了多久就能与家人团聚了。"说完，留下另一个宫女，告辞后转身出了三官庙。

第二天一大早，还在熟睡中的洪承畴便被太监的高声喝叫惊醒了。只听得"皇上驾到"，他便连忙从簇新的裘褥锦被里翻身坐起，一边穿衣一边还不敢相信，难道皇太极还亲自来看我不成？难道昨晚之事会是真的？不会是做梦吧？

正这样胡思乱想着，范文程快步进来，大声说："洪大人，皇上亲自来看你了。"洪承畴这才确信无疑。

洪承畴端正衣冠走出门去，望着被众人前呼后拥着的身材伟岸、相貌堂堂之人，深深一揖并开口道："洪某诚惶诚恐，多谢皇上不杀之恩。"

皇太极头戴九龙冠，身着镶龙黄缎袍，腰束玉带，一身临朝的装束，以示正式和隆重，也上前几步道："北地天寒地冻，先生衣薄，千万不要受了风寒。"说着，从身上解下貂裘披风，亲自披到洪承畴身上。

洪承畴嗫嚅着说不出话来，蓦然间，他瞥见站在皇太极身后的一位妃子，似曾相识，噢，不就是昨晚温情婉劝自己进食的那位"本宫"吗？

洪承畴怔了似的，凝视皇太极良久，是梦境，是幻觉，是百年才出一人的明君吗？皇上的披风加身，败军之将被视为将相大才，洪承畴如沐春风……突然，洪承畴匍匐在地，跪拜道："皇上真乃真龙天子，真乃圣明之君。"

于是，一切便顺理成章，水到渠成。

皇太极大喜过望，上前双手搀起洪承畴，除赏给金银财帛无数之外，当下就赏给王府一座，拨给亲兵五十、随从三十、奴婢十二人，听其调用。

然后，洪承畴便被请进一座王府，沐浴更衣后住下。洪承畴因身体虚弱，夜受寒气而微感不适，遂服下一剂汤药，蒙被祛寒发汗。就在此时，一奴婢进来禀告："洪大人，皇妃娘娘听说你身子欠佳，特命人送来鹿茸、人参。"

洪承畴听禀后，越发地感激涕零。几天后，他自请剃发，忠心归顺大清。

这一日，皇太极端坐崇政殿龙椅之上，接受松锦会战后的大明降将洪承畴、祖大寿、夏承德等的朝见。

洪承畴等人先是跪于大清门外请罪："臣等系明朝之帅，屡战冒犯军威。圣驾一至，众军败北，自分应死，蒙皇上矜怜不杀而恩养。今日朝见，臣等自知罪重，不敢遽入，先陈罪状，伏候定夺。"

皇太极道："昔时交战，各为其主，朕岂会介意，朕得松锦诸城，皆为天意，而天道好生，善养人者，斯合天道。卿等从前情罪，悉皆宽释。"

于是，君臣畅谈欢叙，好不投机。

对洪承畴的重赏厚赐，引起满族王公贝勒的很大不满，一片哗然。有一天，肃亲王豪格在朝廷上问皇太极："父皇，洪承畴不过一被俘之囚，如此相待，是不是太过分了？"

皇太极正色道："大谬不然！朕问你，我们兴兵南下，栉风沐雨，披荆斩棘，所为何事？"

众王公贝勒与豪格一起答道："早日入主中原。"

皇太极点头道："是呀。中原地大物博，儒家之学深入人心。治国安邦，安抚人心的策略，必须针对此等情况而行，这一点儿尔等还须从头学起。这就好比走路一样，盲者需要别人的引领，而今洪承畴就是这样一位引路人。"

是夜，皇太极在宫中设宴款待，君臣同乐。宴席间，庄妃上前劝酒。洪承畴这才明白，那天去三官庙的女子不是皇太极的一般嫔妃，竟然是五宫正妃之一的永福宫庄妃。

洪承畴在谢酒时低声道："洪某何德何能，竟蒙皇上和娘娘如此厚爱，实在愧不敢当！洪某今后唯有极尽犬马之劳，才能报答大恩于万一！"

洪承畴是这样说的，更是这样做的。

洪承畴投降以后，隶属于汉军镶黄旗。1644年他到南京总督军务，经略湖广、广西、贵州。顺治皇帝亲政后，他积极贯彻顺治皇帝的怀柔政策，成绩显著。由于他的诱降，南明永历政权中很多官员投降了清朝，对于瓦解西南抗清力量起了很大作用。尤其是在招降郑成功的父亲郑芝龙的过程中起到了巨大的作用。不过，这已经是1646年的事情了。

说起郑成功的父亲郑芝龙，这也是一个很有意思的人物。

郑芝龙，初名一官，字飞黄，福建南安人，出生于1604年。1621年，郑芝龙前往粤东香山澳投奔舅父黄程。1623年，他为黄程押送白糖、奇楠、麝香、鹿皮到日本平户（今天的日本长崎），结识了侨居日本的华商头目、海盗巨魁李旦，从此开始了海上贸易生涯。

在平户，郑芝龙与日本女子田川氏（中国姓氏为翁氏）结婚，次年——也就是1624年生下了儿子郑成功。郑成功的小名"福松"。也就是说，其实，郑成功这个人本来的身份应该是个中日混血儿。

1624年1月，郑芝龙被荷兰东印度公司接纳为通事，乘船离开日本前往台湾，1625年后又脱离东印度公司，加入李旦海盗集团。8月，李旦病死，他遂占有李旦的财产和位置，做了海盗首领，并以"一官"之名不雅，改名芝龙，号称"飞黄将军"。1626年，他率船队进入金门、厦门一带，屡败明朝官军，横行海上凡两年半，至1628年秋受福

建巡抚熊文灿招抚，授予海防游击之职。

这个时候，在中国的东南沿海，活跃着很多海盗集团。这些海盗集团与郑芝龙时合时离，彼此对于海上利益存在着激烈的竞争。郑芝龙既降了明朝，遂以官军身份对海上诸盗大张挞伐，从1629年至1635年他先后消灭了活跃在上述地区的很多海盗集团，大大发展了自己的势力，从此"八闽以郑氏为长城"。

就在郑芝龙开始发迹的时候，1630年秋，郑芝龙派人把遗留在日本的六岁的儿子福松接回南安县安平镇家中。

郑芝龙为儿子福松延师肄业，取名森。这个时候的郑森最喜欢看《春秋》和《孙子兵法》，还很喜欢舞剑驰射。1638年，郑森进南安县学，1642年秋参加乡试未中。

就在这个时候，发生了明清易代，明朝灭亡、清军入关的事情！

崇祯皇帝上吊自杀、明王朝灭亡以后的同一年——也就是1644年，福王朱由崧称帝于南京，改元弘光，这就是历史上的福王弘光政权（弘光为福王朱由崧政权的年号）。朱由崧加封郑芝龙为南安伯，调其兵六千人由他的四弟郑鸿逵统领入卫。郑森也随同进入南京，拜钱谦益为师。钱谦益为郑森取字"大木"。

1645年弘光政权亡后，黄道周与郑芝龙、郑鸿逵奉唐王朱聿键称帝于福州，改元隆武，这就是历史上的唐王隆武政权（隆武为唐王朱聿键政权的年号）。朱聿键晋封郑芝龙为平虏侯，郑鸿逵为靖虏侯，郑芝龙的五弟郑芝豹为澄济伯，郑森的族兄郑彩为永胜伯。其后不久，朱聿键又晋封郑芝龙为平国公，郑鸿逵为定国公，俱加太师衔。郑氏一门勋望，声焰赫然，"族戚、部将封侯伯者十余人，其挂印腰金、侍御卿校，盈列朝内，内外大权，尽归芝龙"。

1645年秋，郑芝龙将自己的儿子郑森引见给隆武帝朱聿键，朱聿键见到郑森之后，抚着郑森的后背说："惜无一女配卿，卿当尽忠吾家，无相忘也！"于是赐郑森姓朱，名成功，封御营中军都督，仪同驸马、宗人府宗正。也就是说，从这一刻开始，原来的郑森转变成了朱成功了，这就是我们通常所说的郑成功的名字的由来。

自此，中外皆称郑成功为"国姓"、"国姓爷"。1645年冬，郑芝龙又派人从日本把郑成功的生母翁氏接到安平。

当时大江以南各地都有明朝遗臣在坚持抗清斗争，他们都希望获得唐王隆武帝朱聿键这面旗帜以获得发展，隆武帝也想离开福建，摆脱郑氏控制。但是，郑芝龙已在闽广购置大量仓庄田产，更有海上巨大利益，所以尽管隆武帝屡檄出关，郑芝龙总以缺饷为名，按兵不动。或佯作出关，行不数里而还。黄道周自请出关募兵江西图恢复，"芝龙仅给赢卒千人，甫出关而溃"，不久在婺源被俘而死。郑鸿逵陈兵仙霞关，严禁儒生入闽，不让他们去向隆武帝出恢复的主意。

1646年春，隆武帝决意离开福建去江西，当时郑成功随侍，条陈据险控扼、拣将进取、航船合攻、通洋裕国等诸项措施，隆武帝封郑成功为忠孝伯，挂招讨大将军印。

但是，由于郑成功的父亲郑芝龙的煽动，福建军民数万人遮道号呼，极力阻止隆武帝离开福建。郑成功看到隆武帝政权内部的种种问题并非一时能够解决，于是以母病为由告假回到安平老家。

就在这个时候，清朝方面，派出了郑芝龙的同乡、泉州南安人洪承畴为招抚南方总督军务大学士，还派出了郑芝龙的同乡、泉州南安人黄熙胤为招抚福建御史，由他们两个人负责福建地区的招抚工作。

洪承畴和黄熙胤向征南大将军贝勒博洛献策：隆武帝兵马钱粮俱掌握在郑芝龙手中，若许以王爵，福建可不劳一矢而定。博洛乃命洪承畴和黄熙胤修书给郑芝龙。郑芝龙接到书信之后，立即决定投诚。

1646年夏，在郑芝龙的配合下，清军迅速攻占浙江全境。郑芝龙诡称征讨清军，迅速离开延平，并密谕守关诸将施天福等尽撤关兵。1646年秋，清军在没有遭到任何抵抗的情况下，占领福建，杀掉了隆武帝。随后，郑芝龙拒绝了他的儿子郑成功的劝说，亲自挑选了五百名盔甲鲜明的勇士随从，前往福州向清军方面投降。

郑芝龙既降，郑氏旧部大多各行其是。郑鸿逵率部入海，郑彩、郑联兄弟转奉鲁王。

在这种情况下，1646年冬，郑成功在泉州文庙孔子像前烧掉了儒巾蓝衫，会阁部路振飞、曾缨、万年英等，设高皇帝神位，誓师恢复，称"忠孝伯招讨大军罪臣朱成功"，时年22岁。

您看，洪承畴不费一枪一弹，只是凭借着自己的一张利嘴，就招降了郑芝龙，瓦解了福王弘光政权和唐王隆武政权。厉害吧？

正是因为如此，《孝庄秘史》这部电视连续剧才把招降洪承畴的功劳归在了皇太极的妻子庄妃布木布泰身上。

第六章
辅佐幼子登基

清初有"三祖一宗",即:清太祖努尔哈赤、清世祖顺治、清圣祖康熙和清太宗皇太极。努尔哈赤是清帝国的奠基人,所以庙号太祖;顺治入关、定鼎燕京、统一中原,所以庙号世祖;康熙"经文纬武,寰宇一统,虽曰守成,实同开创焉",所以康熙的庙号也是"祖"。皇太极却只能得到一个"宗"字。也许有人会问,皇太极一生博览群史、长于计谋、经文纬武,又优礼汉宫,建立八旗蒙、汉诸军,运用新兵器,用兵如神,为清朝入主中原奠定了基础,为什么到头来只得了一个宗的庙号呢?

皇太极的确是文治武功,创业守成的一代明君,遗憾的是他在事业如日中天的52岁去世了。迁都北京,定鼎中原,坐在金銮殿上的毕竟是顺治而不是建立卓越功勋的皇太极。

皇太极的死是由多方面的原因造成的。清代官修史书说他是"无疾而终",其他的史书上多记载他是"暴死",这都反映出他死前毫无征兆,死得比较突然。现在的种种资料和迹象都表明,皇太极猝死的直接原因是高血压引起的脑出血,也就是我们通常说的中风,远因则是多方面的。

皇太极最擅长的就是谋略,长期忧劳军国大事,心身极为紧张。早年随其父努尔哈赤在统一女真联合蒙古的斗争中纵横驰骋,为建立后金立下汗马功劳。起兵反明后,面对强大的敌人,压力增大,身体处于高速运转之中。他还凭着他的"谋略",在既非长子、又无遗命的情况下从16个兄弟中脱颖而出,顺利继承汗位。让努尔哈赤大为头痛的袁崇焕,被皇太极几施离间计,借崇祯之手除掉了。正史记载表现其"智慧"的事情,看似轻松,但每一件都需要冥思苦想、费尽心机。35岁继位之后,作为大金国主的大家长,他对内对外事必躬亲、忧国忧民,其紧张程度更是无以复加。身体长期透支是他致病的重要原因。

还有一个原因就是皇太极身形巨肥，这是导致高血压的一个危险因素。皇太极昭陵陵前的石像中有一对石马，就是"昭陵二骏"，相传是仿照皇太极生前喜爱的坐骑——"小白"和"大白"雕成的。皇帝的马都是马中极品，何况是这么一个在马背上得天下的开国皇帝。但小白驮着他只能日行百里，大白仅能日行50里，只因"坐骑不耐"，从这里我们可以看出皇太极有多胖了。另外，我们从沈阳博物馆里清太宗的画像也可推测一二，博物馆里至今还保存着他当年穿戴的盔甲，据说就是几个人抬着他也非常费力，何况还要披甲上阵、冲锋杀敌。

皇太极身体一向很好，只是在宸妃死后身体才日渐衰弱，宸妃一死，皇太极也无心恋世，很快形销骨立，直至"无疾而卒"。

宸妃为皇太极孕育的爱子连正式的名字都没有，就在新年骤然夭折了，他已然非常伤心。好像冥冥之中顺治的降临是为了补缺去世的皇子，但这仍然不能挽回皇太极的心！他盼望着宸妃能再为自己生下一个儿子，谁知道宸妃思儿成疾，不但没有生育，反而身体一天天消瘦下去，香消玉殒之际都没能见上最后一面。皇太极经受着丧子失妻之痛，在极端大喜大悲中健康大不如前，忽然减食，常常"圣躬违和"。清崇德七年（明崇祯十五年，1642年）十月初二日，他对诸王及他们的妻子儿女说："山峻则崩，木高则折，年富则衰，此乃天特贻朕以忧也。"这流露出皇太极已为他年老体衰而不安了。清崇德六年（明崇祯十四年，1641年）以后，皇太极因身体不好，曾发布过大赦令，也减少了处理日常事务的负担，甚至做过祈祷。

虽然取得了松锦战役的巨大胜利，庄妃替他降服了洪承畴，关外四座重镇全部归属清朝，关外障碍已经扫除，挥师入关、逐鹿中原指日可待，但战争和胜利仍没有使失去宸妃的皇太极宽慰多少。对宸妃的思念和忧伤，严重损害了皇太极的健康，以致他的身体日渐衰弱，甚至连日常朝政也"难以躬亲办理"。

皇太极自己也认识到堂堂大清国主不能为一个女人如此神魂颠倒，应以国家大事、天下苍生为重。但是海兰珠去世已一两年之久，他却还是无法控制自己的感情，始终郁郁寡欢，长期的哀恸严重损害了他的健康。历史记载中对此多有反映。

如当时留在皇太极身边的朝鲜王世子在《沈阳日记》中记载：皇

太极十月二十七日冒雪吊祭宸妃墓前，追封宸妃为"敏惠恭和元妃"，对宸妃予以很高的封赠、赞誉，更可见皇太极忆念之深。此后常常去宸妃墓前哭祭。"……衙门通事郑命寿来言，即朝。帝往北郊夫之（福金）殡所，行大完敛。世子大君，亦当偕行，而陪从不可以多人，只六七员随行云。……汗行出北城门至衙（城）门外完敛处，则设帐幕于野中，环簟作墙，造纸屋纸塔，以五色旗为幡，彩钱、彩罇、彩花等物，极其丰侈，费至万金云。僧道巫觋如祈祝之状，汗大加悲恸，归路哭泣不止矣。"对宸妃的魂牵梦萦，使皇太极难以自拔，频繁地请僧道人等为宸妃布道诵经，超度亡魂，举行各种祭典活动寄托哀思。

皇太极追思怀念宸妃，忧伤过度，诸王、大臣看在眼里，急在心里，深恐皇帝愁坏身体。于是王公大臣请他外出打猎散心，皇太极又像往常一样，出猎归来时不忘经过宸妃的墓园凭吊一番，结果这场散心适得其反，皇太极又是一场号啕大哭，重新陷入极度悲哀之中。要说皇太极的爱心完全在宸妃的身上，真是一点也不过分。皇太极在她的身上倾注了太多的感情，可谓福命不能两全，宠妃红颜命薄，他也为此不能排解心中苦闷。

就在这场不合时宜的围猎之后不久的一天，即清崇德八年（明崇祯十六年，1643年）八月八日，处理了整整一天内外政务的皇太极返回皇后哲哲的寝宫，在南炕上坐下休息。谁也没有想到，这一坐，52岁的皇太极就再也没有站起来。大约是夜晚9点至11点之间的亥时，清帝国的第一位皇帝猝然离世。皇太极死后葬于昭陵，既不靠山也不傍水，不大符合帝王选择陵寝的要求，但是却建在了宸妃墓的旁边。这是皇太极在宸妃死后为自己选定的墓地，只为死后能两情相守，放弃风水宝地也在所不惜，用情之深、其情之切也算惊天地泣鬼神了。

皇太极追随宸妃海兰珠而去，由于是猝死宫中，也就没有来得及指定继承人，清宫皇位虚位以待，他的死引发了清王朝的又一次帝位之争。皇太极死了，儿子福临的唯一靠山也山崩地塌，历史再一次考验着庄妃。

深宫的庄妃不禁打了一个寒战，阿巴亥之死再次浮现眼前。可阿巴亥毕竟是宠幸正隆的大福晋，自己和福临都是不受瞩目的冰山一角。当然庄妃不是阿巴亥，她不仅不会重蹈阿巴亥的覆辙，而且能一鸣惊人而不着痕迹。

52岁的皇太极带着遗憾离开了人间。清史稿说他有两个遗憾，第一个遗憾是储位未定，第二个遗憾是大勋未集。他亲自迁都北京、统一中原的宏伟志愿化为了泡影。皇太极的这两个遗憾，就留给了他的儿子顺治来完成。

然而要完成、弥补这两个遗憾谈何容易呢？努尔哈赤当年也是想立皇储，结果立了又废，最终这项制度没有确立。皇太极本来也想在有生之年确立父死子继的立储制度，无奈皇八子福薄命浅不说，自己到头来得的是个毫无察觉的急症，没有来得及留下片言只语，更不用说有遗诏了。皇太极本意应该是立子嗣，然而这个制度毕竟从未实施过，皇帝猝然死亡，使得大清王朝的权力结构突然间就失去了平衡。在这种激烈震动的权力过渡阶段，经常会上演诸王兄弟为窥伺帝位而相争为乱的局面。当时在盛京的朝鲜使臣就观察到，大清国本未定，诸王各分其党，必有争夺之事，竟也幸灾乐祸地奏报他们的国王说："汗死，则国必乱矣！"

要解决继承人的问题，在群龙无首的局面下，在皇太极没有明确指定继承人，又没有制定明确规制的情况下，那就只能遵循旧例，按照努尔哈赤时定下的规矩，继承皇位的人选要由贵族诸王商议决定，共同推举。这样也就意味着皇位继承者不一定非得在皇太极的子孙内确定，这就更增加了庄妃母子的竞争压力。

皇太极一共有十一个儿子，三个儿子夭折，其中包括宸妃的儿子。皇太极除宣布宸妃之子是他的皇位继承人外，再没有立过第二个太子。

皇太极死时，他的大儿子豪格35岁。庄妃的儿子福临，时年6岁；麟趾宫贵妃之子博穆博果尔，刚刚2岁。其他的皇子均为皇太极的侧妃和庶妃所生。

皇子当中，地位最高的是博穆博果尔与福临。他们的母亲均为台上五宫的主人。而博穆博果尔的母亲是西宫主子，比庄妃要高两个等级。所以，严格说来，博穆博果尔比福临的地位要高。只是现在，无论是福临还是博穆博果尔，均无法体会残酷的皇位之争意味着什么。

豪格母亲是皇太极的继妃乌拉那拉氏，因没有被封在五宫之列，所以她的儿子只能排在第二等级。然而，豪格却是极有可能成为皇帝的。

在皇太极的儿子中，豪格是惟一一位以自己的文韬武略为国家立下汗马功劳的人。天命年间，他便因为征讨蒙古有功而被封为贝勒，出任镶黄旗旗主。此后，他在对蒙古及明朝的战役中多立功勋，其战绩不在他的叔伯辈之下。他本人英毅，多智谋，拥有强大的实力。崇德元年他被封为肃亲王，掌管户部，并成为正蓝旗旗主，是核心领导层的一员。皇太极死后，他代表着正黄旗、镶黄旗以及正蓝旗为核心的皇权势力。

皇太极生前亲掌两黄旗，是八旗中最高贵的。两黄旗的贝勒大臣们很快聚集到肃亲王豪格家中，以图尔格、索尼、图赖、锡翰、巩阿岱、鳌拜、谭泰、塔瞻八人为首，倡议立豪格为皇帝。豪格见这么多朝中大臣拥立自己，自然信心百倍，决心争取皇位。

一番商议之后，他们决定先争取郑亲王济尔哈朗的拥护，然后再谋取礼亲王代善的支持。

当时，朝中只有四位亲王、三位郡王，即礼亲王代善、郑亲王济尔哈朗、睿亲王多尔衮、肃亲王豪格及武英郡王阿济格、豫郡王多铎、多罗郡王阿达礼。他们掌握着八旗军兵，同时控制了整个国家的命脉。尤其是四大亲王，为众人公认的掌管国家权力的最高领导层。而且早在皇太极养病期间，便曾任命和硕郑亲王济尔哈朗、和硕睿亲王多尔衮、和硕肃亲王豪格、多罗武英郡王阿济格四人为理政王。

礼亲王代善早在努尔哈赤时代便有相当的实力，他掌管着正红旗和镶红旗，是亲郡王当中资历最老、地位最高的人物。只不过，他现在已暮气沉沉，不大可能成为新皇帝。他所掌管的两红旗，也在皇太极不断强化皇权的过程中受到压制，已大不如前。

郑亲王济尔哈朗是努尔哈赤的侄子，为镶蓝旗旗主，主管刑部。他与代善一样，虽然不大可能成为皇帝，但他的意见却能对新皇帝的产生起到关键的作用。

正因为如此，豪格派何洛会、杨善二人，前往济尔哈朗府中，对济尔哈朗说："两黄旗大臣已经决定拥立肃亲王为皇上，我们想征求你的意见。"

济尔哈朗即刻明白二人的话外之音：这是豪格在寻求自己的支持。他沉吟片刻，马上表示同意。不过，他紧接着对二人说："睿亲王尚不知道我的意见，只有大家共同商议后，才能做出最后的决定。"

要不是有睿亲王多尔衮存在，豪格肯定会毫无阻碍地当上皇帝。可惜的是，多尔衮此时也正蠢蠢欲动。

努尔哈赤去世时，即有立多尔衮为新皇帝的传言。多尔衮虽然没有当上皇帝，但由于他母亲的牺牲，换来了他本人的平安。皇太极对多尔衮非常器重，对待他甚至好过对待自己的儿子。多尔衮比豪格小3岁，但他具有更高的才略，其军功也更多。他多次出征，攻城必克，野战必胜，成为大清国最有名的战将。他为皇太极得到传国玉玺，又在松锦之战中作为三军统帅取得辉煌的成绩，如此，他成为除皇帝之外最有号召力的军事人物。他是正白旗和镶白旗的旗主，得到两位同胞兄弟阿济格、多铎的大力支持。多尔衮人气很旺，甚至在两红旗、两蓝旗、两黄旗之中，都有部分宗室暗中相助。

就在两黄旗试图拥戴豪格为君的同时，两白旗也在积极策划以多尔衮为帝。多尔衮雄心万丈，但他注意到八旗内部的紧张气氛，因此他并没有对部下做任何许诺，而是密切地关注事态的发展。骁勇的阿济格与多铎却急了，他们对多尔衮说："你有什么可以顾忌的，难道我们还怕两黄旗大臣不成？舅舅阿布泰和固山额真阿山告诉我们，两黄旗大臣中，愿意皇子即位的不过几个人而已。我们在两黄旗的亲戚都愿意你登上大宝。"多尔衮仍然没有轻易表态。

随着时间的推移，以豪格和多尔衮为代表的两派渐渐剑拔弩张起来，形势变得相当严峻。首先议立豪格的图尔格加强了自己的保安，特命三牛录护军披甲胄，持刀剑，将自己的家门团团围住，以防不测。镶黄旗护军统领鳌拜等人，也加强了防备。这无形中加重了京城的紧张氛围。

豪格与多尔衮，均紧紧地绷着一根弦，势必要将对手击败。但他们二人内心里也都明白：即便有矛盾，双方不能轻易发动内战，否则，整个国家将面临巨大的危险。

无论如何，对于大清精锐之师的两黄旗，多尔衮即便再有实力，也不愿意与之为敌。

为探清两黄旗内部的真实意图，多尔衮找到索尼，询问情况。

索尼是正黄旗的官员，也曾在吏部与多尔衮共事，他直言不讳地告诉多尔衮："先帝有皇子在，必立其一，他非所知也。"

两黄旗坚决拥立皇子的态度使多尔衮大受挫折。他不得不冷静下来，寻求一种新的对自己有利的解决方案。

当豪格与多尔衮的对抗日趋激烈之时，皇宫中也滋生着一股巨大的力量。

皇太极死后，代善、豪格、多尔衮等人的地位虽高，但皇太极的后妃地位更高。皇宫中，又以台上五宫最为尊贵。宸妃已死，五宫剩下四宫，即清宁宫皇后、麟趾宫贵妃、衍庆宫淑妃、永福宫庄妃。四宫名下只有两个男孩：贵妃的儿子博穆博果尔和庄妃的儿子福临。

博穆博果尔刚刚2岁，什么也不懂。他的母亲麟趾宫贵妃虽然品级比庄妃高，但由于曾是林丹汗的妻子，是投降来的，因此其影响力远远逊色于庄妃。

福临虽然只有6岁，但受到皇太极的宠爱。他5岁的时候曾亲手射中一只狍子，令人们大为惊叹，被永久地记入史书。他的母亲庄妃襄助皇太极处理政事，多有功绩，也是众大臣有目共睹的。尤其重要的是，福临不仅能代表皇族的利益，还代表着蒙古科尔沁的荣辱；不仅有生母庄妃全力支持，而且有皇后哲哲作为其坚强后盾。

作为两黄旗的女主人，颇有志向的皇太极福晋，庄妃不甘于寄人篱下将皇权拱手相让。她默默地筹划着，要用自己的智谋与才略，将儿子推向皇帝宝座。豪格与多尔衮的对抗，为庄妃施展才干提供了契机。

正黄旗大臣索尼向女主人征求意见。庄妃先听他的打算。索尼毕恭毕敬地回答："欲立肃亲王为君，立九皇子为太子。"九皇子便是福临。

庄妃听后，心中盘算：立福临为太子，不过是一种象征。如果豪格当了皇帝，以后的事便由豪格做主了，怎会有福临的份。

她心中很清楚，但并不表态，让索尼继续讲述国中的形势，并让他阐述立豪格为君的理由。

索尼侃侃而谈，将豪格的地位与功绩一一列出。庄妃不动声色地听着。

等索尼讲完，庄妃突然话题一转，问索尼："索大人，你的父亲硕色、叔父均是我朝大臣，是大行皇帝生前的贴身人。他们精通满、蒙、汉语言，出任过文馆理事，处理过不少大事。是吧？"

索尼回答："蒙主子记着，臣不胜感激。"

庄妃笑了，说："不但你父亲、叔父与我们皇家是一家人，你不也是大行皇帝最倚重的大臣吗？大行皇帝常常跟我提起你。"

这几句话，让索尼听着十分受用。

庄妃接着说："我这些话不是虚话。记得有一次你从蒙古科尔沁返回，皇帝便对我说：'索尼办事稳重，知道满蒙联盟是我朝国策，处理蒙古问题处理得好！'"

索尼听到这儿，马上明白了庄妃的意思：如果立福临为帝，皇太极一直重视的满蒙联盟将得到巩固；反之，将大大伤害科尔沁蒙古的感情。

索尼一时拿不定主意，不知如何回答庄妃。

庄妃看看索尼，突然快人快语地说："我的意思想必你已经知道了。你可以下去了。顺便提醒你一句，两黄旗向来为皇帝亲掌，肃亲王现在正执掌着正蓝旗呢……"

她说了一半话，又突然戛然而止。可是，这半句话却使索尼想到了一件大事：如果豪格当上皇帝，正黄旗势必换旗，现在的位置可能被正蓝旗代替。他们的利益便会受到重挫。

索尼退下后，召集正黄旗的大臣密谋，决定立福临为新皇帝。

因此，当多尔衮征询索尼的意见时，索尼已不再坚持"立肃亲王为君"，而是改为"必定立一皇子"。

为了能让儿子当上皇帝，庄妃煞费苦心。

皇太极死后，调兵大符暂时掌握在皇后手中，而皇后与庄妃是一条心，这使庄妃有信心为儿子争得皇位。

最关键的人物还是多尔衮。如果多尔衮赞成立福临为帝，那么，所有的障碍均会迎刃而解。只是，多尔衮自己也想当皇帝。

多尔衮的一位福晋来自科尔沁莽古斯家族，也是庄妃的娘家人。庄妃常常到多尔衮的府中。二人关系很熟。多尔衮与庄妃年龄相仿，并有很多共同话语。

多尔衮事实上很早就暗恋着庄妃，只是碍于皇太极，不敢深想。如今形势变了，多尔衮的非分之想渐渐显露出来。满族人有"兄死，弟娶嫂子为妻"的习俗。如今满人虽然汉化程度加深，这种习俗发生了变化。但是，多尔衮如果成为皇帝，将不仅可以实现他的雄心壮志，而且也可以毫不费力地将庄妃变为自己的枕边人。

当然，多尔衮也清晰地了解庄妃的想法："她想让福临为皇帝，而不是自己。"

在时势急变的情况下，诸多因素复杂地交错在一起。每个人都有许多想法，而多尔衮也在筹划着，他既制订了夺取皇位的目标，同时想到万一无法实现这一目标，他将走第二步棋。

崇德八年（1643年）八月十四日，诸王会议在崇政殿举行，商议产生新的皇帝。

这是一个决定大清国未来命运的日子。

两黄旗大臣宣誓：必立皇子为君。接着，他们派两黄旗护军先声夺人，黎明时分便将崇政殿重重包围，弯弓搭箭，一旦违背他们的意志，他们将以武力解决。这一消息传出后，其他各旗军兵也整装待发，随时准备听从主子的调遣，形势变得异常严峻。

会议刚刚开始，索尼、鳌拜等两黄旗大臣便手按剑柄，杀气腾腾地闯入大殿，表明他们"必立皇子"的意愿。

多尔衮怒目相对，喝道："诸亲王、郡王尚未说话，哪有你们说话的资格！"令他们退下。

因为皇太极没有遗嘱，所以会议仍执行努尔哈赤所确立的"八和硕贝勒共议国政"的制度。索尼、鳌拜等不便造次，暂时退出。

豫郡王多铎、英郡王阿济格乘机发言，力劝多尔衮即帝位。

多尔衮看见两黄旗大臣怒气冲冲的样子，没有表态。

多铎却急了，大声说道："你如果不答应，就应该立我为帝。我的名字已列在太祖的遗昭当中。"

多尔衮不同意，说："肃亲王的名字也在遗昭中，并不仅仅有你一人。"

多铎答："不立我也可以，如果按年长论，应立礼亲王代善。"

众人的目光顿时集中到代善身上。

代善听到自己的名字后，眼睛亮了一下，随即恢复了原样。他当然做梦都想当皇帝，但现在的形势还轮不上他。他沉吟片刻，说道："睿亲王如果答应，当然是国家之福；不然的话，肃亲王豪格乃是先帝的长子，也应当承继大统。至于我，实在是年老体衰，难以胜任。"

如此一来，在场的人当中，只有豪格是最好的人选了。偏偏多铎、阿济格等人一百个不同意，一副谁要立豪格为君，便与谁拼命的架势。大殿之上谁也不说话，空气仿佛凝固了。不时能听到殿外两黄旗护军叫嚷的声音。

豪格胜券在握，但看到诸亲王直到现在还不愿意立自己为君，遂决定以退席相要挟。他愤愤地说："我福小德薄，怎能担当皇帝的重任？！"说着，拂袖而去。

豪格本以为，如果他离开，这一天的会议将无法收场。两黄旗包围着崇政殿，不会放任何一个人离开，最后势必还得将他请回来主持大局，这样，他便可以令人信服地当上皇帝。可是，他没有想到，多尔衮另有伏笔。

两黄旗大臣见豪格离席，拔剑而出，说："我们这些人都是吃皇帝的饭，穿皇帝的衣，皇帝之恩天高地厚。如果不立皇子，我们宁愿以死从先帝于地下。"

场面到达白热化的状态，双方剑拔弩张，大有火并之势。

多尔衮镇静地观察着眼前的形势，暗自寻思：自己如果非要霸王强上弓，争夺皇权，八旗内部势必内讧，血流成河，动摇大清的基业。但是，如果让豪格当皇帝，自己将无容身之地。想到这儿，他突然大声对两黄旗大臣说："你们说得没错。"

两黄旗大臣见多尔衮如此说，颇有点奇怪，态度缓和下来。大殿之内一片寂静，大家都想听多尔衮的下文。

多尔衮不慌不忙，缓缓说道："只是肃亲王豪格已自动退出，不愿意继承皇位。那么我们就立先帝之子福临为新皇帝。大家看好不好？"说完，他以威严的目光注视着两黄旗大臣。

立福临为帝，丝毫不损害两黄旗的利益，索尼率先表示赞同，其他两黄旗大臣也纷纷附和。有一些豪格的铁杆亲信还想说点什么，但因豪格退出在先，也无话可说了。

多尔衮见形势好转，又说："福临年龄尚小，最好由郑亲王济尔哈朗和我共同辅政，管理八旗事务。等皇帝长大后，当即归政。"

这一建议首先得到济尔哈朗为首的镶蓝旗大臣的赞成。两黄旗大臣见多尔衮已经退步，对此也没有异议，因此这一建议又被顺利通过。

包围崇政殿的两黄旗护卫当即听从多尔衮的指令，退回本营。

豪格得知会议的决定后，后悔不迭。

决议已定，为防出乱，代善马上召集亲王贝勒、文武百官，宣布："天位不可久虚，伏观大行皇帝的第九子福临天纵徇齐，昌符协应，爰定议同心翊戴，嗣皇帝位。我们当共立誓书，明告天地。"他首先率领诸王宗室等对天宣誓，奉福临为帝，绝无二心。接着，文武百官也宣誓拥立福临。最后，两摄政王济尔哈朗与多尔衮也对天发誓："兹以皇上幼冲，众议以济尔哈朗、多尔衮辅政，我等如不秉公辅理，妄自尊大，

漠视兄弟，不从众议，每事行私，以恩仇为轻重，天地谴之，令短折而死。"这样，以福临为皇帝的大事便算圆满完成。

庄妃得知自己的儿子被立为新皇帝，自然喜不自胜，对多尔衮很有好感。

此时，庄妃与多尔衮都是刚刚三十出头，庄妃比多尔衮小一岁。多尔衮貌英伟，长臂善射，仪表不凡，同时尽力讨好庄妃，庄妃心中有数。若不是汉化程度的加深造成人们观念的改变，若不是皇太极时已发布过禁止"兄死，弟娶其嫂"的命令，或许，庄妃很快便会成为多尔衮的妻子。但现在不行。

同时，二人在政治上均已经非常成熟，因此，他们之间的情感也是复杂的。

多尔衮并没有放弃对帝位的追求。

盟誓结束不久，代善的子孙硕托、阿达礼便开始活动，打算把多尔衮推上皇位。阿达礼来到睿王府，在密室中对多尔衮说："王正大位，我当从王。"多尔衮没有说同意，但也没有严词拒绝。

接着，阿达礼跑到济尔哈朗府中，擅自代表他的祖父礼亲王代善，对济尔哈朗说："和硕礼亲王让我经常与睿王府往来。"

硕托也派亲信找到多尔衮，说："内大臣图尔格、御前侍卫都与我想法一致，睿王可以自立为君。"

多尔衮同样没有明确表态。

在当时的情况下，没有表态其实就是一种表态，表明多尔衮对硕托、阿达礼的"逆反"之举存有希望。硕托、阿达礼扮演了"先锋"的角色，而作为主帅的多尔衮，要先看看"先锋"的成败。

硕托与阿达礼继续热衷为多尔衮卖命，他们来到代善面前，试探道："今立稚儿，国事可知，不可不速为处置。"意思就是，不应该立福临为帝，而应该另立他人。

代善知道他们卖什么药，没等他们讲完，便明确反对道："既然已经对天发誓，怎么能出此言？更不要有其他心思！"

这其实是对两位儿孙的警告。但硕托和阿达礼根本不听，继续四处活动。

多尔衮密切地关注着事态的进展。从代善等人的坚决态度中，多尔衮敏感地意识到：自己已经处于受怀疑的危险境地当中，倘若贸然行动，虎视眈眈的豪格等人必然群起攻之，而本来处于中立的代善、济尔哈朗也将对自己不利。权衡利弊之下，多尔衮决定暂时放弃对皇位的争夺，一心一意先做一个实权在握的摄政王。

硕托、阿达礼再次到睿王府求见多尔衮，多尔衮态度大变，将二人牢拒在外。

硕托、阿达礼不死心，又去找曾竭力拥戴多尔衮的多铎，没想到多铎也不见，让人告诉他们："此非相访之时。"

无奈，硕托、阿达礼再次找到代善，希望从这位血肉相连的亲人身上找到支持。可他们万万没有想到，他们已经闯了大祸，代善为了保全自己，竟勃然大怒地说："到这个时候了，还胡说什么？这样的事，岂是你们可以任意所为的？"接着，代善不顾血肉之情，揭发了硕托与阿达礼的"叛上"罪行。

多尔衮则比代善更为高明，他害怕硕托、阿达礼说出对他不利的言辞，于是雷厉风行地采取行动，派人连夜将硕托、阿达礼露体绑缚，以叛逆论斩。同时将知情的硕托之母、阿达礼之妻一起缢杀。一位太监和一名高丽女人参与此事，也被立即斩首。

如此一来，多尔衮一石二鸟，既摆脱了篡位的嫌疑，又成为拥护新皇帝的功臣，使自己的权威更上一层楼。

大多数人被蒙在鼓里，只有少数几人洞察其中的秘密。包括代善、济尔哈朗、豪格等人。

庄妃也心知肚明。但她装作不知道。她既对多尔衮多了戒备，同时又要更好地利用多尔衮。

庄妃与福临，可谓孤儿寡母，要想在群虎相伴的恶劣政治环境下保护自己并有所作为，就必须让他们互相为敌，以制衡的策略，用各种各样的办法，包括非常的方式，使自己立于不败。

庄妃利用多尔衮，无疑达到很好的效果。当福临被立为皇帝后，最不服气的就是豪格，但豪格的怨气几乎全部发泄到多尔衮的身上，咒骂多尔衮："非有福之人，乃有疾病的人，必不得善终。"豪格手下的死党也纷纷聚集，愿为豪格出死力。但豪格等人很快被多尔衮、济尔哈朗无情地排挤下去。豪格被贬被庶人，不再有任何权力。他的私党杨善、伊成格、罗硕、俄莫克图均被斩首，其他知情人也受到轻重不同的惩罚。

镇国公艾度礼也对新皇帝存有私见，盟誓时他在纸上写了这样的话："二王迫胁盟誓，我等面从，心实不服。主上幼冲，我意不悦。今虽竭力从事，其谁知之？二王擅政之处，亦不合我意。每年发誓，予心实难相从，天地神明，其鉴察之。"艾度礼的事后来被揭发出来，他和他的妻、子以及知情的医生全被斩首。

一系列事件之后，朝中渐渐出现稳定状态，大家对福临的帝位已不再有什么异议。

多尔衮还用其他手段，将大权集于己手。济尔哈朗的位号虽然排在多尔衮之前，但甘愿示弱，只对多尔衮起潜在的监督作用。

庄妃尽力在国政上发挥自己的影响。但由于国体所限，她只能在幕后发挥作用。她巧妙地周旋于多尔衮、济尔哈朗、代善、多铎等人之间，她有她自己的坚强后盾——科尔沁家族乃至整个蒙古，她也有很好的智囊团，这个智囊团中包括范文程、洪承畴等一流的人才。庄妃的实力其实很大，但她善于隐藏起来，这正是明智之举。

崇德八年（1643年）八月二十六日，皇太极去世后的第19天，福临正式登基称帝。

福临虽然只有6岁，但在庄妃的引导下，已初有帝王风范。这一天一大早，内外诸王、贝勒率文武群臣汇集在笃恭殿前。福临出宫时天气很冷，侍臣进貂裘。福临见貂裘的颜色是红色，想起母亲跟他说的话："皇帝的衣服是黄色的，非黄色不穿。"因此，他只是看看，却没有穿。福临将升辇，乳母害怕小孩坐不稳，打算与福临同坐。福临对她说："这不是你适宜乘坐的。"不许乳母上来。福临起驾后，由东掖门出来，诸王、贝勒、文武群臣跪迎。福临稳稳地走入大殿，端坐皇帝宝座。他看见下面有许多长辈都向自己跪着行礼，便问侍臣："诸伯叔兄朝贺，我应该答礼，还是应该坐着接受？"侍臣回答："不宜答礼。"于是，福临便不再言语。接着，和硕郑亲王济尔哈朗、和硕睿亲王多尔衮率内外诸王、贝勒、贝子、公、文武群臣行三跪九叩礼。福临颁诏，大赦天下。颁诏完毕，文武群臣再次行三跪九叩礼，大典宣告结束。

福临登基的前一天，辅政王恭代新皇帝主持祭天仪式，改第二年为顺治元年。福临本人便成了顺治皇帝。

皇后哲哲被尊奉为皇太后。庄妃也自然而然地成为皇太后。

哲哲死后，谥号为"孝端正敬仁懿哲顺慈僖庄敏辅天协圣文皇后"。这是最后的谥号，起初的谥号并没有这么多字，只是由于除顺治外，雍正、乾隆为表示尊敬，也加上尊敬的字眼，使谥号变得非常繁琐。我们不这么叫，只记住她的简称"孝端"即可。

庄妃后来的谥号全称为："孝庄仁宣诚宪恭懿至德纯徽翊天启圣文皇后"，我们简称其为"孝庄"。顺治年间，她的称呼是孝庄太后。

顺治成为一国之君，但由于年龄太小，仍然与其生母孝庄共同居住在永福宫中。

永福宫略做修改，将一宫分为内外两宫，便于母子出入办事。永福宫南面还新开了正门，高七尺一寸五分，宽三尺四寸，顺治从这儿出入，符合皇帝"面南背北"的传统。

孝庄对顺治的举止非常满意，继续倾力培养儿子成为有德之君。在孝庄的辅导下，顺治打下了扎实的文化底子。他还像其他满族少年一样，醉心于武功射猎，孝庄对此也多持鼓励态度。

多尔衮却对顺治充满了戒备。他可不愿意这个小皇帝早日亲政，因此故意采取放纵的态度。顺治元年，大臣们多次向多尔衮上疏，请求为皇帝选择博学明经之士做老师，均被多尔衮拒绝。理由是：皇帝年龄太小，不必着急。

几年后，大学士冯铨、洪承畴等人再次联名上书，认为："皇上一直学习满文，对满书已经十分熟悉。但帝王修身治人之道，主要在六经之中。皇上有万机待理，必须学习汉字，通晓汉书，这样才可以上意得达，而下情得通。伏祈择满汉词臣，朝夕进讲。"多尔衮再次拒绝。随着多尔衮专权加重，再没有人敢提此事。

顺治后来亲政，之所以能够重新捡起汉书阅读，其基础来源于孝庄及苏麻喇姑在他幼年时对他的培养。

第七章

明朝的灭亡

多尔衮妥善地处理了十分棘手的皇位争夺问题,接着又处理了反对这种新格局的艾度礼、硕托、阿达礼、豪格及其下属,稳固了新的统治。多尔衮的这一方案,在客观上避免了八旗内乱,保存了实力,维护了上层统治集团的基本一致。

就在八旗贵族因为内部矛盾争吵不休的时候,明朝后院起火。这年十一月,李自成农民军攻破潼关,占领了西安,然后分兵攻打汉中、榆林、甘肃,在年底以前已据有西北全境,以及河南中、西部和湖广的数十府县。另一支农民军在张献忠率领下,转战湘赣鄂数省,亦给明廷以重创。而在关外,多尔衮一待政权稳固,便于九月派济尔哈朗和阿济格等率军出征,攻克明朝关外据点中后所、前屯卫、中前所,割断宁远与山海关的联系。明朝内外交困,已经无力抵御。在新的一年到来之际,农民军和清军一南一北,都距明朝政治中心北京仅数百里之遥,究竟谁能逐鹿中原呢?

清顺治元年(明崇祯十七年,1644年),历史的天平开始向农民军倾斜。此前李自成领导的农民军提出"均田免粮""五年不征""平买平卖"等口号,实行"劫富济贫"的政策,解决人民赋役繁重和赈济灾民的问题。由于得到老百姓的拥护,农民军迅速壮大,不久打到西安。是年正月,李自成在西安正式建立农民政权,称大顺王,年号永昌。他采纳谋士顾君恩的建议,先取关中,以关中为基地,进而攻取山西,经山西攻打北京。李自成先派遣一批精明强干的将士乔装打扮,化装成买卖人,到北京打探军情。有的渗入到明朝各部的机构中刺探机密。这样,李自成虽然远在千里之外,但是京师动向,朝廷情况,随时有人报告,很快便可知晓。

李自成率农民军就在这年正月,从西安出发,东渡黄河,二月,攻下太原。然后兵分两路：南路由大将刘宗敏率领，经固关（故关）、真定、保定，然后北上直趋北京；北路由李自成亲自统率，经大同、宣府（宣化）直捣北京。起义军出发前，李自成再次申明军纪，规定起义军将士不得掳掠；不得私藏金银；所过城邑不得进驻民房宿营，一律用单布帐篷露宿；行军作战时，不准军马践踏田苗等等。农民军所过秋毫无犯，势如破竹，以摧枯拉朽之势震撼着明王朝。

　　李自成率领的北路，一路上所向无敌，在宁武关与明军打了个硬仗，消灭了明朝的守军。打到大同，大同总兵姜瓖投降。打到宣府，宣府总兵王承胤投降。三月十四日，他们到了居庸关。这里地势险要，是兵家必争之地，明初在这里修建坚固的防御工事——长城，一直派有重兵把守。这里的居庸外镇，号称北京的北门锁钥。当时崇祯皇帝派巴总领兵防守，巴总顽固抵抗，还放射暗箭伤了李自成的左眼。这一行动激起了农民军的极大愤怒，他们奋起攻城，明军被迫投降。第二天，农民军又占领昌平。

　　三月十六日，南北两路大军在北京城下会合，把北京城围个水泄不通，割断了明王朝与外界的联系，使北京成为一座孤城。起义大军兵临城下的当头，崇祯皇帝任命宦官王承恩提督北京城防，京城九门守城大员也多由宦官充当。这些宦官，全然不懂战事，他们只能凭借坚固的城防阻挡农民军。第二天，天气骤然发生变化，狂风大作，暴雨倾盆，李自成在沙河设立临时指挥部，前敌总指挥为刘宗敏，拱卫北京城外的明军三大营一触即溃。起义军开始环攻北京城各城门。虽然天公不作美，但攻城的农民军将士却个个精神抖擞，异常勇猛，远远望去，身穿黄色衣甲的将士如同一片片黄云，遮天蔽日，场面十分壮观。此时，身居皇城内的崇祯皇帝如热锅上的蚂蚁，围绕宫廷大殿环走，捶胸顿足，大呼："内外诸臣误我。"接下来的一天，李自成派投降太监杜勋劝降，守城太监用绳索将他吊入城内。见到崇祯后，杜勋奉劝他"禅位"，遭到崇祯的拒绝。起义军士气高昂，广宁门（今广安门）守将宦官曹化淳招架不住，打开城门，迎接李自成入城。北京的外城攻破了，农民军个个摩拳擦掌，要在攻城时大显身手。德胜门、阜成门、宣武门、正阳门、朝阳门也在当晚被攻破，起义军如潮水般涌入北京内城。此时，身在皇城内的崇祯皇帝来到煤山（今景山），环望京城四周，只见烽火连天，知道大势已去，徘徊许久后，回到乾清宫，开始处理后事。先是派人送太子（朱慈烺）、永王（朱慈炯）、定王（朱慈焕）等外逃。然后逼迫周皇后自缢，用宝剑杀死幼女昭仁公主，砍伤长女乐安公主。

三月十九日中午，李自成进北京。这一天凌晨，天未亮，崇祯皇帝"鸣钟集百官，无至者"。由太监王承恩陪伴，企图乘天不明逃出城，各城门均有农民军把守，出不去，返回皇城，吊死煤山。上午，北京城像过节一样，家家户户在门上贴上黄帖，上面写着"永昌元年顺天王万万岁""新皇帝万万岁"，欢迎农民起义军进城。李自成在中午时分，身穿毡笠缥衣，乘乌驳马，由大将刘宗敏、丞相牛金星、军师宋献策等一百余骑陪同，率领农民军浩浩荡荡进入德胜门，沿途受到京城老百姓夹道热烈欢迎。

李自成从大明门进皇城，来到承天门（今天安门）下，豪气大发，立马持弓，对准承天门匾额射了一箭，恰中"承天之门"的"天"字，属下认为，这是吉兆，表明李自成已经得了天下。进承天门、端门、午门后，李自成"登皇极殿（今太和殿），据御座，下令大索帝后"，开始处理政务。

顺治即位后，多尔衮掌握军政大权，成为大清的实际统治者和最高决策人。清顺治元年（明崇祯十七年，1644年）一月，他曾派遣使者，致书农民军将领，希望"协谋同力，并取中原"，可是都没有结果。直到明朝崇祯帝急诏宁远守将吴三桂回师勤王，才知道胜利果实即将落入他人之口。果然，不久后李自成攻占北京的消息就传到大清的都城盛京。

内院大学士范文程观察到关内的形势发生急速变化，便对清仍然企图联合农民军、消灭明王朝的战略方针提出异议，认为明王朝已病入膏肓，灭亡只是时间问题。现在清的主要敌人变了，不是明王朝，而是农民军。他建议抓紧时机，火速进关，直取明都，并提出具体的进军方案和对待沿途明朝官民的各项政策。

是年四月四日，即吴三桂刚刚叛归山海关之时，清的重要谋臣内秘书院大学士范文程，上书多尔衮："盖明之劲敌，惟在我国，而流寇复蹂躏中原，正为秦失其鹿，楚汉逐之，我国虽与明争天下，实与流寇角也。为今日计，我当任贤以抚众，使近悦远来，蠢滋流孽，亦将进而臣属于我，彼明之君，知我规模非复往昔，言归于好，亦未可知。倘不为此之务，是徒劳我国主力，反为流寇驱民也。夫举已成之局而置之，后乃与流寇争，非长策矣。"主张立即出兵进取中原。

顺治坐镇盛京，小小孩童，自己尚且不能自理，更不可能亲理国政，这时的孝庄实际上担当着抚育幼子、擘画政治的任务。八日，顺治在笃恭殿赐多尔衮大将军印，并敕曰："今蒙古、朝鲜，俱已归服，汉人城郭土地，虽渐攻克，犹多抗拒。念当此创业垂统之时，征讨之举，所关甚重。朕年冲幼，未能亲履戎行，特命尔摄政和硕睿亲王多尔衮代统大军，往定中原。……特授奉令大将军印，一切赏罚，俱便宜从事。"

四月初九日多尔衮领大将军印，统率八旗满洲、蒙古、汉军等共约十四万大军，奔向山海关。这时范文程又向多尔衮提出，"战必胜，攻必取，贼不如我；顺民心，招百姓，我不如贼"，因此要一改以往的屠戮抢掠政策，要军卒于沿途百姓秋毫无犯。即不仅在战略上改变得城不守之策，在战术上也要招揽民心。多尔衮接受了建议，在起草宣谕官吏百姓的布告中说：我们的军队是为你们的皇帝报仇的，不是来杀你们的百姓的。现在我们要诛灭的，只有闯贼！官吏归顺我们，还是官复原职，百姓投奔我们，还让你们重操旧业。我们的军队有严格的军纪，肯定不会加害你们！

历史的偶然性使吴三桂扮演了一个举足轻重的角色。其实当时清和农民军都在竭力争取吴三桂，这是有道理的。一则吴三桂占据有天下第一关之称的山海关，这里是京师的东大门和通往关内外的咽喉要道，历来是军家必争之地；二则吴三桂拥有一支约三万余人的部队，其中有三千子弟兵和部分蒙古精锐，战斗力很强。因此，吴三桂就成了举足轻重的人物，若降农民军，可以阻止清军入关，从而巩固大顺政权。如果归降清军，他们便可由山海关长驱直入，进攻北京。早在他驻守宁远时，清就曾多次派人致书招抚，因其家小皆在京师为质，不敢许诺，而婉言拒绝。另外，当李自成率领农民起义军直趋京师时，对吴三桂领兵入关勤王很重视。吴三桂决定向大顺军投降以后，自己率所部入京朝见李自成，但是这时北京城内非常混乱，农民军占领北京推翻明王朝，滋长了骄傲自满情绪，导致了许多政策失误，尤其是对归降的大批明朝官吏，采取严厉的打击政策，甚至强占他们的妻女为妾。吴三桂的家庭也没有幸免，刘宗敏劫掠吴襄，夺取吴三桂的爱妾陈圆圆。吴三桂向北京进军，听从北京城里逃出的家人说父亲被严刑拷打，已经是非常愤怒，接着又听说自己的爱妾陈圆圆为刘宗敏抢占，深感奇耻大辱，认为"大丈夫不能保一女子，何面目见人"，扬言此仇不可忘，此恨不可释，真所谓"冲冠一怒为红颜"。率军便再次出走山海关，把唐通撵走，降而复反。

这时的山海关聚结三大军事力量，分别是原明朝山海关总兵吴三桂所统领的军队；李自成亲自带领讨伐吴三桂的20万大军和多尔衮所率领的清军。

李自成意识到自己的失策和事态的严重，亲率部队往山海关讨吴，但仍带有招降他的侥幸心理，行军速度也非常迟缓，十九日前后才兵临关城之下。在此期间，吴三桂已派出使者向清军求援，使者于十五日便见到了多尔衮，向他递交了吴三桂的信函，请求清兵支援，但并没有投降的意思。这对多尔衮无异于喜从天降，此乃清军入关的大好机会，实现努尔哈赤和皇太极遗志的时机就在眼前。

但他非常谨慎，一方面召集大臣谋士们商议，一方面派人回沈阳调兵，再一方面故意延缓进军速度，逼迫吴三桂以降清的条件就范。

多尔衮非常了解吴三桂的窘境，因此长时间地作壁上观。在李自成即将攻下东西罗城和北翼城，吴三桂几次派人杀出重围向他求救的情况下，不得不降了清军，下令全体官兵剃发，来不及的就用白布斜束项背，便于清军识别吴军或农民军。然后在关门上竖白旗，"吴三桂率诸将十数员，坚甲数百骑出城迎降，九王受拜于阵中，进兵城中"。清军在农民军和吴三桂双方两败俱伤的情况下，才发兵进入山海关。在与农民军的决战中，多尔衮又使吴军首先上阵，在双方精疲力竭之际再令八旗军冲击，结果农民军战败，迅速退回北京。可以说，在山海关以西发生的这次著名战役前后，多尔衮充分利用了汉族内部的阶级矛盾，挟制了吴三桂，使他不得不充当清军入主中原的马前卒。

山海关一战，李自成在败局已定的情况下，急令撤退。队伍行至永平府范家店时，李自成下令将吴三桂之父吴襄处斩。李自成连夜返回京城，他深知敌我力量对比对农民军不利，决定退出京城，做长期抗清的准备。四月二十九日，李自成在武英殿登基称帝，国号大顺。第二天早晨，李自成率农民军从阜成门向西撤离北京城，准备退回农民军起义的发祥地陕西去。离京前通告北京城内百姓，全部出城避难，同时下令焚毁明代宫殿和各城门楼。两天以后，清军浩浩荡荡地开到了北京城下。

清军入关的当年，整个中国的政治、军事形势是非常复杂的，形成了清朝、大顺和大西及南明三种政治势力鼎足的局面。满洲要想顺利地入主中原，不得不面对的一个问题就是满汉之间的民族矛盾，解决得好就能事半功倍。从历史记载中我们可以看出，清军在入关之初对这一问题还是处理得比较恰当的。多尔衮早在山海关大战胜利的当天，就对诸将说："此次出师，所以除暴救民，灭流寇以安天下也。今入关西征，勿杀无辜，勿掠财物，勿焚庐舍，不如约者，罪之。"第二天，他有意避开敏锐的满汉关系问题，命汉人内秘书院大学士范文程署名，向故明官民宣称："义师为尔复君父仇，非杀尔百姓，今所诛者惟闯贼。吏来归，复其位；民来归，复其业。师行以律，必不汝害。"二十六日，又让吴三桂以他的名义出示榜文："照得逆闯李自成戕主贼民，窃窥神器，滔天罪恶，馨竹难书。荷蒙大清朝垂念历世旧好，特命摄政王殿下大兴问罪之师，怀绥万邦，用跻和平之诚。……为此示仰一带地方官生军民人等，务期仰体大清朝安民德意，速速投诚皈命，各安职业，共保身家，毋得执拗迷谬，自罹玉石俱焚之惨。"由于多尔衮利用汉人范文程、吴三桂宣传清的功绩及其政策，因此，消除了许多汉族官僚地主的疑虑，把清军视为仁义之师，所以多尔衮率军向北京进发，一路上几乎没有遇到反抗。

多尔衮进入北京以后，北京城里的明朝文臣武将连忙出城迎接。他们走出城门五里地以外，跪在大道两旁，不顾千军万马扬起的尘土，不住地磕着响头。多尔衮命令明朝官员在前面带路，从朝阳门经正阳门进入皇宫。进城之后，多尔衮在武英殿升座，当着毕恭毕敬的明朝官员的面表示，大清军是仁义之师，这次进关杀贼，是为了替你们报君父之仇。说完后，他又命令诸将进城，不许闯入民宅，对百姓要秋毫不犯，违令者严加惩办！过了几天，多尔衮还象征性地下令军民为明崇祯皇帝服丧三天，发丧安葬，并遣官祭明朝历朝帝王，表示自己不会跟明朝的官僚地主们为敌，以此安抚明官吏。这些措施，收到很好的效果，河北、山东、山西等地的官僚士绅纷纷归顺清朝。消息传开，那些为逃避农民军躲到城外的地主和官僚们，也都高高兴兴地回到家里，按满族人的习惯剃了头发，留起辫子，迎接清军。

定都北京是清太祖夙愿，皇太极即位后继承了太祖遗愿，生前多次说过，如果到了北京，必定马上迁都北京，统一天下。可惜这是他一生中一个最大的未了遗憾。孝庄对丈夫这一夙愿是时刻铭记在心的，就在大军出征前，她还向大臣们宣示皇太极要迁都北京的话。

多尔衮领兵攻下了北京后，立刻决定迁都北京。可是在朝的诸王中却有人不同意迁都，实际上是反对统一，主张继续割据辽东。英王阿济格对多尔衮说："初得辽东，不行杀戮，故清人多为辽民所杀。今宜乘此兵威，大肆屠戮，留置诸王以镇燕都，而大兵则或守沈阳，或退保山海，可无后患。"多尔衮严厉批驳阿济格说："先皇帝尝言，若得北京，当即徙都，以图进取，况令人心未定，不可弃而东还。"于是遣辅国公吞齐喀、和托，固山额真何洛会等人带着奏章回沈阳迎接圣驾。奏章是这样说的："仰荷天眷及皇上洪福，已克燕京，臣再三思维，燕京势踞形胜，乃自古兴王之地，有明建都之所，今即蒙天畀，皇上迁都于此，以定天下。"

在这个问题上孝庄和多尔衮的主张是一致而且坚决的。小皇帝顺治对这些重大决策肯定做不了主，这是孝庄必然介入政治的原因。迁都是先帝的遗愿，在孝庄的教导以及留守盛京的摄政王济尔哈朗等大臣的合议下，以顺治帝的名义同意"迁都于燕，以抚天畀之民，以建亿万年不拔之业"。八月二十日，祭祖祭陵祭告天地之后，顺治帝的车驾在孝端和孝庄两宫皇太后的陪伴下，浩浩荡荡地向北京开拔。九月十八日，顺治帝到达通州，摄政王多尔衮率诸王贝勒文武大臣在此迎驾。顺治皇帝和两宫皇太后从永定门、正阳门、大清门进入了紫禁城皇宫。十月一日，顺治帝在武英殿举行定鼎登基大典，定号仍为大清，纪元仍为顺治，定都北京，大封诸王及有功之臣，大赦天下。从此，清朝从偏居东北的小朝廷，成为统治全国的大清帝国。

迁都北京的重大政治和军事意义自不待说，另外迁都北京也保护了中国古代建筑艺术的瑰宝——故宫。在这一点上，清初统治者比历代的君王做得都要好。周朝灭了商，没有用朝歌，它又回到陕西去了；秦朝统一之后，建都咸阳，也没有用原来的都城；汉朝灭了秦之后也是如此；北宋以汴京（今开封）为都，也没有用唐时的长安；南宋则建都临安（今杭州）；明朝开始时也没有用元大都，它先在金陵（今南京）建都，后来才搬过来。所以清以前的历来大一统的王朝对原来的宫城或者毁、或者焚、或者拆、或者迁，蒙古军队攻下京都之后，把原来京都的宫殿化为一片焦土，所以原来一片繁华地，成了只有荒草的一片废墟，就是李自成匆忙离开北京之前也不忘烧一把火。顺治把明朝的宫殿保护下来，我们今天才能看到明朝的宫殿和清朝宫殿的格局。单凭这一点来看清初统治者也是非常了不起的。

第八章
抵制多尔衮

多尔衮早在争夺皇位失败后，就利用摄政王手中的大权发展自己的实力，抓旗权与政权。他先拿自己兄弟开涮。崇德八年十月，先把阿济格挤到多铎的正白旗，自己独领镶白旗。然后和多铎互换旗纛，多铎领的正白旗，改为镶白旗，自己领的镶白旗，改为正白旗。按当时八旗排列，正白旗在镶白旗之上，和正红旗并排居于皇帝的两黄旗之下。这样又抬高自领之旗的地位。因此，两兄弟均与他向远。阿济格称病闷在家里。多铎则与豪格亲近起来。

济尔哈朗是多尔衮专权的障碍，不去不快。虽然最初辅政王的名次中，多尔衮在济尔哈朗之后，但由于他钻营抓权，济尔哈朗不与之争，加上他的才识谋略也胜于济尔哈朗。因此，军国大事，多由多尔衮处理。皇太极驾崩一个月，济尔哈朗与阿济格即率军出征宁远。这期间，多尔衮独自处理军国大事。朝鲜人评述说："刑政除拜，大小国事，九王（多尔衮）专掌之，出兵事皆属右真王（济尔哈朗）。"

尔后，多尔衮又借即将挥师入关之机，接连出台一系列集权措施。崇德八年（1643年）十二月十五日，济尔哈朗与多尔衮始称摄政王。接着，决定除贝子博洛、公满达海之外，一切王、贝勒、贝子不再兼管部务，部务悉由尚书处理。这样，既减少了诸王干涉政事的机会，又增加了摄政王直接领导和指挥六部的权力，显然是对诸王权势的削弱。而且，多尔衮重申都察院有督奏诸王、贝勒的职能，加强了对诸王、贝勒的监督与管理。

顺治元年（1644年）正月初十，和硕郑亲王济尔哈朗主动退让，甘居次位。他召集内三院、六部、都察院、理藩院的官员，宣布说："嗣后各衙门办理事务，或有应禀告我二人者，或有应记档者，都要先启知睿亲王，档上写名也先写睿亲王名。其坐立班次及行礼仪注，均照此例执行。"

辅政改称摄政，多尔衮从次位跃居首位，以及罢诸王贝勒管理六部等措施，都是摄政王多尔衮集权的重要步骤。

多尔衮要大权独揽，当然容不下一个属于皇家的内三院；而要把它改变成自己的亲信机构。皇太极逝世时，内三院大学士分别是：正黄旗满洲希福（内弘文院），镶红旗汉军范文程（内秘书院），正红旗满洲刚林（内国史院）。后来，刚林和范文程分别拨入正黄旗与镶黄旗。加上原有正黄旗的希福，三位内三院大学士都成了两黄旗的属人。皇太后可以用旗主及家长的身份与他们接触。内三院成了名副其实的皇家机构。顺治元年（1644年），大学士希福以翻译辽金元三史奏进，两宫皇太后及皇帝临非常欣赏，"展读再四，赏赉有加"。多尔衮则大为恼火，借机罗织罪名，将希福革职罢任，没收家产。历事三朝的元老重臣，蒙受不白之冤。

对刚林和范文程，多尔衮竭力拉拢。刚林经不起诱惑，卖身投靠，被视为心腹，荣宠有加。顺治四年（1647年）由二等甲喇章京晋升为一等。第二年五月，成为文臣领袖。十一月又晋升三等梅勒章京（三等男），赐号巴克什。后来干脆转入多尔衮的正白旗。

范文程不愿与多尔衮同流合污，按正常程序向辅政王济尔哈朗报告工作。多尔衮不满，下司法勘问，又令他与刚林等删改太祖实录。范文程知道这种事的轻重，便托词有病回家，关门避祸，不再参与多尔衮安排的政务活动。

多尔衮把自己认为可信之人塞进内三院。顺治二年（1645年）二月，起用自领正白旗属下亲信祁充格，代替希福为内弘文院大学士。此人一心谄附多尔衮，与刚林控制内三院，修改《太祖实录》，为多尔衮匿罪添功。同年五月授正红旗汉军宁完我为内弘文院大学士，此人皇太极时入值文馆，后因赌博被罢。多尔衮满以为他会因为得到重新起用而感激不尽，俯首帖耳，想不到宁完我既不参与多尔衮的越轨活动，也不表示反对和揭发，多尔衮拿他毫无办法。其他为数不多的汉人大学士不起作用，内三院实际上被多尔衮的亲信控制。

多尔衮对六部基本也是如此办理。以最为关键的吏部为例：入关后，首任吏部尚书是顺治帝的族叔、正黄旗人、皇太极病重期间投靠多尔衮的巩阿岱。到顺治四年，任期届满，接替他的是多尔衮所属满洲正白旗人、原任兵部尚书谭拜。谭拜去世,由满洲镶白旗人、原任礼部尚书郎球接任,直至同年十二月多尔衮去世。总之,吏部满尚书都是多尔衮信得过的人。

顺治五年(1648年)七月,六部始设汉尚书,多尔衮选择了大胆劝进,请自己当皇帝的陈名夏。按阿达礼和硕托的先例,这应该是叛逆死罪。然而,多尔衮对他不恼火、不告发,反而重用。

从多尔衮步步夺取中枢机构内三院和六部大权可以看出,他至少没有按时归政的想法。

多尔衮大权在握,便肆无忌惮地大施淫威,制造迫害济尔哈朗、豪格及两黄旗大臣的系列冤案,以扫除篡权夺位的障碍。

郑亲王济尔哈朗于顺治元年正月,退避三舍,请多尔衮居于两摄政王的首席,以发挥他的才能。然而,他一朝权在手,便独断专行,挟嫌报复,将皇兄豪格废为庶人。济尔哈朗感到此人阴险狠毒,担心他会加害于小皇帝及皇太后。因此,在八月底迁都北京过程中,为确保幼帝及两宫皇太后等皇眷的安全,临时改变八旗原有排列顺序,把自己所属、原列于右翼最后行进的镶蓝旗调到前面,靠近正黄旗立营。将皇兄豪格的、原列于左翼末尾的正蓝旗调到镶白旗之前,正白旗之后。将两白旗隔开,防止小皇帝和皇太后在途中发生意外。豪格前不久遭受打击,把正蓝旗移到前面,还有对豪格信任与同情之意。这样做,是他和皇太后的共识,经他主持实施。

郑亲王济尔哈朗这一违反常规的安排,在通常情况下,两黄旗大臣不会允许,但这次他们知道郑亲王的用意,所以无人提出异议。济尔哈朗向两黄旗大臣索尼、鳌拜、巩阿岱等人说过:"皇子即帝位,天经地义,还有什么可说的。惟以他人篡夺为忧。"这话只对最知心的人才能说。他万万没想到,曾与索尼、鳌拜共同立下"誓辅幼主"誓言的巩阿岱,竟然已经暗中依附多尔衮。

到北京以后,巩阿岱将郑亲王的话密告多尔衮。本来,讨论皇位继承人时,济尔哈朗先主张立豪格,后同意立福临,就是没投多尔衮的票,多尔衮已耿耿于怀,现在又暗示他有篡位野心,更加怀恨在心。于是,先将济尔哈朗从摄政王中挤掉,降为辅政王,并搜集材料,制造罪名,横加迫害。顺治四年正月,多尔衮说他营造王府时,殿堂的台基违制,并擅立铜狮、龟、鹤等,交部议罪,罚银2000两。又以刑都尚书吴达海和启心郎额尔格图等在议济尔哈朗罪时，徇情偏袒，革去世职。这只不过是一次小小的惩戒，更严重的打击还在后头。

大致就在这前后，多尔衮曾令他的亲弟弟多铎和济尔哈朗共听政务。不久，济尔哈朗便被罢辅政之任，而多铎被晋封为辅政叔王。济尔哈朗被挤出了决策机构。

接着，以"谋立豪格"为中心罪名的系列大冤案出笼，从整郑亲王到两黄旗，最后冲向豪格，紧锣密鼓，气势汹汹，非"一网打尽"不罢休。

顺治五年三月初四日，济尔哈朗的几个侄子吞齐、尚善、吞齐喀、扎喀纳、富喇塔、努赛，超乎寻常地"团结"一致，向济尔哈朗"反戈一击"，告发他的种种"罪行"。多尔衮借此兴起大狱。在济尔哈朗的罪状中，除了他们家族内部礼仪和待遇上的矛盾之外，主要是说他"擅谋大事"，指当年同意立豪格为君。后在迁都时，将镶蓝旗调到皇帝附近去立营，同皇帝一起在前面行进。又让正蓝旗到镶白旗之前行走，认为是"曲徇罪废之肃王"。在修房用夫役问题上，"有援比君上"的言论等。多尔衮强加给济尔哈朗的罪名，乍看上去，好像是得罪了顺治皇帝，擅自谋立豪格为帝，之后又企图与皇帝比高低。实际是得罪了多尔衮，因没拥立多尔衮，又看破了多尔衮的心迹，所以提防多尔衮一伙有异动。多尔衮将罗织的罪名交诸王大臣会议讨论，拟论死。可是在皇帝那里通不过，最后以圣旨的名义决定：革济尔哈朗亲王爵位，降为多罗郡王，罚银5000两，夺几个牛录。

数月后恢复了济尔哈朗的亲王爵。同年九月就派他远征湖广，进剿大顺军李过、高一功部。济尔哈朗率军镇压山东曹县的农民起义后，即进军湖南，擒获南明的著名将领何腾蛟，最后直杀到广西，攻克60余城，但并未重振声威，仍无权过问朝政。

济尔哈朗的镶蓝旗，忠于皇帝，忠于旗主，多尔衮放心不下。顺治六年将跳出来揭发济尔哈朗的该旗大臣尚善，晋升为贝勒、议政大臣，掌理藩院。富喇塔、扎喀纳都晋升贝子。吞齐晋升贝勒，还当过该旗的满洲固山额真。这是多尔衮一箭双雕之计，既奖励卖身投靠者，又企图使其老资格的旗主在很大程度上被架空，对多尔衮构不成任何威胁。

郑亲王济尔哈朗受迫害的当天，两黄旗大臣图赖、鳌拜、索尼等人，也以"谋立豪格"的罪名，受到革职降罚等处罚。隔一天，冤狱降临肃亲王豪格头上。

豪格是多尔衮的眼中钉、肉中刺，很难逃出他的掌心。福临为长兄昭雪，多尔衮无可奈何。就在豪格被复封为和硕肃亲王的当月，即顺治元年十月，在清军两路出击南明和大顺军的同时，多尔衮派豪格率军下山东，帮助平定地方，稳定漕运之路。并与出击南明的军队相策应，进攻江北的南明镇将高杰、许定国等，为清军渡江做准备。豪格完成预定任务，于顺治二年初奉命班师返京，竟然丝毫没有得到奖赏。

清兵入关后，最初两年集中力量征剿李自成的大顺军和南明的福王弘光政权，对四川的张献忠大西农民政权尚未顾及。多尔衮原想将征剿大西军的建功机会送给亲信、驻防西安的内大臣何洛会，于顺治二年（1645年）十一月二十日，任命何洛会为定西大将军，会同固山额真巴颜、李国翰所率官兵入川，征剿大西军。川陕之间有一座绵亘数百里的大巴山，地形复杂，易守难攻。胆小如鼠的何洛会徘徊观望，花费两个月时间，竟连陕西境内的农民军都未能剿除，进军四川更无指望。于是，多尔衮将这块硬骨头交给豪格去啃。顺治三年（1646年）正月二十一日，多尔衮命豪格为靖远大将军，统兵征讨四川的张献忠。一同前往的将领有很多也是多尔衮恨之入骨的两黄旗属人。豪格明知多尔衮的派遣别有用心，也硬着头皮领军前去，并且必须打赢这一仗。他率军于三月下旬到达西安，随即发兵攻打在陕西的大顺农民军余部和地方起义军。平定陕西之后，从十一月起，又率军自陕西入四川，在百丈关接受了张献忠部将刘进忠的投降。然后，在刘进忠的引导下，疾驰而过保宁，二十六日到南部，以鳌拜为先锋，向张献忠驻地西充急进。次日黎明，漫天大雾，正好给清军做掩护，张献忠毫无戒备，在观敌料阵时，被清军将领雅布兰一箭射中心脏而死，清军乘对方混乱之际，攻克敌营130余处，斩首数万级。捷报传到北京，得旨嘉奖。豪格则乘胜攻入四川中、南部，以及遵义等地，俘获斩杀不计其数，"川寇悉平"。这样重大的胜利，按照常规应该大大庆贺一番，但是，顺治五年（1648年）二月豪格回京后，仅仅福临在太和殿宴劳一次，此外别无任何举动，异常冷淡。预示某种不祥。

下月，即顺治五年三月四日，济尔哈朗、两黄旗大臣、镶蓝旗大臣，均因曾议立和同情豪格获罪。问题已经完全明朗化，多尔衮以人划线，只要曾拥立或同情、维护豪格的，都是打击对象。成为主要"罪人"的豪格当然逃脱不掉这场劫难。隔一天,即顺治五年三月六日,多尔衮迫不及待地制造了豪格冤狱。罪状是七拼八凑的,什么征服四川已有两年,地方却并未全部平定;对随征将领希尔艮冒功之事不加处理;"因杨善为伊而死",故推荐杨善之弟机赛补任护军统领,是"乱念不忘";甚至屡教不改,对多尔衮的"三次戒饬,犹不引咎"。于是诸王大臣议其罪应拟死。由于顺治皇帝一再阻止,降旨:宽宥肃王之罪。"如此处分诚为不忍,不准行",才免于死。不言自明,又是孝庄太后为救先帝长子一命,指使顺治帝明确表态。多尔衮无法立即杀死豪格,将其幽禁起来,剥夺了他的所属人员。

豪格遭此无端陷害,自然十分震怒,他发誓宁死不向多尔衮低头,翌年三月死在狱中。究竟豪格是怎么死的?有人说是多尔衮谋杀的,也有说是多尔衮命监守者不断侮辱他,豪格"忧愤填膺","绝粒而死"。不管怎么说,豪格被多尔衮迫害致死毋庸置疑。享年不过40岁。顺治六年(1649年)十二月多尔衮元妃死,次年正月纳豪格遗孀博尔济锦氏为己妃。

多尔衮害死豪格,又纳其妃,还要夺其旗,一箭三雕。豪格被幽禁后,他的正蓝旗本应归属其弟顺治皇帝所有,但多尔衮以自身为摄政王,需要加强护卫为借口,强行霸占正蓝旗。然后,逐步将正蓝旗中豪格所属的牛录多数调入镶白旗,少数调入正白旗。与此同时,将镶白旗多铎所属牛录调入正蓝旗,并有意让多铎任正蓝旗旗主。他自己则以正白旗旗主,兼领镶白旗。结果,两白、正蓝三个旗,都是多尔衮兄弟的。满洲以八旗立国,侵夺旗权,是篡夺最高领导权的前奏。

福临明知长兄豪格冤枉,内心深切同情,也尽了最大努力,但因尚未亲政,手中无权,无法救长兄于危难。直到顺治八年(1651年)正月亲政后,才为豪格平反,复封和硕肃亲王,立碑表彰。顺治十三年(1656年)九月,追谥武,称肃武亲王,并再次立碑以纪其功。

皇太后与幼帝依靠的坚强支柱是两黄旗。而多尔衮最头疼、最要搬倒的恰恰也是两黄旗。两黄旗对皇帝的忠贞不贰,威武不屈,是他实现野心的根本障碍。他威逼利诱,分化瓦解,使尽解数拉拢两黄旗大臣,也只是拉走几个投机取巧的势利小人,两黄旗主体坚若磐石,岿然不动。最早暗中投入多尔衮怀抱的当是福临族叔拜尹图、巩阿岱和锡翰三兄弟。他们在皇帝身边,暗中充当多尔衮的耳目。所以,这几个人自多尔衮上台之后，官运亨通，扶摇直上。还有一位多尔衮用高爵位拉拢的正黄旗固山额真谭泰。多尔衮将他从二等昂邦章京（二等子）超授一等公，又委任吏部尚书要职。谭泰见利忘义，死心塌地跟着多尔衮，做他的忠实奴才。

这类害群之马的确给两黄旗带来不小的危害。他们向多尔衮提供打击两黄旗大臣的依据，说太宗去世时，"我等凡事皆随图赖、索尼而行"，多尔衮知道这二人在皇太后心目中的位置，遂特别注意他们的一言一行。他们还向多尔衮建议：鳌拜、巴哈都不宜留在皇太后和皇上左右，应当赶走等。致使忠于皇帝和皇太后的大臣受害。他们狗仗人势，甚至竟敢轻视皇帝和太后。有一次，福临去围猎，巩阿岱、锡翰、内大臣席纳布库等人故意把他引上险峻崎岖小路，以致驾前护卫巴海骑的马失足。福临不得已，只好下马步行。巩阿岱等三人看见，竟讥笑说："年少不习骑射，连这样的路，都下马步行啦！"另一次围猎时，福临追射一只狍子，席纳布库迎着福临射箭，以致"箭落皇上马前"，将福临置于险境。孝端太后于顺治六年（1649年）四月十七日去世，翌年二月奉送盛京合葬于昭陵。巩阿岱、锡翰竟借口有事，拒绝参加送灵。

而以索尼、图赖和鳌拜为代表的两黄旗正直大臣，在多尔衮软硬兼施的攻势面前，始终坚贞不渝。多尔衮曾企图拉拢索尼、图赖等两黄旗大臣，入关前处罚豪格时，以索尼、图赖为豪格所恨为由，奖励了他们。清进关第二年，索尼晋二等昂邦章京（二等子）。但这二人并不动心，继续忠实奉行两黄旗大臣职守。此时，有些王、贝勒、大臣，只知谄媚摄政王，而不尊崇皇上。尤其是多尔衮的哥哥英亲王阿济格，气焰嚣张，竟敢公然谩骂顺治帝是"八岁幼儿"。索尼报告摄政王，请给阿济格处罚，多尔衮拒不接受。而且多尔衮见索尼不肯就范，决定利用谭泰打击索尼。谭泰评告：索尼认为多尔衮夸大了攻克北京的功劳，曾对人说："所攻克的燕京不过空城一座，剩下的只是流贼，何功之有？"谭泰还挖空心思地搜罗一些有影无踪的鸡毛蒜皮之事，揭发说：索尼曾以内库的漆琴赠送人；又曾令仆人在禁门桥下捕鱼；见库院草丰，使牧者在院中秣马；索尼骂他"背主"等。图赖、鳌拜等两黄旗大臣，无人给他作证。尽管如此，多尔衮仍以谭泰之言为据，将索尼革职。

图赖是清开国名臣费英东之子，一生经历多次大战，勇冠三军。顺治二年，跟随豫亲王多铎扑灭南明弘光政权，回师北京后，见多尔衮权势日增，有些人不将皇帝放往眼里，乃于顺治二年十月上书，表示对这种歪风不能容忍，发表自己效忠皇帝的誓言，"图赖当年效力太宗，王之所知。今图赖之心，亦犹效力于太宗，不避诸王贝勒等嫌怨，见有异心，不为容隐。大臣以下，牛录章京以上，亦不徇隐其过恶。图赖誓之于天，必尽忠效力。"图赖的誓言，一字一句，掷地有声。这不仅是图赖个人的誓言，而且是两黄旗的大部分官员，乃至其他各旗不满多尔衮及其兄弟欺上压下行为者的共同决心。

索尼等两黄旗大臣的一再警示，迫使多尔衮不得不公开表态。顺治二年十二月，他遣人传话给王公大臣等："今诸王、贝勒、大臣，只知谄媚于我，未见有尊崇皇上者，我岂能容忍此种行为？"不久，多尔衮又谕内三院，以后在外差遣诸王大臣向皇上奏启："止令具本御前，予处启本著永行停止。"但言不由衷，不久又故态复萌。

图赖随多铎出征江南时，正在领兵西征的谭泰极为不满，认为这种安排使自己失去一次立大功的机会，便派人对图赖说："我军道遇险，故后到。请留南京给我军夺取。"图赖对这种不顾全大局、追名逐利之人很反感，立即向多铎揭发。多铎写信，派塞尔特送交索尼，由索尼转交多尔衮。但塞尔特却把信给牛录额真希思翰看，希思翰命他扔到河里，以保护谭泰。图赖回京后向多尔衮报告此事，追查信的下落，塞尔特谎称已交索尼。多尔衮以为得到整治索尼的好机会，交诸大臣议处，议索尼罪当斩首。索尼申辩说：我以前揭发过谭泰隐匿谕旨之事，又怎能藏匿这封信来庇护他呢？多尔衮无言以对，又去审问塞尔特，他这才招供实情，并供出：谭泰派人让他不说实话。多尔衮弄巧成拙，不得不给索尼昭雪，复世职二等子，而将谭泰下狱，定为死罪，后又放出，并加重用。

两黄旗的最大功劳是阻止多尔衮篡位当皇帝。顺治三年（1646年）五月，多尔衮夺皇太后和顺治帝的调兵之权，将存于大内的信符贮之于摄政王府。翌年十二月，以"体有风疾，不胜跪拜"为由，停止对皇帝行跪拜礼。大约在顺治四年至五年三月前，多尔衮公然提出一个以他为帝，以福临为太子的篡位方案。他亲自到皇宫内院去，诳称太祖原定传位给他，皇太极即汗位"系夺立"，应位归原主；而今天下统一，福临坐享其成当太子，可以在将来再正式登皇位。强迫皇太后母子同意他的称帝方案，但未能如愿。他还找过两黄旗大臣，也遭到抵制。由于各方面，特别是两黄旗大臣反对，他的阴谋未能得逞。

多尔衮对不肯屈服的两黄旗大臣耿耿于怀。顺治五年（1648年）三月初四日，迫害郑亲王济尔哈朗的当天，残酷打击落在两黄旗大臣的头上。鳌拜巴图鲁免死赎身。索尼尽革所有职务，赎身，罢官为民，迁居盛京昭陵，剥夺他的投充汉人、以往所赏的蒙古及部分家产。其兄弟子侄为侍卫者皆革退。图赖虽死，也被论罪，享堂被拆毁。剥夺其子辉塞所袭一等公爵，并夺其投充汉人、所赏蒙古及部分家产。其兄弟子侄为侍卫者均革退。图尔格也已不在人世，仍被论罪，夺其子所袭之三等公爵，并夺投充汉人及所赏蒙古；其弟遏必隆免死革职，没收其母子家产一半，夺其所属牛录人丁。他们的罪名是"谋立肃王为君"、私结盟誓、迁都时允许郑亲王在皇帝前立营等三条。这些罪名均源于图赖、索尼、鳌拜坚决反对多尔衮继承帝位，抵制他的谋篡帝位方案。他曾向亲信抱怨："若以我为君，以今上（福临）居储位，我何以有此病症？今索尼、鳌拜辈，意向参差，难以容留，遂将索尼遣发，鳌拜问罪。"多尔衮不打自招，他之所以惩治索尼、鳌拜，根本原因是他们反对他称帝。

索尼、鳌拜是两黄旗的骨干与核心人物，皇太后母子的得力助手，没有他们，其困难程度可想而知。有人甚至用"风雨飘摇"形容顺治帝岌岌可危的皇位。不过，两黄旗大臣和广大将士不畏强暴，宁折不弯，前仆后继，始终忠于皇太后母子，时时刻刻关心他们的人身安全。索尼在顺治五年三月被"遣发"后，多尔衮曾有意重新起用他，对亲信们说："索尼虽不附我，然而，商议大事没有人超过索尼，难道索尼至今仍不省悟吗？"巩阿岱、锡翰领会多尔衮的意图，前去充当说客，要鳌拜、索尼"改过自新"，说："从前我们一心为主，生死与共的誓言，都不足为凭。"遭鳌拜、索尼严词拒绝。

顺治七年（1650年）七月初十日，多尔衮卧病摄政王府，抱怨福临不来探望他。于是，锡翰、冷僧机、席纳布库遣散皇上侍卫大臣等，直接送福临到睿王跟前。当时正黄旗蒙古护军参领喀兰图，刚刚值完班回家，听说皇上扈从人数不多，立即持弓矢、带部众，赶到皇帝身边警戒防卫。由此可见，多尔衮如欲加害于皇太后母子，或有其他异动，也并非易事。他对这种形势看得很清楚，哀叹："侧目于予者甚多"，担心自己的安全，而羡慕福临母子，因为"两黄旗大臣侍卫等人皆信实"。

多尔衮以己为君，以福临为太子的称帝计划受阻，并不甘心，拐弯抹角，先称皇父。顺治五年（1648年）十月十一日，礼亲王代善去世。代善是大清开国元勋，刚正不阿，德高望重。他的存在就使多尔衮不能无所顾忌。代善不在了，多尔衮减少了一个重量级的制约者。其后不到一个月，十一月初八日，多尔衮便称皇父摄政王。从《实录》记载看，多尔衮的"皇父"之称，俨然是皇帝的加封、部院诸大臣集议的结果。事实并非如此。据郑亲王后来揭发，"皇父"是多尔衮自封的。他"背誓肆行，妄自尊大，自称皇父摄政王。凡批票本章，一以皇父摄政王行之"。从此，其所用仪仗、音乐及卫从，都超越本分，冒用至尊规格。皇太后、顺治帝对多尔衮强加的"皇父"摄政王，持保留态度。直到顺治七年（1650年）年初，福临在致朝鲜国王的诏书中，还将多尔衮称为皇叔父摄政王。而清朝使臣同时递交的多尔衮的诏书中，却自称皇父摄政王。

皇父，是皇帝对他人最尊敬的称呼，近似太上皇。皇父摄政王，虽无皇帝之名，而有皇帝之实。这时的小皇帝和太子实际没有什么两样。

国内外对这一举措，都很敏感，十分关注。当时的朝鲜君臣对此事有一段对话。国王问："清国咨文中，有'皇父'摄政王之语，此何举措？"大臣金自点答道："臣问过来使，他回答说，'今去叔字，凡朝贺之事，可与皇帝一体'。"大臣郑太和接着说："敕中虽无此语，似乎是已为太上了。"国王则得出结论，说，"是两个皇帝啊！"

德国人魏特著《汤若望传》，对多尔衮称"皇父"前后的情形做了对比叙述："满人入北京之最初六年间，摄政王多尔衮为中国实际上之统治者。但是顺治皇帝之名义却严格被扶持，一切表章奏疏均直接向皇帝呈递，批答表章奏疏与颁发谕令，皆以皇帝之名义行之。""摄政时期将近结局，……他这时竟要图谋国家最高权位，大有自为皇帝的心思了。……他自行建筑美丽宫殿一座，服皇帝之服装，自称为'皇父与国父'，并且以自己的名义下诏谕。冲龄的皇帝已经开始为自己的生命忧惧操心起来了。……满洲的统治却是一个极危险的时期了。"

外国人看得十分清楚，多尔衮在称皇父摄政王之前，对顺治帝在形式上、表面上，还遵守臣对君的规矩。称皇父摄政王之后，则发生了错位性的变化，把皇帝丢在一边，用自己的名义下诏谕，想要自己当皇帝了。

多尔衮的专横，给顺治帝福临的印象最深。顺治十二年他曾对诸王大臣们说："墨勒根王（多尔衮）摄政，朕惟拱手以承祭祀，凡天下国家大事，朕既不预，亦未有人向朕言者。"

即便如此，对于多尔衮来说，也还是权宜之计，最终目的依然是正式登上皇帝宝座。他已经准备好称帝所用的皇帝服饰。据正白旗大臣苏克萨哈等知内情者揭发，多尔衮死后侍女吴尔库尼在殉葬之前，把罗什、博尔惠、苏拜、詹岱、穆济伦五人叫来，嘱咐他们："王爷没有让别人知道，他曾准备下八补黄袍、大东珠、素珠、黑狐褂，现在可以偷偷放往棺内。"经查属实。

可见，多尔衮直到死，也没放弃他的皇帝梦。

他之所以没公然称帝，非不欲也，是不能也。关键是力量对比，他虽掌握两白旗和正蓝旗，但整体实力仍然无法与皇帝的实力抗衡。

两白旗的最大弱点之一是缺乏核心，后继无人。同母弟多铎是他惟一信得过的得力助手，也与他不无芥蒂，且于顺治六年三月去世。同母兄阿济格有勇无谋，不堪重任。

之二是，两白旗没有两黄旗那种特殊的凝聚力，镶白旗大部分和正白旗的少部分是夺自豪格的正蓝旗，豪格含冤而死，跟随原主多年的旗属，不可能真心为一位心术不正的新主子尽忠效力。而两黄旗实力雄厚，与皇太后母子利益一致，命运相连，相互依存，彼此亲密无间，"坚持一心"，成为多尔衮夺取帝位的最大障碍。分化、拉拢出几个人，动摇不了两黄旗的根基；打击、迫害，也不能无止境，对索尼、鳌拜的"遣发"和"问罪"，已经把他与两黄旗、皇太后母子的矛盾斗争推到了公开化的边缘，如继续扩大打击面，逼迫太甚，不仅两黄旗大臣、侍卫们要起来反抗，以保卫自己赖以生存的基地，还可能导致皇太后母子无法容忍而公开出面干涉。

如果多尔衮与皇帝，两白旗与两黄旗因此发生冲突，本来就倾向皇室的镶蓝、正红两旗，肯定站在他的对立面，进一步倒向皇太后母子。

皇太后背后还有她娘家，强而有力的科尔沁蒙古等势力。清入关后，与科尔沁等蒙古各部一直保持着良好关系。从中起桥梁作用的依然是两宫皇太后。清军继续南征西讨，统一全国，区域扩大，战线拉长。八旗兵的战斗力虽强，但数量有限。科尔沁等内蒙古各部积极参战，大

力支援，为大清统一全国，征服喀尔喀蒙古（外蒙古）使之臣服，特别是巩固北疆，做出了新的贡献。也正因如此，两宫皇太后和小皇帝的地位更不容忽视，难以动摇。魏源在《圣武记》一书中总结说：科尔沁部世代听命于清朝皇帝，辅佐朝廷，与大清国同甘共苦，休戚与共。"孝端文皇后、孝庄文皇后、孝惠章皇后（顺治皇后），皆科尔沁女"，故世祖当草创初期，幼年登基，中外恭顺，"系蒙古外戚扈戴之力"。

苏克萨哈等还揭发多尔衮临终之前，准备到永平府建城，率两白旗移驻那里。在清算他的罪行时，将这件事当作他谋反的主要罪证。《汤若望传》的作者魏特认为，多尔衮是想将顺治帝劫持并囚禁在永平，以便自己在北京登基坐殿。笔者以为，那是根本不可能的。劫走小皇帝，矫旨登帝位，那就是宫廷政变，或叫谋反，会立即引起包括两黄旗在内的各旗反对，可能导致流血事件发生，后果不堪设想。有的学者以全新观点论证多尔衮欲移驻永平之事，认为那只不过是多尔衮给自己设计的一条退路，一旦不得已归政于福临，自己便可率领两白旗移居永平，另辟小天地，作威作福，颐养天年。如果他仍想当皇帝，必定要在北京，而不会去到偏僻的永平府。此论颇有见地。也许因伤害的人太多，他心里不踏实，经营一个安全堡垒，以防万一。

陈名夏曾劝多尔衮自己当皇帝，多尔衮回答说："本朝自有家法，非尔所知也。"这里所谓家法，就是努尔哈赤定下的"八家共治"之制，皇帝必须"八家"即八旗诸王推举。顺治是诸王大臣会议推举出来的合法皇帝。任意废掉，自己当皇帝，那即是谋反，要受惩罚的。同样，多尔衮要当皇帝，也必须经"八家"推举和同意。直到他死，也没有哪个旗的人提出由他取代顺治当皇帝。

为了这一天，他需要，也正在做的事是继续争取各旗的人，普遍培植亲信，充分壮大自己的实力。遗憾的是他未能等到这一天。

多尔衮一向健康状况不佳。加之身负重任，日夜操劳，又私欲太重，不能如愿以偿，怨气怒火交加，致使健康状况日益恶化。顺治七年（1650年）十一月三日，因"有疾不乐"，率诸王、贝勒、贝子、公等，及八固山额真、官兵等，出边围猎。不料突然发病，从马上跌下，摔伤膝盖，驻扎在喀喇城（今河北滦平县），十二月九日晚八时左右逝世，享年39岁。

几年来，清宫的上空布满阴云，人们感到无限压抑和不安。此时似乎可以安枕了。然而，"树欲静而风不止"。多尔衮刚死，阿济格就跳了出来。据说，多尔衮临死前曾与阿济格密谈，但谈些什么，外界却不得而知。只见阿济格出来后立即派300骑兵，风驰电掣，直奔京城，大有武装政变味道。但最受多尔衮信任的内国史院大学士刚林，事先得到信息，立刻上马，日夜兼程700里，先行入京密报。于是，京城九门关闭，诸王大臣做好准备。等阿济格的300骑兵一到，"尽收诛之"。此事大约发生在十二月十日至十二日的三天之内。

不过，最初的一段时间，清廷以孝庄太后、顺治帝为中心，郑亲王济尔哈朗、两黄旗大臣积极辅助，只集中精力办摄政王的丧事，予以厚葬、加封；除了自己跳出来的，一概不碰。十二月十三日，正式公布摄政王多尔衮去世的消息，下诏让臣民换上素服，为摄政王服丧。又过四天，即十二月十七日，多尔衮的灵柩运回北京。随灵车到京的阿济格立即被扣押监禁。同时，福临率领诸王、贝勒、文武百官换易孝服，到东直门外五里迎接，亲自举爵祭奠。十二月廿日，福临发下哀诏，高度评价多尔衮的功绩。十二月廿六日，追尊多尔衮为懋德修道广业定功安民立政诚敬义皇帝，庙号成宗。后又将多尔衮夫妇的牌位供奉入太庙，并颁诏公之于众。这些，都有稳定形势的意义。

第八章 抵制多尔衮

第九章

顺治亲政

一、顺治其人

顺治皇帝具有极强烈的个性。

他的个性本是非常张扬的。他本人非常聪明，身上流淌着皇太极与孝庄的血液，幼时受到母亲很好的教育，又在特殊的机缘下具有了至高无上的地位。这样的人，天性中就有极强的自信及自负。

可是，随着顺治皇帝年龄的增加和多尔衮威权的日益增大，顺治在极尊贵的位置受到巨大的生命威胁，他为了保全自己，不得不在多尔衮面前装出幼稚和温顺的样子，以减少这位叔父的警惕。

多尔衮不准许给顺治请汉文老师，只让他穿着龙袍，做傀儡皇帝。凡天下国家大事，顺治不敢过问，也没有人向他禀告。

作为一个10岁左右的孩子，顺治几个月无法与自己的母亲见面，他感到万分委屈。孝庄为了儿子的长远，也做了妥协。

顺治又岂能不知道母后与多尔衮的暧昧关系，但他能做什么呢？他只能感到耻辱。他了解母亲的苦衷，但他又能做什么呢？他只能暗自压抑着。

强烈的反差，强烈的压抑，使顺治的性格非常奇特。有时候，他有很深的韬晦，非常温顺；有时候，他又突然暴怒起来，像疯狂的猛兽，用鞭子毒打身边的近侍，发泄着自己的无穷怒火。"他心内会忽然想起一种狂妄计划，而以一种青年人们固执的心肠，坚决施行，如果没有一位警告的人，乘时刚强地加以谏止时，一件小小的事情已经足够激发他的暴怒来，竟致使他的举动如同发疯发狂的人一般了。"

顺治非常喜欢运动。在飞驰的骏马上，他可以毫不费力地射中任何一种禽兽。在这样的时候，他感觉摆脱了多尔衮的阴影，可以忘却一切不快。他是非常勇敢的。

可是，他似乎还是摆脱不了多尔衮的威胁。短暂的快乐后，他便会意识到多尔衮的亲信无所不在地监视着他，跟踪着他，使他害怕，使他感到自己非常怯弱，也使他感到非常难受。

要不是孝庄太后总是适时地利用短暂的见面时间开导他，要不是苏麻喇姑及奶妈李氏总是无微不至地关心他，顺治皇帝或许真的会坚持不下去。

一次行猎中，多尔衮的亲信巩阿岱、锡翰、席纳布库等人，故意将顺治引向密林峻岭上的险径，迫使顺治不得不下马步行。那些人乘机无情奚落："年少不习骑射，似此路径还要下马步行？"顺治十分狼狈，他有心发作，但马上想到这些人胆敢如此，不就是因为他们背后有多尔衮吗？只得忍耐。

在多年的忍耐与耻辱、压抑与暴怒之后，多尔衮去世，顺治终于可以亲政。当他觉得报复多尔衮的机会到来时，他便毫不掩饰地宣泄其多年的怨气，削夺了多尔衮的尊号，籍没其家产，毁掉其坟墓，命令将其尸体挖出，用鞭子抽，用棍子打，最后砍掉脑袋，暴尸示众。

然后，顺治皇帝便开始努力地治理国家。他要用实际行动表明，自己的治国能力要比多尔衮强得多。

执政之初，由于他对汉文化了解太浅，以致连大臣所上的奏折都看不懂，这极大地刺激着他的自尊心。他开始发愤读书，"每晨牌至午，理军国大事外，即读至晚，然顽心尚在，多不能记。逮五更起读，天宇空明，始能背诵。计前后诸书，读了九年，曾经呕血。"几年后，他已经非常博学。

二、大婚典礼

顺治皇帝虽然因多尔衮的原因而对新皇后产生很大的反感，但孝庄太后却要竭力促成这门婚姻。顺治亲政之初，整个国家社稷其实是孝庄在幕后整体协调着，顺治帝不可能一开始就违背母亲的心意，因此，他即便再不满，也最终不得不体体面面地将博尔济吉特氏娶入宫中。

清代，人们把未成年皇帝迎娶皇后的典礼称之为大婚。清朝先后有

四位皇帝举行过大婚，他们分别是顺治、康熙、同治、光绪。顺治的此次大婚是清朝历史上的第一次大婚，也是入主中原后清朝皇帝的首次婚典，因此，其规格之高、礼制之完备，也非前任皇帝可以媲美。

顺治皇帝大婚，开始沿袭中原地区的"六礼"。"六礼"成形于周朝，记载于《礼记》，包括纳采、问名、纳吉、纳征、请期、亲迎六种仪式。

首先是纳采。简而言之，纳采礼就是男方请婚人向女家提亲并进献礼物。

顺治八年（1651年）六月癸亥，在孝庄太后亲自过目后，定大婚礼物。行纳采礼，清廷送给科尔沁卓礼克图亲王家的礼物有：马十匹、玲珑鞍十副、甲胄十副、缎一百匹、布二百匹、金茶筒一、金盆一、银桶一、银茶筒一、银盆一、驮甲二十副、常等甲三十副。等卓礼克图亲王吴克善夫妇送皇后到京后，赐亲王夫妇黄金百两、白银五千两、缎五百匹、布千匹、金茶筒一、银桶一、银盆一、上等镀金玲珑鞍二副、常等玲珑鞍二副、漆鞍二副、马六匹、夏朝衣各一袭、夏衣各一袭、冬朝衣各一袭、冬衣各一袭、貂裘各一领、上等玲珑带一、刀一、撒袋一副、弓矢全、甲胄一副。

经过六礼后，最盛大的册立皇后典礼在八月戊午举行。

前一天，朝廷便以大婚礼祭告天地、太庙。

这天早上，天刚亮，首先将皇后仪仗陈列于卓礼克图亲王府邸。设黄案，一个置于院中，一个置于东侧，将受册宝匣置于院中黄案。

皇上卤簿全设太和殿前。设一黄案于殿中，置册宝彩亭两个。内院、礼部官员均身穿朝服，在太和门外阶下依次排列，然后捧册宝由中道进入大殿，将册宝放置于殿中黄案上。

顺治皇帝身穿朝服而出，御太和殿，视册宝完毕，将其传给使臣。使臣跪着接受，自殿中由中道捧出。礼部官员做前导，至太和门外，将册宝各置一彩亭中。校尉举册亭在前，宝亭在后，由协和门出，诣皇后所在的卓礼克图亲王府邸。

与此同时，朝廷已先遣两亲王奏请孝庄皇太后至位育宫。皇太后乘辇出宫，设仪仗、作乐，至协和门，皇太后仪仗停候。皇太后辇由中道进入，皇上出宫，步行，迎接皇太后至太和门内。皇太后由太和殿入宫。

再说册封使臣到达府邸，卓礼克图亲王等穿朝服出迎，放置册宝彩亭于门外。皇后及其母亲、格格等也穿着朝服，依次排列，在院中迎接。

内院、礼部官员捧册宝由中道入府，放置于东侧黄案之上。接着，读册内院官于东侧向西而立，朗读册文、宝文。

皇后册文内容为："朕惟乘乾御极，首奠坤维，弘业凝庥，必资内辅，义取作嫔于京室，礼宜正位于中宫。洺尔博尔济吉特氏，乃科尔沁国卓礼克图亲王吴克善之女也，毓秀懿门，钟灵王室，言容纯备，行符图史之规，矩度幽闲，动合安贞之德。兹仰承皇太后懿命，册尔为皇后。其益崇壸范，肃正母仪，奉色养于慈闱，懋本支于奕世，钦哉。"

宝文内容简单，只有"皇后之宝"四字。

读完册文、宝文后，读册内院官将册宝授予女官。二女官上前，跪着接受，然后献给皇后，皇后也是跪着接受，然后递给侍立女官，侍立女官同样跪着接受，然后放置于中央黄案上。

皇后望阙行六拜三跪三叩头礼。礼毕，皇后升辇。女官捧册宝前行，仍放于彩亭内。然后，仪仗、鼓乐在前，大队人马浩浩荡荡前往皇宫。

到达协和门，仪仗停了下来，不再向前。二女官捧册宝前行，皇后辇在后，由中道向里面行进，至太和殿阶下，皇后从辇上下来（即降辇），由中道步行入宫。

此时，和硕亲王以下，有顶带官员以上，均穿朝服，集朝会所。固伦公主，和硕福晋以下，一品命妇以上也都集中于宫内。

巳刻时分，礼部堂官奏请皇上御中和殿。

朝中官员依序排立，恭候皇上。多罗郡王以上在太和殿阶上站立，多罗贝勒在阶下站立，固山贝子以下、有顶带官员以上全部在太和殿丹棚内排立。皇上率诸王入太和殿，向等候多时的皇太后行三跪九叩头。行礼完毕，皇上重新御中和殿。诸王出立殿外阶上。

皇后率诸王妃朝见皇太后，行三跪九叩头礼。行礼完毕，返回宫中。诸王妃入侍皇太后。

皇上再次御太和殿，赐诸王及蒙古王公、贝勒、文武群臣国宴。在规格最高的盛宴结束后，皇太后乘辇回宫，皇上将皇太后送至太和门内，然后自己也返回宫中。

这样,这一天的繁文缛节才告一段落。

至庚申日,顺治皇帝御太和殿。诸王、贝勒、文武群臣上表行庆贺礼。顺治将策立皇后事诏告天下。诏文的主要内容是,"于顺治八年八月十三日册立科尔沁卓礼克图亲王吴克善之女为皇后,贞顺永昭,奉尊养之,令典敬恭匪懈,应天地之同功,爱合德于阴阳,期锡类于仁孝,诏告天下,咸使闻知。"意思就是,皇帝与皇后的结合,符合天地阴阳的规律,能更好地以仁孝治理国家。

此次大婚意义在于,它标志着顺治已经成人,整个王朝将在他的带领下走向新的历程。

三、顺治当朝

顺治亲政后,意识到自己身负的重任,殚精竭虑地处理国事。他需要不时地向母亲孝庄请教,孝庄总是以最大的耐心教导他。整个王朝在平稳中向前发展。

由于多年受多尔衮的压制,顺治绝不允许在朝堂之上出现第二个多尔衮。因此,翌年正月,他便正式谕告内三院:"以后所有的奏折,均要上呈给朕,不必给和硕郑亲王。"这样,济尔哈朗的权力受到很大的压缩。三月十五日,他又下令,"罢诸王、贝勒、贝子管理部务。"从而将大权集于一身。

顺治又将原来由多尔衮掌管的正白旗划归自己,并将皇帝直接掌管的正黄旗、镶黄旗、正白旗定为上三旗,其他五旗为下五旗。上三旗规格高,实力强大,极大地增强了皇权。

在孝庄有力的支持下,顺治重用索尼、鳌拜、范文程、洪承畴等人,实现了统治权的顺利过渡。

索尼曾敢于不惜性命地抵制多尔衮,被无故削职,现重新起用,并优升二级为一等伯。

鳌拜向来忠诚于孝庄与顺治,现以"军绩颇多,且为国效力之处,其功甚懋",从优升为二等公。

范文程虽受多尔衮器重,一直是大学士,但当多尔衮与孝庄的矛盾日益激烈时,他的重心转向孝庄,与多尔衮有了嫌隙。因此,当刑部等审议大学士刚林、祁充格等依附多尔衮罪时,顺治为同样是大学士的范文程说话，认为范文程"曾效力于太宗朝，在盛京时又不曾预贝子硕托之罪，后知睿王所行悖逆，托疾家居，众所共知。睿王取去刚林时，以范文程不合其意，故不取去。"最后决定：范文程仍留原任。

洪承畴曾在平定南方之乱中立下汗马功劳，但后来受到多尔衮的猜忌与排挤。孝庄与顺治则予以重新重用。

当时的社会矛盾是复杂而剧烈的。多尔衮时期的血腥镇压并没能将抗清力量完全剿灭。相反，顺治亲政之初，反清势力呈壮大趋势。南明永历政权得到大西农民军余部孙可望、李定国的支持，在云、贵、两广一带活动。郑成功的部队则在闽、浙沿海一带斗争，产生了巨大的号召力。顺治九年，定南王孔有德、敬谨亲王尼堪相继在抗清力量的强大攻势下战败身亡，消息传到京师，举朝震惊。清军在入关后首次遭到巨大的挫折，而国库空虚、国内灾祸频仍，均使顺治感到沉重的压力。

无论是孝庄还是顺治，均意识到事态的严重，感到必须以新的国策应对新的矛盾。他们首先动用内库，以解国库空虚带来的紧张局面。接着，下令在灾区实行减免赋税、招抚流民、奖励地主招民垦荒等措施缓解社会矛盾。与朝臣商议后，顺治皇帝还决定扭转多尔衮时期"重剿轻抚"的军事方针，采取"抚"重于"剿"的怀柔策略。顺治十年五月十四日，顺治皇帝令各地督抚广贴告示，称，"自今顺治十年（1653年）五月二十五日以前，凡有啸聚山林、劫掠道路、曾为土贼者，无论人数多寡、罪犯大小，但能真心改悔，自首投诚……尽赦前罪。"此后，顺治皇帝多次发布谕令，允许抗清势力投降自新，并由当地政府合理安置，一改多尔衮时期的诛戮政策。

顺治皇帝还试图招抚郑成功。他曾敕封郑成功为海澄公，允许其拥兵自保，而且指定泉、漳、惠、湖四府为其驻兵之所。这一计划虽然最终失败，但顺治皇帝的怀柔政策基本不变，并取得很大的成绩。

面对严峻的满汉矛盾，顺治皇帝很有魄力地重用汉族上层人物。

他笼络吴三桂。在南明试图施行反间计时，谕告吴三桂："朕与王，虽是君臣关系，但在情谊上则如同父子，别人岂能离间。"授其金印，并以皇太极第十二女和硕公主嫁吴三桂长子吴应熊。

他重用范文程、洪承畴等人，也收到很好的效果。他时常按照范文程的建议办事。例如，顺治十年，他便依范文程等议，命部院三品以上大臣各举所知，"不论满汉新旧，不拘资格大小，不避亲疏恩怨，取真正才守之人，堪任何官，开列实迹，疏名保举，各具专本奏闻。一官可举数官，数官可举一官。……若用后称职，量其效之大小，保举官加以优典。若不称职，亦量其罪之大小，保举官议以连坐。"这一制度实际上吸取了古代察举制的优点，使用人制度更加畅通。至于洪承畴，则在顺治的鞭策下，在平定南方的战役中立下了他人无法相比的功勋。

当然，顺治尽管大力提倡满汉平等，但他又不可能改变清朝"首崇满洲"的政策，一遇到关键问题，他总是偏袒满人。

顺治皇帝深受汉文化的熏陶，学四书五经，祭"先师"孔子，行孔孟之道，倡导忠、孝、节、义的观念，坚持"帝王临御天下，必以国计民生为首务"的原则，并强化科考制度，使清朝的大政方针由原来的"武力称雄"向"文教治国"转变。这一重大转变深深地启迪着他的后代，才使得清王朝出现了"康乾盛世"，出现了爱新觉罗氏统治中原达二百多年的悠久历史。

四、太监问题

太监，又名宦官、阉人、阉宦等。这一封建社会特有的群体，服务于皇宫之中，又因无法与宫中女子发生性行为，从而保证了皇族血统的纯正。

太监们熟知皇宫机密，擅长揣摩皇帝的心思，有时甚至得到皇帝的信任，干预朝政。在清朝之前，不少朝代曾出现太监当权的局面。晚明时阉宦祸国，直接导致明王朝的衰亡，这为清朝统治者提供了前车之鉴。在朝代更替的过程中，太监们被驱逐出宫，成千成百地到处流浪。顺治之前，虽然宫中也有太监，但为数极少，更没有专门的太监机构。然而顺治朝时，情况有所转变。

随着宫廷机构的增多，宫女的增加，皇宫中对太监的需求自然水涨船高。这样，故明的太监们又被一批一批收入宫中，照旧供职，被收入宫中而又重新扎根筑巢的太监达数千名之多。

太监们渐渐地开始影响皇帝的生活。他们提供各种服务，并引诱皇帝贪图淫乐。在太监们的建议下，顺治甚至不顾满族权贵的反对，选收汉人做宫女。他曾专门派太监到江南采买女子，弄得民间不安，许多人家为避祸，纷纷急着嫁女。

最受顺治宠信的太监是吴良辅。此人曾在多尔衮死后不久为顺治稳定政权出过力,顺治将他当自己人看待。在吴良辅的蛊惑下,顺治着手设立了一批宦官机构,分别为乾清宫执事监、司礼监、御用监、内官监、司设监、尚膳监、尚衣监、尚宝监、御马监、惜薪司、钟鼓司、直殿局、兵仗局,号称"十三衙门",名称、人选皆按明代旧制,俸给、冠服、品级与廷臣相同,乾清宫执事官称为"都管中堂大人",与清初"内三院"(内国史院、内秘书院、内弘文院)的大学士相同。各监之掌监太监,称"部堂大人",相当于各部尚书、侍郎。如此一来,太监们权势大增,越发地耀武扬威。

孝庄太后对此深为忧虑,她语重心长地规劝顺治要以国家社稷为重,并列举古时太监乱国的种种事例。顺治对此有了顾虑,于顺治十年(1653 年)六月二十九日特下圣旨:

朕稽考古制,唐、虞、夏、商,未用寺人。自周以来,始具其职,所司者不过阍阕、洒扫、使令之役,未尝干预外事。秦、汉以后,诸君不能防患,乃委以事权,加之爵禄,典兵干政,流祸无穷。岂其君尽暗哉。缘此辈小忠小信,足以固结主心;日近日亲,易致潜持朝政。且其伯叔弟侄、宗族亲戚,实繁有徒。结纳缙绅,关通郡县,朋比夤缘,作奸受贿。窥探喜怒,以张威福。当宫廷邃密,深居燕闲,稍露端倪,辄为假托。或欲言而故默,或借公以行私,颠倒贤奸,混淆邪正。依附者巧致云霄,忤逆者谋沉渊井。虽有英毅之主,不觉堕其术中。权既旁移,变多中发,历观覆辙,可为鉴戒。但宫禁役使此辈,势难尽革。朕酌古因时,量为设置。首为乾清宫执事,次为司礼监、御用监、内官监、司设监、尚膳监、尚衣监、尚宝监、御马监、惜薪司、钟鼓司、直殿局、兵仗局,满洲近臣与寺人兼用。各衙门官品岁有高下,寺人不过四品。凡系内员,非奉差遣,不许擅出皇城。职司之外,不许干涉一事,不许招引外人,不许交结外官,不许使弟侄亲戚暗相交结,不许假弟侄等人名色置买田产,因而把持官府,扰害民人。其在外官员,亦不许与内官互相交结。如有内外交结者,同官觉举,院部察奏,科道纠参,审实一并正法。防窜既严,庶革前弊。仍明谕中外,以见朕酌用寺人之意。内院即传谕该衙门遵行。著刊刻满、汉字告示,自王以下及官吏军民人等咸宜知悉。

虽说下了这样的圣旨，但由于没有明确而严厉的惩罚措施，以至于太监们只是稍稍收敛一下，没过多久，就变本加厉，更加嚣张了。小太监们与满族兵丁勾结，到处敲诈勒索汉民。大太监则试图交结朝臣，干预朝政。

顺治十一年（1654年）长至节（冬至）次日，顺治皇帝大宴廷臣，十三衙门的太监们居然超越各亲王的班次，争先入殿拜舞。乾清宫执事官太监孟进禄更是忘乎所以，竟以"老臣"自称。这些举动惹恼了户科给事中郝杰，作为"给事中"，他负有辅助皇帝处理奏章、稽察驳正六部之违误、注销文书事宜的职权，所以他率先提出抗议，向顺治帝历数各朝太监祸国之罪。顺治帝再次感觉到太监的危害，当即下达一道手谕：朝贺大典，内监不得按明代制度入班行礼。并将孟进禄等十三衙门之掌监太监，交付刑部处理。这是清代第一次制裁太监。

顺治十二年（1655年）六月，顺治又立下铁牌，严令不许太监干政，称："中宫之设，虽自古不废，然任使失宜，遂贻祸乱。近如明朝王振、汪直、曹吉祥、刘瑾、魏忠贤等，专擅威权，干预朝政；开厂缉事，枉杀无辜；出镇典兵，流毒边境；甚至谋为不轨，陷害忠良，煽引党类，称功颂德。以致国事日非，覆败相寻，足为鉴戒。朕今裁定内官衙门及员数、执掌，法制甚明。以后但有犯法干政，窃权纳贿，嘱托内外衙门，交结满汉官员，越分擅奏外事，上言官吏贤否者，即行凌迟处死，定不姑贷。"

由此可见，顺治本人深知太监干政的弊病。但是，由于他在生活上仍然十分依赖太监，有时候不免贪图淫逸，心神浮躁。

顺治十五年（1658年）二月，发生了太监吴良辅等交结内外官员作弊纳贿事件。按照铁牌规定，吴良辅应凌迟处死，但顺治皇帝不惜自坏章法，偏袒吴良辅，称："如果全部按迹追究，犯罪株连的人太多。因此从宽处理，一概免于追究。"吴良辅因此安然无恙，可是与他勾结的朝臣却受到了严厉的惩处，有的被革职，有的被流放。

对此，孝庄太后虽然不满意，但没有予以干涉。因为顺治已是一国之主，孝庄不宜管得太多。况且，她也知道，儿子对她与多尔衮的旧事仍耿耿于怀。因此，在没发生重大变故的情况下，她采取少干预的态度，只是暗中审视着宦官的利弊。在她看来，皇宫中不可能没有太监，但绝对应该给予严格的管制。后来，十三衙门就是在她的直接干预下被撤除的。

五、册封达赖喇嘛

顺治九年（1652年），清王朝处理了一件关系满蒙的重大事件。

自漠南蒙古被皇太极征服后，漠北喀尔喀车臣汗部首领也派遣使者到达清廷，要求通贡。皇太极对此十分重视，马上遣大臣对车臣汗部首领进行嘉奖表彰，并劝漠北其他部落归顺。一系列笼络措施后，漠北喀尔喀三部（即土谢图、札萨克、车臣）各大汗基于利益之考虑，于天聪三年（1629年）向清廷进表通贡，名义上臣属于清廷。

虽然如此，漠北蒙古在事实上是相当独立的。清政府不可能花太大的物力在漠北，便只能以怀柔的方式予以笼络。

蒙古人尊崇黄教，这一点为孝庄所熟知。尽管皇太极曾一度不喜欢黄教，但在黄教所能产生的重大影响面前，他很快改变了看法。征询孝庄等人的意见后，皇太极开始厚待喇嘛。征服察哈尔后，墨尔根喇嘛将千金铸成的护法嘛哈噶喇佛像献给皇太极，承认后金政权为蒙古喇嘛教的保护者。皇太极喜不自胜，不惜财力，用了三年时间，花了二万余两黄金建造盛京实胜寺。不仅如此，他还听从大喇嘛的建议，在盛京建造四寺四塔，象征四方统一。这些兴佛佑国的举动，深得蒙古人的好感，取得很好的效果。多尔衮摄政期间，也基本遵循这些政策。

顺治三年（1646年），漠南蒙古苏尼特部额驸多罗郡王腾机思发动反清叛乱，漠北土谢图与车臣两汗竟然出兵帮助腾机思。多尔衮派多铎领兵平叛，很快获得重大的胜利。但是，多铎并没有彻底追剿，而是通过西藏达赖喇嘛进行宣抚，取得非常好的效果。清廷因此不仅在武力上取得上锋，而且赢得人心。顺治五年（1648年），腾机思乞降，土谢图与车臣两汗也遣使贡驼马，上表领罪。清廷与漠北蒙古原本疏松的关系逐步变得紧密起来。这使清廷更加重视宗教的力量，重视达赖喇嘛。

达赖喇嘛是黄教两个活佛转世系统称号之一。"达赖"的蒙古语意为"大海"，"喇嘛"藏语意为"上人"或"上师"。"达赖喇嘛"的蒙古语意思是"德智广深如海无所不纳之上师"。这一名号始于明朝万历六年（1578年），当时蒙古土默特部顺义王俺答汗迎请黄教领袖索南嘉措到青海传教，崇奉备至，赠以"圣职一切瓦齐尔达喇达赖喇嘛"。如果深究"达赖喇嘛"与清朝来往的源头，首先应从漠西厄鲁特蒙古谈起。

漠西厄鲁特蒙古游牧于蒙古草原西部直到准噶尔盆地一带，清初已形成准噶尔、和硕特、杜尔博特、土尔扈特四部。四部之间结成松散的联盟。和硕特部的首领顾实汗占据青海草原时，西藏喇嘛教内部，正在进行红教与黄教的纷争。西藏统治者藏巴汗支持红教派，肆意地摧残黄教派。黄教派向顾实汗求救，顾实汗率铁骑进发拉萨，击败藏巴汗。为表示自己尊崇黄教，支持黄教派的首领达赖与班禅喇嘛，顾实汗亲自向班禅求法受戒，皈依黄教。为确立黄教在藏传佛教中的领导地位，顾实汗等希望得到中原王朝的认可，他们似乎已预测到"清"将代"明"，于是主动与清廷联系。顾实汗于崇德六年（1641年）向皇太极称臣，归顺大清。皇太极也派人去见达赖喇嘛，希望他们派高僧到大清传教。五世达赖于是派出使者，双方联系逐渐频繁。这样便有了达赖喇嘛愿意为清廷宣抚漠北蒙古的基础。

多尔衮摄政时，清廷也曾专门派人到西藏问候达赖、班禅，并请达赖赴京。

顺治刚刚亲政时，作为幕后主政人，无论从政治角度还是从个人信仰方面，孝庄更为重视黄教。在孝庄的督促下，清廷于顺治八年（1651年）四月再次派人到西藏敦请五世达赖到北京与皇帝会晤。五世达赖接受了敦请。

次年三月，五世达赖率藏官侍从三千人，起程赴京。清廷对此极其重视。达赖一行抵达青海境内时，顺治帝特遣内务府大臣前往欢迎。顺治甚至打算亲自到边外接见达赖。

九月，顺治召集满汉大臣，就如何接待达赖一行进行商议。顺治传下圣旨，称，"太宗皇帝时，尚有喀尔喀蒙古未曾臣服，太宗皇帝以外藩蒙古惟喇嘛之言是听，因此召请达赖喇嘛。可惜的是，使者尚未到达，太宗皇帝便晏驾了。后睿王多尔衮摄政时，往请达赖喇嘛。达赖许诺在辰年前来。等朕亲政后，再次召请，达赖喇嘛马上启行前来，从者三千人。现在，朕打算亲自到边外迎接。外藩蒙古贝子如有想见喇嘛者，也令在边外相见。你们认为如何？"

对此，满汉大臣分成两种意见。满族大臣普遍认为：皇上如果亲自迎接，喀尔喀必定会跟从达赖喇嘛归顺我朝，这是大有裨益的事。而且，既然邀请了对方，如果不去迎接，恐于理未当。我以礼敬喇嘛但不入喇嘛之教，也不会有什么妨害。汉族大臣则反对皇帝亲自到边外迎接，认为：皇上为天下国家之主，不应当往迎喇嘛。如果以特请缘故，可在诸王、大臣中派遣一人代皇上迎接，这也算敬喇嘛了，不为失礼。

顺治起初接受满族大臣的意见，谕告达赖喇嘛，皇帝将亲自到边外代噶地方（内蒙凉城）迎接。达赖喇嘛得到消息，马上回奏，表达"不胜欢忭"之情，"自当兼程而进"。

可是，没几天，就在顺治帝打算起程的时候，汉大臣洪承畴、陈之遴上奏，以天象不宜外行加以劝阻。

什么是"天象"？大凡看过《三国演义》的人，必定记得，诸葛亮常常在夜晚观测天上星星的变化，预测人间大事。洪承畴等人就是继承着这一传统。

洪承畴、陈之遴的上奏原文为，"臣等阅钦天监奏云，昨太白星与日争光，流星入紫微宫。窃思日者人君之象，太白敢于争明，紫微宫者，人君之位。流星敢于突入，上天垂象，诚宜警惕。且今年南方苦旱，北方苦涝，岁饥寇警，处处入告。宗社重大，非圣躬远幸之时，虽百神呵护，六军扈从，自无他虞，然边外不如宫中为固，游幸不若静息为安。达赖喇嘛自远方来，遣一大臣迎接，已足见优待之意，亦可服蒙古之心，又何劳圣驾亲往为也。天道深远，固非臣等所能测度，但乘舆将驾而星变适彰，此诚上苍仁爱陛下之意，不可不深思而省戒也。"

此奏虽然玄虚，但却很强烈地打动了已痴迷汉文化的顺治帝。孝庄太后在这样的奏言面前，也立刻改变了原来的态度。于是，顺治马上下旨："此奏甚是，朕行即停止。"然后，他命令和硕承泽亲王硕塞等前去迎接达赖喇嘛，并向达赖喇嘛解释："前者朕降谕欲亲往迎迓。近以盗贼间发，羽檄时闻，国家重务，难以轻置，是以不能前往，特遣和硕承泽亲王及内大臣代迎。"达赖喇嘛对此表示理解。

十二月十六日，达赖喇嘛到达北京。顺治皇帝亲自到南苑接见，赐坐、赐宴，非常隆重。达赖喇嘛献上马匹、方物，顺治帝予以接纳。

隔几天，到了顺治十年正月，顺治帝特在太和殿为达赖喇嘛设宴，以最隆重的礼节最高的规格款待达赖喇嘛，并赏赐黄金六百五十两，白银一万一千两，大缎一千匹以及其他众多的珠宝、玉器、鞍马等。此后，皇帝与王公大臣们依次设宴款待达赖喇嘛一行。

孝庄太后是否接见过达赖喇嘛，正史中未曾记载。但以情理推测，

孝庄必定私下接见过达赖。

二月，当达赖喇嘛返回时，顺治帝又特在太和殿赐宴饯行，并且命和硕承亲王硕塞偕固山贝子顾尔玛洪、吴达海率八旗官兵送达赖至代噶地区。又命和硕郑亲王济尔哈朗、礼部尚书觉罗郎球在清河为达赖饯行。

当年四月，顺治帝派遣礼部尚书觉罗郎球、理藩院侍郎席达理等，前往代噶地方送达赖喇嘛金册、金印，册封达赖喇嘛为"西天大善自在佛所领天下释教普通瓦亦喇怛喇达赖喇嘛"。此举意义重大，象征着清王朝与达赖确立了统属关系。此后，西藏每代达赖喇嘛转世，必经清朝中央政府册封，成为定制。

宗教的力量是巨大的，达赖喇嘛接受清廷册封后，疆域辽阔的漠西蒙古、漠北蒙古也真正地成为大清的一部分，接受清廷的统治。

六、尊汤若望为义父

公元1592年5月1日（明万历二十年三月二十日），汤若望出生在莱茵河畔德国科隆市的一个贵族家庭，姓名全称为：约翰·亚当·沙尔·冯·白尔（Johann Adam Schall Von Bell），"白尔"是家族的姓氏，"冯"是贵族的标志，"沙尔"则是祖上得到的尊号，在德文中的含义是"忠勇"。由于不愿炫耀家世背景，在与人交往中仅自称"约翰·亚当"。约翰·亚当自幼受教于教会学校，并成为一名传教士。"亚当"的音译缩读为"汤"，"若望"即约翰的译音。当约翰·亚当到中国传教后，就按照中国人的习惯自称为"汤若望"。

1611年，汤若望加入了耶稣会。1620年初，汤若望来到了中国的澳门，曾在当地学习过中国的典籍和礼俗，于1629年来到了北京，不久又于1630年奉命去西安传教。与当时其他来华的传教士一样，他也懂得利用自己学过的西方先进的科技知识来与当地的统治者加强联系。这方面的最大成果就是他帮助明朝和清朝修订了历法。

中国是个农业国，播种、收获等都同节气有着密切的关系，自夏商周三代以来，统治者对"修历"就非常重视，特别强调"天意"与"人事"的和谐、统一。

中国的历书并非简单的记时，还包括朔望、节气以及日月星辰在天体中的位置与运动。为了体现天道与人事的和谐，统治者需要一份准确无误的历书，以表明自己受命于天。一旦历书上关于天象的预测与实际情况不符，就被看作"天象示警"。因而历朝历代都非常重视对历书的修订，以期与天象符合。

但历法的不断完善，是有赖于自然科学整体水平的提高，而这恰恰是以儒学为主体的传统文化不能做到的。

明代所实行的"大统历"是在元代"授时历"的基础上制定的。我们知道，这个"授时历"每年要比现行公历差26秒，三百年下来就是2小时10分12秒。因此，自从大明成化年以后，行用多年的"大统历"误差渐大，钦天监所预报的天象，尤其是日月食屡屡失验。在用中国传统方法与西方方法预报日月食，几经校验比较之后，崇祯皇帝任用徐光启重新编订新的《崇祯历书》。

根据《徐光启集·修改历法请访用汤若望罗雅谷疏》记载，1629年10月，徐光启招请了龙华民、邓玉函二人参与《崇祯历书》的开局修撰工作。但中国耶稣会总会长龙华民教务繁冗，很快退出了历局的工作。而邓玉函则于1630年逝世。于是徐光启不得不再招请另两位会士以继任其事，他于1630年6月的奏疏中推荐了汤若望和罗雅谷二人。

根据《徐光启集·治历已有成模恳祈恩叙疏》记载，汤若望、罗雅谷二人到局之后，编撰工作主要由他们两人承担。历局中的其余中方成员则由汤若望、罗雅谷二人加以培训，从事辅助性工作。1633年冬，徐光启因上疏陈奏历局工作人员之专长、功劳及升赏之建议，其中首叙汤若望、罗雅谷："撰译书表，制造仪器，算测交食躔度，讲教监局官生，数年呕心沥血，几于颖秃舌焦，功应首叙；但远臣辈守素学道，不愿官职，劳无可酬，唯有量给无碍田房，以为安身养赡之地……"

此后，徐光启病逝，李天经继之主持历局，萧规曹随，于1634年完成了这部长达137卷的长篇巨著《崇祯历书》。

《崇祯历书》完成后，虽迟迟未能正式颁布天下，但在明亡之前早已有木版刊刻印刷。根据徐宗泽的《中国天主教传教史概论》记载，当清军进入北京城时，这些版片正存放于汤若望所居之天主堂内。后来汤若望增删改订而成《西洋新法历书》，刊行时在很大程度上利用了这些版片。故《西洋新法历书》版本中所见的署名情况，仍可反映当时《崇祯历书》各作者在此书中的地位与贡献。以前有的论述将汤若望诋为"贪他人之功据为己有",显然是缺乏事实根据的。

徐宗泽曾披览《西洋新法历书》版本多种,根据他在《明清间耶稣会士译著提要》中的记述,多数部分的署名为徐光启、汤若望与罗雅谷(不计后面的辅助人员名单)。

又根据王重民的《中国善本书提要》记载,王重民所见的美国国会图书馆所藏的 90 卷本《西洋新法历书》善本各部分前皆有作者署名,称"著""撰""述""订""删定"等。此书共包括著作 27 种,其中《远镜说》没有署名,《学历小辩》署"历局与魏文魁辩论文稿",又缺《新历晓惑》一种,而此三种皆为汤若望所撰。据此,可对《西洋新法历书》二十八种著作之作者署名情况统计如下:归于汤若望一人名下者七种;汤"撰"而他人"订"者六种;他人"撰"而汤"订"者十种;汤与他人同撰者一种;与汤若望无涉者仅四种。

因此,即使考虑到《西洋新法历书》中有数种为汤若望所新增,汤若望也无疑是《崇祯历书》中两个最重要的撰者之一。

此外,1626 年,汤若望还在中国学者李祖白的协助下撰写了《远镜说》一书。此书是汤若望根据 1616 年德国法兰克福出版社出版的赛都利的著作编译而成的。这本书对伽利略望远镜的制作原理、功能、结构、使用方法都做了详尽的说明,通篇条理清楚、浅显易懂、图文并茂。这是中国出版的最早的一部介绍西方光学理论和望远镜技术的启蒙著作。

为帮助中国开采矿藏以加强国家储备,汤若望在历局期间,还同中国学者合作翻译了德国矿冶学家阿格里科拉(Georgius Agricola)于 1550 年撰写的论述 16 世纪欧洲开采、冶金技术的巨著《矿冶金书》(Dere Metallica Libri Xll)一书,中译本定名为《坤舆格致》。此书编成后,汤若望进呈给朝廷,崇祯皇帝御批:"发下《坤舆格致》全书,着地方官相酌地形,便宜采取。"

不过,因战事已紧,明王朝迅速崩溃,已无人有暇过问《坤舆格致》的命运。因此该书未被刊行,后来也便在明末清初纷繁的战事中遗失了。

1644 年 5 月,清军进入北京。汤若望开始和清王朝的实际掌权人摄政王多尔衮打交道。在汤若望与多尔衮打交道的过程中,下面的两件事最能典型地显示出汤若望的勇敢机智。

第一，汤若望留任北京。

1644年，清兵入主北京。摄政王多尔衮下达严令："内城居民，限三日内。尽行迁居外城，以便旗兵居住。"

按照多尔衮的命令，八旗兵到处圈地、赶人。连汤若望所躲避的宣武门内天主堂都被征用了，不仅人被赶出来，而且还被八旗兵们命令里头的东西也必须在三天内搬出去，否则就要动家伙了！

汤若望为此冒险向清廷上疏，称，"曾奉前朝故皇帝今修历法，著有历书多轶，付上镌版，尚未完竣，而版片已堆积累累。并堂中供像礼器、传教所用经典、修历应用书籍并测量天象各种仪器，件数甚夥。若一并迁于外城，不但三日限内不能悉数搬尽，且必难免损坏，修正既非容易，购买又非可随时寄来。"因而他恳请"仍居原寓，照旧虔修"。

多尔衮正好看到汤若望的条陈，出于种种考虑便特地下命令允许汤若望等可以照常使用教堂，八旗兵不得干扰。

这样一来一去，汤若望不但保住了教堂，还和新王朝的上层建立起了关系。之后他多次奉召进觐新的统治者，向他们介绍自己修订的新历法的优点，不但进献了世界地图和浑天仪、望远镜等"新奇物件"，还用西洋新法准确预测了1644年9月1日日食的详细过程。通过他不懈的努力，多尔衮终于决定将汤若望的新历法颁行天下，他本人也被任命为钦天监监正（五品官）。

新王朝想要借助新修订的历法来证明自己也是"奉天承运"，而身为传教士的汤若望等人则想借着取悦新的统治者来扩大自己的影响力，结果是双方各有所图而一拍即合。

第二，阻止多尔衮建立新城。

清军入关后，多尔衮大权在握，开始觊觎皇位，正像《清世祖实录》中多尔衮对亲信所说的那样："若以我为君，以今上为储，我何以有此病症？"

根据魏特的《汤若望传》记载，多尔衮为了实现逼宫，着手下令建立新城，准备将来把废黜的顺治皇帝囚禁在那里。为建筑新城，"国库中一切钱财俱被搜掘"，甚至对民间加派田赋。面对摄政王的淫威，满朝文武、皇亲国戚没有一个人敢说"不"字，只有汤若望以"天象示警"奏请停止这一工程。从而使得迫在眉睫的逼宫危机暂时缓解。而这一缓解，也就使顺治皇帝熬到了多尔衮于1650年12月31日死在喀喇城，迎来了亲政。

顺治皇帝亲政之后，大学士范文程引见汤若望给顺治皇帝。根据恩斯特·斯托莫的《通玄教师汤若望》记载，汤若望"天象示警"的奏请赢得少年天子的好感。

据说多尔衮曾试图不惜财力为顺治建一座新城，以此将顺治变相囚禁起来。对于这一狂妄的举措，满朝文武无人敢赘一词，只有汤若望公开进劝，指出"因天象与各地方不顺利的情形，应即停止新城阙之建筑工作"。多尔衮开始非常愤怒，但后来竟然接受了汤若望的建议。对此，顺治皇帝了然于心。顺治亲政后，有一次曾非常感激地在朝臣们面前提及汤若望，认为汤若望使他注意到他的皇叔的专权跋扈，而且预言了皇叔的早死。

顺治八年（1651年）三月，汤若望还因为一件偶然的事件，成为孝庄极为敬重的人物。

一天，汤若望的馆舍里突然来了三位满族妇女。她们声称，自己是汤若望所认识的一位亲王的眷属。她们府邸中的郡主患上重病。郡主的母亲不相信医士，希望听一听汤若望的高见。接着，三位满族妇女将郡主的病症详细地告诉了汤若望。汤若望听后，说："按照你们所说的情况，郡主的病症并不严重。"说着，他将一面圣牌交给了三位妇女，叮嘱她们，"只要郡主将这一圣物挂在胸前，她的病体将在四天之内痊愈。"

说也奇怪，汤若望的话竟然灵验了。五天后，三位妇女再次来到汤若望的府邸，并送来大批钱财，作为对汤若望的酬谢。汤若望不愿意接受财物。三位妇女于是将带来的钱全部捐助了教会。又过了数日，一位蒙古妇女携带一使女来见汤若望，并送上更多的钱财，让汤若望购置蜜蜡及其他作神事的物品。蒙古妇女告诉汤若望：她的女主人就是皇帝的母亲，即孝庄太后。那位患病的"郡主"其实是皇帝的未婚妻博尔济吉特氏。此时，顺治还未举行大婚，博尔济吉特氏由姑妈孝庄照管。

这位蒙古妇女多半是苏麻喇姑，她郑重地对汤若望说："皇太后将亲自前来拜访，并以父执敬礼。"不久，汤若望还成功地为孝庄治好了病。

孝庄尊汤若望为义父。而顺治皇帝先是授予汤若望"通玄教师"的尊称，后又称汤若望为"玛法"。"玛法"的意思就是"爷爷"。

汤若望的官职不断高升，最终成为正一品大员。

汤若望渊博的知识为顺治开启了一扇宝库的大门，顺治一度沉迷于此，贪婪地吸收着其中的新鲜营养。他经常在晚上召汤若望进宫，听其讲伦理道德、治国之策、西洋科技乃至基督教义，二人常谈至深夜。有时候，顺治还会驾临汤若望的教堂（即南堂），与汤若望进行长时间的交流。向汤若望品德高尚，不贪图荣华富贵，更得到顺治无比的尊重，称："玛法为人无比，他人不爱我，惟因利禄而仕，时常求恩。朕常命玛法乞恩，彼仅以宠眷自足，此所谓不爱利禄而爱君亲者矣。"顺治对汤若望的尊敬甚至达到历史上"未知其闻"的程度，"欢洽有如家人父子"。

《汤若望传》中记载："这位皇帝充满了信仰与敬爱，向他的这位'父师'仰视着……在他们时常会聚的时间里，聪明的、求知若渴的皇帝学子，要求汤若望对于一切可能事件的解答，譬如日食与月食之原理，彗星或流星等问题，再就是物理的问题，和关于这一位或那一位官员的问题，或行政的问题，或钦天监下级生员有无进步的问题。……即便在国家大典朝会时，皇帝坐于宝座上，汤若望亦不得不走上丹墀，直接坐于宝座之前的坐垫上。甚至他曾多次被召入皇帝寝殿。当皇帝晚间已躺在床上将要安息时，命他的玛法坐于自己床的旁边，汤若望便屈身向床上，与青年的皇帝谈话。"

"皇帝有时仅只为数位侍童所扈从，有时竟带领一大批，为数竟达六百名之扈驾骑兵，亲临汤若望住宅，访问汤若望。扈从兵马在大街上围护守候，皇帝则独自同汤若望坐于室内，或穿房越屋，在宅内到处走动，或令汤若望进饮食，自己随便取用。1656和1657两年间，皇帝竟有二十四次，临访汤若望于馆舍之中，作较长之晤谈。皇帝亲临民宅，这是非常稀少的事情，况且在这两年之中，除临访汤若望之外，他仅有一次出宫拜访一位皇叔于其府邸之中。他在汤若望馆舍中的行动，完全和到了他的朋友的家里一样。有时他来时是先到教堂中去的，有时他并不令人通知，一直走入汤若望的住室中……"

汤若望将传教作为来中国的首要任务。他试图将顺治变为一位虔诚的基督教徒，但中国毕竟是佛、儒、道三教的兴盛之所，即便顺治有意洗礼，封建政权也不允许他这么做。但是，由于汤若望特殊的地位以及他与皇帝的特殊关系，大批的天主教士得以涌入中国，自由而广泛地传播他们的信仰。

汤若望在孝庄心目中也占据重要的位置。在汤若望的影响下，堂堂的孝庄太后竟然在胸前挂上了十字圣牌，有人见后惊怪，而孝庄却引以为荣。孝庄与汤若望还曾心照不宣地合作，共同引导顺治皇帝向好的方面发展。

例如，针对顺治皇帝的火暴脾气，汤若望敢于不顾一切，予以规劝。针对顺治皇帝的强烈性欲，汤若望也勇于适时地提醒，引导顺治走应该走的路。有一次，汤若望劝顺治不要淫乐，顺治开始还强言护短，后来平静下来问汤若望："玛法，哪一种罪过是较大的，是吝啬还是淫乐呢？"汤若望回答："是淫乐，尤其在地位高的人们，因为这是一种恶劣的榜样，所引起的祸害要更多，更大。况且在这两种罪恶中，淫乐也是更危险的。"顺治略一思索之后，点头默认。

除面谈之外，汤若望前后向顺治呈递三百余封奏折，多数谏言得到采纳。

汤若望的德行才干同样得到朝臣们的认可，范文程与之十分亲近。事实上，汤若望第一次见到顺治帝，便是由于范文程的引见。汉族大臣龚鼎孳则这样评价汤若望："睹时政之得失，必手书以密陈。于凡修身事天，展亲笃旧，恤兵勤民，用贤纳谏，下宽大之令，慎刑狱之威，盘固人心，镞厉士气，随时匡建，知无不言。"

顺治皇帝曾对汤若望言听计从，即便后来迷恋佛教，他对汤若望仍然非常敬重。

在清初的政坛，汤若望是一位不能不提的特殊人物。

1654年顺治皇帝按照汤若望的请求，把靠近利玛窦墓地西部的一地产赐给汤若望作墓地。1660年，耶稣会传教士、德国人汤若望在顺治赐予他的茔地上建立了一座圣母小教堂。

第十章　母子冲突

顺治帝亲政后不久，孝庄太后就谆谆教导说："为天子者处于至尊，诚为不易，上承祖宗功德，益廓鸿图；下能兢兢业业，经国理民，斯可为天下主。民者国之本，治民必简任贤才，治国必亲忠远佞，用人必出于灼见真知，莅政必加以详审刚断，赏罚必得其平，服用必合乎则，毋作奢靡，务图远大，勤学好问，惩忿戒嬉，倘专事逸豫，则大业由此替矣！凡几务至前，必综理勿倦。诚守此言，岂惟福泽及于万世，亦人孝之本也。"

其中的"惩忿戒嬉"是就福临的性格而言的，真可谓知子莫若母，一句话就说到了他的病根。

福临胸怀大志，富于进取精神，但同时他也存在着浮躁易怒、任性放纵的顽症。除了孝庄太后深知他忿嬉无持之外，后来高僧木陈忞说他"龙性难撄"，茚溪森也说他"生平性躁"，可见这些人对他的看法基本上是一致的。关于这一点，其事例很多。

本来从努尔哈赤开始，清后宫有一条规矩，不以汉人充当宫女。但在太监的影响下，福临追求声色，耽于逸乐，开始选收汉人做宫女。顺治十二年福临竟派太监赴江南采买女子，弄得大江南北人心惶恐不安，为避免灾祸临头，民间纷纷嫁女，一时之间"喧阗道路"，直闹得鸡飞狗跳。七月初三日兵科右给事中季开生，就此事特上疏谏阻。福临览奏后非常气愤，他强辩说，使者是采买乾清宫的陈设器皿，根本就没有买女子之事。以下之言，便是他反复为自己辩解的话："太祖、太宗制度，宫中从无汉女。且朕素奉皇太后慈训，岂敢妄行。即天下太平之后尚且不为，何况今日？""朕虽不德，每思效法贤圣之主，朝夕焦劳，屡次下诏求言，上书禁勿称圣，惟恐所行有失，若买女子入宫成何如主耶？"并严厉斥责季开生不"言国家正务实事"，以"茫无的据之事""妄捏渎奏，肆诬诂直，甚属可恶"。遂将季开生革职，从重议罪。七月十八日，季开生被杖一百，流放尚阳堡。

像季开生这样真心为大清、为皇帝着想而被惩罚、被流放的言官何止一人。事后，顺治帝也怕因此而堵塞言路，而一再求言。

顺治十五年五月，御史李森先上奏说，皇上屡下求言之诏，而大小臣工犹然迟回观望的原因在于："从前言事诸臣一经惩创则流徙永锢，遂相率以言为戒耳。"他建议要广开言路，首先应将因建言被流放的李吉祥、季开生等予以恩赦。可是下诏求言容易，一旦真遇到一些实质问题，尤其是涉及自己的问题，福临便不能制怒止忿，发起火来。他斥责李森先"明系市恩徇情"，"着吏部从重议处"。于是，李森先又险些遭到流放。

福临刚愎急躁，对一切冒犯其尊严或不顺心者，动辄惩处。顺治十二年八月，国史院检讨孙自式目睹吏治败坏的现实，上疏自请为本县县令，但这请求违背了居官应回避乡里的原则。对此，本来加以训诫不准即可，而福临却采取了人们意想不到的举动，"诏赐牛黄丸归里养疾"，开了一个令人啼笑皆非的玩笑。如果说这种任性而为还算"谑而不虐，或者犹有童心"，而其对大学士兼刑部尚书图海的处理则纯属滥施专制淫威了。顺治十六年闰三月，福临突谕吏部，"图海向经简用内阁，期其恪恭赞理，克副委任。乃不肯虚公存心，凡事每多专擅。无论朕所见未见之处，恣肆多端，即在朕前议论，往往谬妄执拗，务求己胜……如阿拉那一案，问理不公，是非颠倒，情弊显然"，"负恩溺职，殊为可恶"。于是将其革职，家产籍没。阿拉那是二等侍卫，因被讦告抽刀击人，经兵、刑两部审理定罪，最后奏请福临批准执行，此案已经结束，且与图海无关。福临任意扯来，借无端之题发挥，显然是因图海在其面前"务求己胜"而大为恼火。

福临的任性而为还表现在该惩而不惩。顺治十二年他已严令不准太监干政，并立十三衙门铁牌，禁令昭昭，"以后但有犯法干政，窃权纳贿，嘱托内外衙门，交结满汉官员，越分擅奏外事，上言官吏贤否者，即行凌迟处死，定不姑贷。"但在顺治十五年二月，相隔仅两三年，就发生了"内监吴良辅等勾结内外官员人等"，"作弊纳贿，罪状显著"之事，如按十三衙门铁牌敕谕应"即行凌迟处死"。但到了此时，福临却另有一番说辞，"若俱按迹穷究，犯罪株连者甚多，故从宽一概免究"，"自今以后，务须痛改前非，各供厥职"。俨然而昭昭的十三衙门铁牌禁令，在福临的任意而行中成了一纸空文。

其实，福临的这番话仅仅适用于太监吴良辅，对于吴良辅勾结的朝中各官却严加惩处。如大学士陈之遴被革职，其父母兄弟妻子流徙盛京；陈维新并父母兄弟妻子流徙盛京，家产籍没；吴唯华等人各责四十板，其父母兄弟妻子流徙宁古塔，家产籍没。而宫中的太监们，尤其是吴良辅却从宽免究，安然无恙。这显然是由于福临格外偏爱太监吴良辅，又喜欢由着自己的好恶而行，以致不惜自坏章法。

特别是顺治十六年七月的时候，福临的逞忿和任性，亦即他的火爆脾气和放纵自己，达到了高峰。

北京的七月，正是盛夏，进入了一年中最为燥热的时候。太阳才刚刚出来，空气热得像着了火。天灰蒙蒙的，大街上的青石板泛着白光，道旁槐树叶、柳树叶开始打卷，时不时地见卧在树下的狗，伸长舌头喘气。

一匹驿马飞快地从街上驰过，刮起了一阵旋风，扬起迷眼的尘土。树叶随之飘动了起来，有只黑狗也吓得狂叫着跑回院子里。

驿马急奔正阳门，跑到离城门还有很远的地方，驿卒便扯起嗓子高喊着："江南四百里加急！江南四百里加急！"

喊着、喊着，又扬起手中上奏的本章。守城的兵丁哪里敢阻拦，慌忙闪到了两边，那匹快马冲入大清门直奔兵部而去。

兵部衙门内一片死气沉沉，整个衙门热得像个砖窑，兵部尚书蒙古的固山额真明安达礼正在看一本奏折，热得满头大汗，身后两名侍从正忙着用芭蕉扇为他扇风。

"报尚书大人，江南四百里加急！"

报完后，那个驿卒便一头栽倒在公堂之上，他浑身早已湿透，手里紧紧捏着一本奏章，上面插着两根羽毛。

明安达礼听后猛然一惊，忙道，"快呈上来！"

早有仆隶将驿卒扶出冲凉、休息，明安达礼尚书看了奏折，身上的汗早干了，背上直冒凉气，抖动着嘴唇道，"快，快备轿入宫面圣！"

顺治也正在乾清宫批奏折，旁有几位宫女为他扇凉。

"皇上，大事不好了！"刚进得宫来，离御座还隔着老远，那尚书便高叫起来，同时伏身于地，双手捧着一本奏折。

"有何大不了之事，让尚书如此惊慌？"顺治话中颇有不满之意。

"启奏皇上，江南四百里加急奏章。"

顺治从太监手中接过来展开一看，不禁大吃一惊，只见上面写道："臣两江总督启奏陛下：南明唐王余孽郑成功部，长期占据金门，以海为凭，作乱犯上，久剿未灭，今郑以'招讨大元帅'之名，以张煌言为监军，统率十七万水陆大军，自沿海挥师北上，现已进入长江口，请陛下火速派兵围剿。"

顺治把奏折又看了一遍，然后望着侍立一旁的明安达礼，怒声问："此事为何以前没有奏章，难道十七万匪寇是一夜之间从海水中冒出来的吗？"

明安达礼欲言又止了好一会儿，最后才十分为难地道："皇上，福建总督曾上奏，请求朝廷拨款以安置厦门等地的渔民内迁，因国库吃紧，圣批：缓办。后来，浙江总督上奏，请求增兵围剿，可还是缓办。"

顺治无言。连年的战乱，民生凋敝，哪里来那么多的银子呢？各地又拖欠税粮，就连富庶的江浙，也欠朝廷大量的税银。

"尚书大人，你速召兵部要员商讨对策，快快奏来。"

明安达礼见皇上似乎对此紧急军情并不十分放在心上，好像觉得前方的将领们有虚报的成分。他不敢怠慢，马上入宫请求拜见太后。

孝庄太后正一心念佛，苏麻喇近前低声道："太后，兵部尚书明安大人求见。"

木鱼声应声而止，太后回过脸来道："有请。"

孝庄太后知道朝廷有大事了。因为明安达礼是蒙古的固山额真，他没有大事是不会轻易来见太后的。

明安达礼俯伏在地道："启奏太后，南方有重大军情，请太后定夺。"

孝庄太后微微一笑，"明安大人，皇上已经亲政多年，一切大事均由皇上裁决，何况军机大事呢？你该知道，哀家早已退居后宫了。"

明安达礼忙道："太后，微臣担心皇上对江南贼寇不够重视，这才又请太后定夺。"

孝庄太后猛然一惊道："此言何意，江南军情如何？快快讲来。"

"太后，南明唐王余孽郑成功部已率十七万大军北上临安，皇上仍让兵部议奏。微臣怕误了大事，才来求见太后。"

"明安大人速与岳亲王商议，速呈议政大臣会议。"孝庄太后急急地吩咐道。

第二天,江南又来六百里加急,称郑成功已至吴县。一时之间,朝廷如临大敌,顺治当即召集议政大臣会议。会上,众王公大臣面面相觑,不知如何是好。

奏章如雪片般一道道地飞入皇宫,四百里加急、六百里加急,相继而至。

就在顺治召集大臣们商讨对策的时候,郑成功早已率大军溯江而上,接连攻克了瓜洲、镇江等二十四县,围逼南京。江南父老争相走出家门,持酒肉犒师,扶杖挂香凝望前明衣冠,不禁涕泪横流,以为十五年来所仅见之王师。江淮之地为之震动,大有举国奋起、驱除鞑虏之势。

消息传到北京,顺治正在主持议政大臣会议,六百里加急直送乾清宫西暖阁。顺治展开一看,当即面色苍白,浑身抖动不已,一时间竟不知如何是好,惊慌道:"安亲王,看来江南形势十分紧急,郑匪若沿运河北上,不日即可直达京师,朕以为应早做退守关外之准备。"

皇上此言一出,满殿的王公大臣人人悲愤不已,同时也来了劲头。

"皇上,中原乃我先辈浴血奋战而来,怎可轻言放弃呀,望皇上三思。"

"皇上,贼寇不过刚到镇江,只要朝廷速调兵遣将前往围剿,贼寇孤军深入,必不能作持久之战。我军宜以守为攻,时间一长,敌当不战自退。"

"皇上,微臣愿前往破敌。"

于是,西暖阁内人声嘈杂,乱作一团。顺治把奏章往案上使劲儿摔去,大怒道:"你们谁爱去谁去,吴良辅,准备巡幸盛京!"

说着,顺治怫然而去。众臣为之震撼,但圣意已决,谁敢再多言?就是敢,皇上也早已离去。

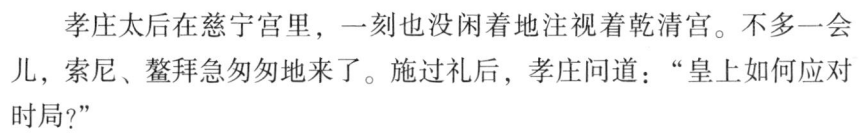

孝庄太后在慈宁宫里,一刻也没闲着地注视着乾清宫。不多一会儿,索尼、鳌拜急匆匆地来了。施过礼后,孝庄问道:"皇上如何应对时局?"

"皇上准备巡幸盛京。"

"什么?!"孝庄太后惊诧不已,大敌当前,皇上却要巡幸关外,这岂不是要逃跑吗?

"你等身为议政大臣,为何不劝谏皇上?"太后生气地看着二人。

鳌拜性情暴烈,愤然而言:"众王公大臣都不愿出关,但皇上先不听众臣所言,后拂袖而去不给大家说话的机会,如何劝谏?"

索尼见太后又看着自己,忙点头道:"鳌大人说的全是实情,而今皇上似乎已吓得惊慌失措,进退无据了。"

孝庄太后听了倒抽一口凉气,一时气得说不出话来。这几年儿子长大了,自己也就不再过问政事了,谁成想他个子长高了胆子却变小了。

"你们切切不可惊慌,告诉安亲王、和硕亲王,不得轻举妄动,马上计议退兵之策,哀家去乾清宫自有道理。"

孝庄太后吩咐完,即急急赶往乾清宫。刚入宫,便见许多宫女、太监出出进进,忙忙碌碌的。到了里面,见顺治正有气无力地斜靠在榻上,吴良辅在一旁正忙着指挥人收拾东西。

随着"太后驾到"的一声高喊,乾清宫的忙乱一下子停了下来,宫女、太监纷纷跪在地上。

顺治见母后亲临内室,忙起身迎接:"母后怎么来了,不知所为何事?"

孝庄十分镇定,坐在殿内御椅之上,看看福临那副狼狈相,扫一眼殿内狼藉之状,极力压住怒火,问道:"皇上,你这是要干什么?"

"回母后,儿臣要巡幸盛京。"顺治一脸的惊慌,不假思索地顺口说了出来。

"亏你说得出口!你明明知道,江南郑贼已围逼南京,我大清岌岌可危。作为一国之君,当前首要为稳定大局,运筹帷幄以退强敌,怎可巡幸盛京!"

顺治这会儿倒来了劲儿,也愤然地大声道:"郑贼占据瓜洲,进逼南京,以致江南纷乱、黄淮欲动,而西南贼寇也借机反扑,天下几有一半处于风雨飘摇之中。而朝廷内无可先行之粮草、可战之将,外无可将之兵,拿什么去打仗?若贼寇沿运河北上,可直逼京师,又如何迎战?何况,儿臣实在不忍心看军民涂炭、惨遭杀戮,甘愿出关自守,安居一方。"

孝庄没想到福临竟能口出如此之言,气得勃然变色,一拍御案怒斥道:"孽子,如此胆怯惧战、懦弱怕死,竟然要将祖宗血战得来的江山如此轻易放弃,还是爱新觉罗家族的子孙吗?别忘了,你是大清的皇帝,是努尔哈赤的后代。当年英明汗以十三副铠甲起兵,尚且能统一女真,建立后金。你先皇统一蒙古各部,建立大清国。而你的皇叔、皇兄们挥师入关,定鼎中原、灭闯贼、剿南明、诛大西军,出生入死、血洒疆场,才有今日的局面。无数先烈用热血和生命换来的江山,你竟弃之如草芥,祖宗的勇武精神哪里去了?你的血脉里流的还是不是爱新觉罗氏的鲜血?"

好一顿义正词严的训斥,一时弄得福临不辨东西南北。在他的印象中,母后似乎一直和自己作对,从小就对自己没有感情,直至今天仍然逼着自己做不愿做的事。如今爱子夭折,爱妃卧床,亲生母亲还在身后立逼自己走上绝路,活在这世上还有何意趣?一位和尚说得不错,"人生如梦复如戏,生有何欢死何惧?"今天,我就要拼死让他们看看,自己的血脉里流淌的到底是什么血液!

顺治脸色铁青,猛蹿两步,拿下挂在墙上的宝剑,抽剑在后,不由分说地一剑砍向旁边正在收拾东西的宫女,大吼一声:"滚!全都滚出去。朕不巡幸了,朕要御驾亲征,不能战胜郑贼,就战死江南,绝不给爱新觉罗氏丢脸!也让天下人看看,朕绝不是贪生怕死之人。"

那宫女哼都没敢哼一声,便倒在了血泊之中。众人大惊,太后更是惊呆了,她甚至怀疑儿子是不是疯了。孝庄骂儿子是想让他恢复理智,面对危局,但绝不是要让他亲征。于是,她的态度缓和了下来,尽量平静地说:"皇帝亲征乃一国之大事,岂能……"

没等太后说完,顺治猛地转过身来,两眼直瞪太后,躁怒地一摆手打断了她的话:"母后,请你不要再说什么,儿臣决不会变易此志!"说着说着,举剑奋力一挥,猛然劈向御座,一道寒光闪烁,"咔嚓"一声,御座被劈成了碎片。顺治用剑一指破碎的御座,大声断喝:"敢劝阻御驾亲征者,与此座同!"

说罢,旁若无人地拂袖扬长而去,留下满屋子吓呆了的太监、宫女,还有一位一时回不过神儿来的皇太后。

"来人,快把那宫女抬下去诊治!"孝庄太后无可奈何,在离开时还边走边道,"这福临一定是疯了。"

回到慈宁宫后,孝庄太后越想越怕:皇上亲征乃一国之大事,不到万不得已怎可轻言亲征?况且,皇上离京亲征是一大动作,还须立太子以监国谨防不测。另外,还要众多的文武大臣随驾,眼下军情紧急,事先没一点儿准备，如何亲征？现在皇上的心态如此紊乱不定、忿嬉无持，若率军亲征，不要说取胜了，就连他自己的安危也不能保证。她太了解自己的儿子了，让他去，什么事都可能发生，但不让他去又当如何做呢？

思前想后，孝庄太后的决断是："苏麻喇，快去知会索大人，以太后的名义召集和硕、安亲王、鳌拜、苏克萨哈、明安达礼等，速来宫中议事。"

不多时，众臣已齐集慈宁宫，孝庄端坐正中，众臣施礼后分坐两旁。太后扫视了一下众人，这些都是勋戚重臣，关键时刻是可以依赖的。

"各位臣工，哀家今日召你们入宫，乃因我大清正面临危局，这危局不仅在外，还在于内：皇上一时冲动，要御驾亲征，而亲征岂可儿戏？在座诸位都是大清之功臣，要肩负起事关大清生死存亡的责任，请各位谈谈应对当前局势的良策和具体办法。"

安亲王首先道："太后，眼下只能迎战而不可退避。虽然郑贼来势汹汹，但他孤军深入，犯了兵家之大忌，所以并不可怕。可怕的是我军的惧战情绪，两军阵前勇者胜，士气至关重要。"

"太对了，太后。眼下我大清没有退路，只要一退，将一发不可收拾，后果不堪设想。臣愿披坚执锐，前往迎敌。"鳌拜的大嗓门说道。

苏克萨哈生性耿直，同时也很持重，此时说道："太后，臣以为战是必战，但皇上不可亲征。御驾亲征不但要深思熟虑，还应周详准备方可出兵，但看眼下的敌情，已经来不及了。如果仓促亲征，不但胜负难料，还会动摇国本，万万不可！"

索尼附和道："太后，臣以为苏克萨哈大人所言极是。御驾亲征万不可行，因为皇上是一时激愤要亲征，到了两军阵前，若仍意气用事，定会酿成大祸。如前朝英宗听信王振谗言，轻率亲征，结果明军大败，全军覆没，英宗被俘。前车之鉴不可不防，请太后千万设法劝止皇上。"

孝庄太后苦笑道："诸位，谁愿去乾清宫劝谏？"

大家心里都清楚，皇上盛怒之下砍伤了一名宫女，还劈碎了御座。谁的脑袋也没那御座结实，谁会愿意落个与那御座同样的下场呢？

几位王公大臣散去，孝庄太后可犯难了：既要打仗，又不能让皇上亲征。看起来似乎挺容易，但国家的任何军令政令的发布均须经过皇上之手，可谁又能劝说皇上放弃亲征的念头呢？

从宫里到宫外，孝庄一个一个地想，到底哪一位能劝呢？忽然间她心里一亮，想到了一个人，"苏麻喇，快吩咐下去，即刻接皇上乳母李氏进宫。"

这李氏是福临的乳母，像许多皇子一样，福临一直由李氏带大，相依为命多少年，福临对李氏的感情超过了生母。现在，她住在顺治亲自拨银为她建造的宅第里，每年还有不少的赠予，李氏的子女也都在军中任职。

不多时，李氏便坐轿来到了慈宁宫，见了太后，忙跪地施礼不迭。

太后与李氏略事寒暄后即转入了正题，太后神情严肃地说道："李妹妹，今日请你入宫，是哀家有一事相求。"

"太后言重了，奴才哪里担得起一个'求'字，有事尽管吩咐。"

"皇上近日情绪不佳，闹着要御驾亲征，请你来就是为了劝阻皇上。"

这李氏似乎很有信心，站起身一拍胸脯道："太后，此事包在奴才身上。"

"先不要说得这么满，等劝得皇上回心转意了，哀家请你吃酒。"

第二天，李氏垂头丧气地来到了慈宁宫，一看她那表情，太后早已明白了结果。

送走了李氏，孝庄太后绝望了，她再也想不出合适的人选。

"太后，大事不好啦，皇上已下诏亲征，城里到处都贴出了皇帝亲征的布告。"内大臣索尼一路小跑地来了，跪地施礼后，边呼呼喘气边奏道。

"快，再把那几位大臣召来，哀家与他们好好商议一下。"

大殿内一片沉寂，每个人的神色都十分严肃，当前形势逼人，谁也想不出良策来。

孝庄太后一筹莫展，望着硕塞道："和硕亲王，你有办法劝阻皇上吗？"

"回皇额娘，儿臣已劝过皇上，圣意已决，无人可改。"

"回太后，臣也劝过皇上，也被驳回了。"安亲王岳乐也奏道。

这两位亲王劝阻无效，朝中已无人可谏了。

"太后，汤若望可劝谏皇上。"这是苏克萨哈，他耿直，什么话都

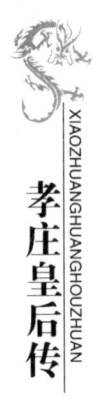

敢直说。

汤若望是德国传教士，曾深受顺治皇帝的敬意。孝庄太后不是没想到汤若望，但今非昔比了。皇上已开始信奉佛祖，对汤若望的宗教不再那么崇拜。汤若望觉得没能留住皇上的信仰，不愿再踏这块伤心之地，所以有几年不再入宫了。

汤若望会来吗？即使来了，皇上会听他的吗？但来了就比不来强，因为现在是一点儿办法也没有了，哪怕有万分之一的希望，也要尽量争取呀。孝庄太后就这样迟疑了好一会儿，最后道，"那好吧，也只有让他来试试了。索大人，由你去请汤大人入宫。"

"嗻！"索尼不敢怠慢，忙命人备轿而去。

过了一个多时辰，索尼回来奏道："回太后，汤若望说身体不适，无法行走，所以不便进宫。"

孝庄太后大失所望。她也料想会出现这样的情况，但她不愿放弃这最后的一丝希望。所以最后她说："诸位若真为我大清尽忠，可轮番前去请汤大人进宫。"

自此后的几天，汤若望的教堂前门庭若市，空前地热闹了起来，各位王爷、贝勒、文武大臣，如走马灯一般，一一轮番来请汤若望，真可谓车如水马如龙。但他们都满怀希望而来，扫兴而去。汤若望不愿做违背自己意愿之事，他也实在不愿再到宫中来，更何况，他也没有把握劝谏皇上，所以他不想让别人更失望。

孝庄太后在慈宁宫里默默地数着前去的人，差不多能去的全都去过了，但仍无一人请得动。于是，太后把索尼召来，从内室取出一只精巧的匣子，交给索尼："索大人，带着此物速去，亲手交给汤大人，什么话也别说。"

索尼不解，迟疑地看着自己手中的小匣子，不知里面装着什么样的宝物。

"去吧。"孝庄太后催促说。

当汤若望用颤抖的双手接过小匣子，止不住老泪盈眶。望着这匣子，便油然地想起他初次见到太后的情景，回忆起往昔难忘的岁月。他轻轻地打开匣子，里面是一个金灿灿的十字架，汤若望的脸上浮现出既幸福又悲伤又迷惑的神色。他呆呆地看了片刻，又轻轻合上。

索尼坐在回来的轿中，仍在疑惑不定，汤若望真的会进宫吗？

第二天，一位年近七旬的老人来至午门外，驼着背，脑后有一根全白的小辫，颔下的胡须也全白了，满脸的安详。侍卫都认得这位外国老人。

顺治正立在殿下看墙上挂着的一张地图，他愤愤地用手狠狠地戳了戳南京，又点了点瓜洲渡。

"启奏皇上，钦天监司监汤若望求见。"吴良辅赔着小心，在一旁低声禀道。

自从皇上决意亲征以来，只有两人得以传旨觐见，一个是安亲王，另外一个是和硕承泽亲王，但两人都没能劝住皇上。而其他的人求见，则一律拒之门外，所有劝谏的奏章，一概不看。吴良辅伴君十几年，可以说对皇上的禀性了如指掌，他知道现在这当口，喘气都要小心。

"快宣他觐见。"顺治只是稍稍迟疑了片刻，便发出了这一旨意。

吴良辅一时愣住了，当即又回过神儿来，急忙宣旨而去。

汤若望接旨后，缓步来到乾清宫内，走到皇上面前，吃力地俯伏在地呼道："臣汤若望叩见陛下！"

顺治抬眼一望，见汤若望正跪在地上，双手虔诚地捧着一本奏疏，一如他捧着十字架一样。旁边的吴良辅早已明白圣意，忙上前取过奏疏，双手捧给顺治。地上的汤若望又道："陛下，臣远涉重洋来到中国，得陛下恩宠多年，不愿有所见而不言，今天臣冒死劝陛下要以国家为重，不可使国家到了败坏的地步。"

汤若望的话语简单朴素，语气也和缓而平静，但却字字包含真情。一个离家万里的洋人，为了异国的利益而苦苦劝谏异国的皇帝，这即使在世界史上也是少见的，不能不让人感动。

待顺治看完奏疏，吴良辅就特别注意他的神色，只见顺治脸上表情安详，他默默地走上前去，亲自扶起汤若望，轻柔地说："玛法，朕不是早已免去你的一切大礼了吗？为何今日又要下跪？"

汤若望眼睛有些湿润，口中喃喃着："多谢陛下！"

顺治扶着汤若望坐在御榻旁，自己也坐了下来，对吴良辅道："传朕的旨意，立刻到四城布告以晓谕官民，皇上亲征已作罢论。"

究竟汤若望在奏疏里写些什么，竟能使顺治当即回心转意，现在已无从知晓。但汤若望肯定是下了很大的决心才入宫的，因为他不知道现在的皇上是否还信任自己，而犯颜直谏除了冒杀头的危险之外，更可怕的则是劝谏失败。顺治见了他之后，可能是被其真诚所打动，而心中的那份真情也还在。另外，顺治也有可能意识到自己一时冲动而与太后故意作对，于国于己有百害而无一利，所以就势转回头来。

从这一事例中，可以明显看出顺治的恣嬉无持，甚至逞忿纵嬉的顽症是多么厉害，而孝庄太后与他的冲突，于此也几乎达到了白热化的程度。

从整体看，顺治在治理国家方面显示出卓越的才干，令孝庄为之欣慰。然而，顺治的性格有点另类，常做一些莫名其妙的事情，使孝庄不得不时刻关注。当她得知《万古愁》竟在皇宫中弹唱，并成为皇帝非常喜爱的曲子时，她悬着的心不禁又紧了一下。

《万古愁》乃明代文人归有光曾孙归庄所著，既是一首愤世嫉俗的佳作，又是一篇怀念前明的反清诗文。此曲在民间私下里传播，不知怎的竟被顺治知道，他不但不生气，反而令乐工们演奏。诗文的前半部内容谈古，仿佛与当世无关，尽是些牢骚话。写着：

混沌元包，却被那老盘皇无端罗唣，生喇喇捏两丸金弹子，撮几粒碎琼瑶。云是鸟飞兔走，五岳也山号。并蛙几条儿螺虫路，挖半掌儿蛙岑道。黄河九曲来天上，江汉千支入海潮，弄这虚桍。

那老女娲断甚么柱天鳌？那老巢氏驾甚么避风巢？那不识字的老包羲画甚么偶和奇？那不知味的老神农尝甚么卉和草？更可恨那惹祸招非的老轩辕，弥天摆下鱼龙阵，匝地掀成虎豹韬，遂留下把万古杀人刀。

笑笑笑！笑那成天平地老唐尧，怎不把自己丹朱儿教导？笑笑笑！笑那封山浚水老虞姚，终日里咨益稷，拜皋陶，命伯禹，杀三苗，会玉帛，舞箫韶，到头来只博得湘江泪雨悲新竹，衡岳枯骸葬野蒿。试向九嶷山前听杜宇，一声声不如归去唱到晓。

可怜那崇伯子股无毛，转眼儿被寒家滑吏多头标，找一出没下梢的禁死南巢。那小子履真无道，听一个老耕夫把共主剿，并云三宗享国能长久，七圣风流难尽描。谁知道六百年梦一觉，冤家对，紧跟著。琼台万焰青磷冷，只首孤悬太白高，方信道因果昭昭。仗黄钺，阵云高，逞鹰扬，战血漂，谁知有同室鸱鸮，破斧兴谣，天显挥刀，只这些儿早被商家笑。纵有那薄伐南仲，清风尹吉岳降申甫，怎救得骊山一灿宗周燎！咸关半夜催书到，泗滨片刻沦神宝。试听那摇摇行迈《黍离》歌，依稀是渐渐麦秀狡童调。

笑笑笑！笑那喜弄笔的老尼山，把二百四十年死骷髅弄得七颠八倒。笑笑笑！笑那好斗口的老峰山，把五帝三皇束的宽头巾说得没头没脑。更有那骑青牛，谈玄妙，梦蝴蝶，汗漫逍遥。还提不起许多秦关楚峤，灵谭鬼笑，蛙鸣蝉躁，长言短调，大都是扯宽皮斩不了的葛藤，骗呆人弄猢狲的圈套。

如果单是这些内容，倒也无妨，不过是一文人伤古之作，牢骚之辞。殊不知，前面讲了这么多，只是一个铺垫，主题还在后面：

惟我那大明太祖定鼎早，收貔虎，礼贤豪，南征北讨，雾卷云消。将那个不见的山前山后洗刷得风清月皎，将那个极天险的龙盘虎踞妆足做东京西镐。正是那南冲瘴海标铜柱，北碎冰崖试宝刀。更喜得十七叶圣神孙子，一个个垂裳问道，食旰衣宵。

谁知有大孽牙风波闹？生几个剪毛，换几把短刀，不提防冲破了咸阳道。望秦川旄头正高，望燕台旗杆正摇，半霎儿把二百七十年旧神京踹做妖狐淖。

痛痛痛！痛的是十七载圣明天子横尸在长安道。痛痛痛！痛的是咏关雎颂徽音的圣母抛首在宫门，没有一个老宫娥私悲悼。痛痛痛！痛的是有圣德的东官砍做肉虾蟆。痛痛痛！痛的是无罪过的二王竟填了长城窑。痛痛痛！痛的是奉宝册的长信官只身儿陷在贼营杳。

恨的是左班官平日里受皇恩，沾封诰，乌纱罩首，金带围腰，今日里向贼庭稽颡得早。那如鬼如蜮的文人，狗苟蝇营，还怀着几句劝进表。那不争气的蠢公侯，如羊如豕，尽斩首在城东坳。那娇滴滴的处子，白日里恣淫嬲。俊翩翩的缙绅们，牵去做供奉龙阳科。更可恨九衢万姓悲无主，三殿千宫庆早朝，使万斩也难饶。

全曲酣畅淋漓，骂的是前明与南明不争气的臣子，痛的是朱元璋打下的汉人的江山竟被断送。字里行间充满了对前明的怀念，虽无反清字，但有反清意。而末了，却有隐遁山川的逃避思想。这样的词曲竟被清朝的皇帝喜欢，怎能不让人奇怪。

顺治喜欢《万古愁》这件事，很快悄悄地传出宫廷。许多人（包

括后来的一些史学家）搞不清楚，何以这一反清遗民所写的沉郁诡谲的具有《离骚》笔法的汉文精品，顺治皇帝不仅能看懂，而且产生深刻共鸣，真乃一大异事。而反清诗文竟堂而皇之地进入皇宫，汉人们无法理解，满人们更觉得匪夷所思。

在孝庄眼中，儿子精通汉文化自然是好事，有助于对汉人的统治。但顺治作为皇帝，一高兴就不计后果地率性而为，一痴迷某件事就不顾一切地去干，这样的人若去当一位不问世事的享福王爷还成，如当统治四方百姓的天子，就难免会惹出无穷的风波！更何况，孝庄也知道，使自己的儿子产生共鸣的正是词曲间处处可见的叛逆与怨恨，或许还有看破世事寄情山水的逃避思想。这才是政治家孝庄最担心的。

让孝庄揪心的第一件大事最终不期然地降临。

大婚后的三年中，顺治与皇后不断发生矛盾，最后竟闹到分道扬镳的地步。

顺治的新皇后是多尔衮生前所定。

多尔衮为了加强满蒙联盟，特地为皇帝挑选了蒙古王公的女儿为正妻。为了讨好孝庄太后，专门选择了孝庄的亲侄女——科尔沁卓礼克图亲王吴克善之女博尔济吉特氏。

顺治当时正因为多尔衮的悖乱行为而为自己的生命忧惧。因此，他对新皇后的人选根本不可能表示出任何的不满。

顺治六年（1649年），清廷特派皇帝的叔父八王阿济格前往科尔沁迎亲，不料却引来了一场麻烦，使这场婚姻从一开始便蒙上了不祥的预兆。

《汤若望传》中对此有详细的记载：

八王阿济格于1649年协带一大批人员赴蒙古行聘。他们路过山西大同。这大同城向来是以妇女美丽著名的。阿济格的随员们因此作出种种重大狂暴行动。他们抢劫民间妇女，甚至其中有一位正是在吉日迎娶过门的时期被抢劫的。这样一种未有前闻的罪恶，是人们认为不能不予以惩治报复的。当地军队的总司令官，同阿济格素常本有仇隙，竟完全站在了叛变的人民的一面，甚至蒙古人亦是表示同情于叛变的人民的方面。因有这一种情形，更加上施行新赋税所招惹民间的怨恨，就很容易发生北京和其他省份的人民将群起而叛变的危险了。

可是竟没有一个人敢向摄政王劝阻他这一种愚狂行动（多尔衮正在为顺治建造新城堡以囚禁顺治）的。汤若望竟敢决断，向这一位权威崇高的人物进劝，使他改变意向。他当然不能公开地向摄政王陈说，人民对于他这一计划怎样思想，因此他就不得不藉他的职权范围，以为进言的地步了。在他的一本奏疏中，他指陈因天象与各地方不顺利的情形，应即停止新城阙之建筑工作。一开头摄政王甚觉愤怒，因为满朝中惟独汤若望一个人来反对他。但是有人却使他注意，汤若望这奏疏并未逾越自己的权限，这是完全尽职责的言语。如果人们不相信他的言语时，那么他将来决不要再进言了。因此摄政王就很踌躇起来。翌日早晨，他特召汤若望面见，向他细询，并深以他的这种行为为然。于是建筑工事方面方得停止，而一切工人登时俱被释放。就在这一日内，工部还自京外弄来工人七百名，俱皆铁锁所系。他们现在很自由地自汤若望的房前走过，并且俱皆五内感铭跪倒在地，叩头称谢。一位与汤若望厚交的阁老，汤若望在他的自传中曾说，"他的胸前也有一部长须飘飒，这是中国人们所少有的一种情形的"，公然在大街上作了一次感谢汤若望的演说。

摄政王现在默察当时情势，而作势有所不能不作的事件了。就是他带领一切满军与汉军向山西出发，征服当地反正人民。汤若望选择作战能用的大炮，并制造炮架，以供军用。这是一件很能唤醒军官之间的兴奋狂热的事件。阿码王（即多尔衮）此行竟得成功，又把蒙古人拉到他的一边来，而将山西反正的人民平服，然后他父亲入蒙古，对为皇帝选定之皇后，迎接至北京。

从上述史料的叙述中，我们应注意到，是多尔衮全力促成了顺治与博尔济吉特氏的结合。而多尔衮死后，顺治迅速将对多尔衮的仇恨心理表露无疑。

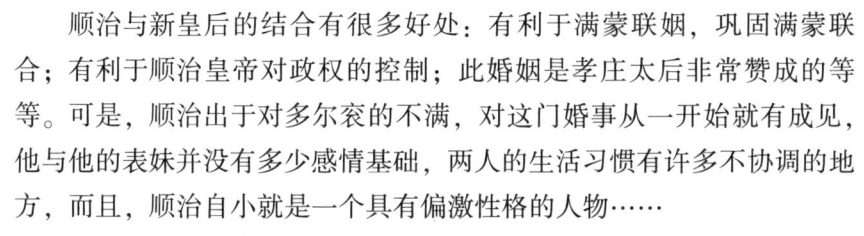

顺治与新皇后的结合有很多好处：有利于满蒙联姻，巩固满蒙联合；有利于顺治皇帝对政权的控制；此婚姻是孝庄太后非常赞成的等等。可是，顺治出于对多尔衮的不满，对这门婚事从一开始就有成见，他与他的表妹并没有多少感情基础，两人的生活习惯有许多不协调的地方，而且，顺治自小就是一个具有偏激性格的人物……

这些因素影响着这一婚姻，影响着顺治与孝庄的关系，也影响着整个王朝的稳定。

对这门婚姻,顺治心里非常不痛快。短短的三年时间,顺治抑郁成疾,身体消瘦。孝庄太后看在眼里,痛在心中。这样下去,儿子的身体尚保不住,还谈什么治理好天下?!

最后,孝庄终于做出让步,告诉顺治可以自己处理此事,实际上默许了"废除皇后"一事。

顺治十年(1653年)八月二十四日,顺治帝遣礼部诸臣至内院传谕,命察历代废后事例具闻。大学士冯铨、陈名夏、成克巩、张端、刘正宗等上奏,请皇帝"深思详虑,慎重举动"。顺治帝很不高兴,传旨:"皇后壸仪攸系,正位匪轻,所以废除无能之人,尔等身为大臣,反于无益处具奏沽名,甚属不合。著严饬行。"

八月二十六日,顺治帝向礼部颁发谕旨,称:"如今的皇后乃是睿王多尔衮在朕幼冲时因亲定婚,并未经过选择。自册立以后,便与朕意志不协,宫阃参商已经三年,事上御下,无法达到贤淑友善,因此不足以仰承宗庙之重。谨于八月二十五日奏闻皇太后,降为静妃,改居侧宫。"

此谕旨一下,顿时引起礼部的不安。

礼部尚书胡世安等人明知道圣意不可违,但遇到这种有伤国体之事,仍想竭力劝阻。他们冒险上奏,认为此事未经诸王大臣公议及告天地宗庙,恐中外疑揣,请慎重详审。

此奏上呈后,顺治帝倒是没说什么,马上下令,将废后事告知议政诸王、贝勒、大臣、内三院、九卿、詹事等官员。

当天,礼部仪制司员外郎孔允樾上奏,认为:"皇后正位三年,没听说有失德之处,现在特以无能二字定废谪之案,怎么可以服皇后之心?又怎么服天下后世之心?况且,即便皇后有不合圣意之处,也可以采取旧制,选立东西二宫,共襄内治。"他的态度很明确,认为废后之事不当。

顺治帝看到此疏后,心中生气,他勉强压住怒火,命令将此疏传给众臣,让众人拿出意见。

二十九日,御史宗敦一等十四人合疏上奏,称:"没听说皇后有失德之处,忽尔见废,非所以昭示风化也。伏乞皇上收回成命。"

这一次,顺治帝再也忍不住了。自多尔衮去世后,他的话谁敢有丝毫的违背？而现在，这一关系他自身幸福的事却引来如此非议，令他着实恼火。他马上下旨，申斥宗敦一等人，再次向世人表明他废后的决心。

可是，非议并未就此停止。九月一日，诸王大臣提出他们的建议，请皇帝仍以皇后正位居中，同时选立东西二宫。这一代表众臣的建议，显然更具力量。顺治帝却不会因此就范，他马上传旨："朕纳皇后以来，因志意不协，另居侧宫已经三载。从古废后遗议后世，朕所悉知，但势难容忍，故有此举。"命令群臣再议。

同时，顺治帝还传下旨意：汉官规谏，"必须真闻确见，事果可行朕自听从，若全无闻见，以必不可从之事揣摩进奏，欲朕必从，冀免溺职之咎"。

这实际上给规劝者一个难题，深宫之事，哪个朝臣能够深知，又有哪个朝臣敢于议论。

废后之事由此在皇帝与群臣间产生了巨大的分歧，如处理不好，对朝政非常不利。

作为皇帝的母亲，孝庄虽然并不赞成废后，但在这种情况下，她必须以大局为重。她不仅秘密地接见了一些重要的王公大臣，而且设法安抚蒙古王爷。在她的幕后主持下，朝臣们不再存有异议。九月五日，济尔哈朗等人上奏："所奉圣旨甚明，臣等亦以为是，毋庸更议。"

如此，沸沸扬扬的废后之事终于进入尾声。

不过，孝庄从整个大局的角度，在顺治废除皇后之后，又给他找了一位新的蒙古女子做皇后，以此推行满蒙联姻的国策。

顺治皇帝很不情愿地第二次进入一个不和谐的围城，母子间仍存在很大的分歧。

顺治十一年年初，孝庄太后陷入巨大的哀痛与不尽的思念当中。二月，她的圣寿节刚过去没几天，她的母亲科尔沁贤妃去世的消息便突然间传来。

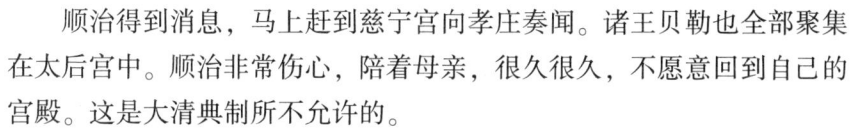

顺治得到消息，马上赶到慈宁宫向孝庄奏闻。诸王贝勒也全部聚集在太后宫中。顺治非常伤心，陪着母亲，很久很久，不愿意回到自己的宫殿。这是大清典制所不允许的。

诸王劝皇帝回宫，认为："旧例外戚有丧，未尝过哀，皇上应该回宫。"顺治皇帝没有听从，只是说："朕并没有过于哀痛，留在这儿，是想安慰皇太后呀！诸王贝勒等可以各自回自己的住所，朕也会回宫的。"诸王贝勒见皇帝如此说，便各自返回了。

众臣走后，顺治仍然沉浸在巨大的悲痛当中。大学士范文程、额色黑、图海联名上奏，劝皇帝返回自己的宫殿。他们认为："外戚有丧，从无如此久恸之例。何况皇上轻离宫寝，淹留于此，实在是不可以的。皇上得到消息后，已经马上亲自到皇太后宫，这已经可以了，现在应该及早返回。"顺治仍不答应，打算晚上留宿在慈宁宫，以安慰皇太后。范文程等再没有上奏。

按照往常，孝庄太后必定也会让顺治返回，可是此次，顺治违例在母亲身边留宿，直到次日中午才返回。单从上述文字中即可推断，孝庄的伤痛是何等沉重！

同年夏四月，孝端文皇后忌辰，遣官祭昭陵。

孝端文皇后即哲哲——孝庄的姑姑，是在顺治六年（1649年）去世的。

孝庄对哲哲，不仅有浓厚的亲情，还有感恩之心。是哲哲，把她带到皇太极身边，并促使她由一位不谙世事的小姑娘变成精通世情视野开阔的政治家。

孝庄力图给哲哲更多的荣誉。在她的努力下，哲哲去世后不久，皇帝即为其上谥号为孝端正敬仁懿哲敏辅天协圣文皇后，并将其梓宫安于昭陵殿内之后。多尔衮死后第二月，孝端文皇后升祔太庙，并颁诏天下，称其"内则光前，行克兼于慈孝，鸿名裕后，礼莫大于尊亲稽古追崇昭兹播告。钦惟我皇妣皇后，承乾正位，体顺居贞，光辅太宗，式扩开成之烈，佑翼冲子，宏昭启迪之恩，贻训如存，追思罔极……"

如今，姑姑已去世五年，母亲也追随父亲而去，孝庄的心中一阵阵酸楚。老人们都去了，这使她感到人生的无奈与苍凉。她想到娘家人的心愿，又想到自己的儿子竟然废除了第一位皇后，这使她感到对娘家人有所歉疚。在这种心理作用下，她决定早日促成另一件婚事。

顺治帝的第二个皇后仍是孝庄的娘家人。孝庄认为选后大事必须由自己亲自张罗，于是百般挑选，最终将科尔沁蒙古镇国公绰尔济的女儿博尔济吉特氏选中。按辈分讲，这位新皇后是孝庄的侄孙女，是已废皇后的从侄女。

顺治十一年（1654年）六月十八日，顺治帝在太和殿举行了盛大的婚礼。孝庄非常高兴,希望新的婚姻能将旧的阴霾冲走。

可是,对母后的一厢情愿,顺治帝并不领情。他虽然不便再次违背母后,但却对第二个皇后孝惠皇后百般挑剔。

孝惠皇后与已废皇后不同,没有猜忌心,秉性淳朴,这本是优点。而顺治帝偏偏说新皇后"乏长才",处处予以压制。

看到自己费尽心思挑选的儿媳妇再次被冷落,孝庄颇为伤神,多次开导儿子,但无济于事。

为了亲上加亲,孝庄还煞费苦心地将皇后的亲妹妹接入宫中,封为淑妃,让她接近顺治。但顺治对其不理不睬。孝庄又将自己的亲侄女(满朱习礼的女儿)迎娶过来,做顺治的妃子,可是此女进宫不久便生病去世,被追封为悼妃。在这一方面,孝庄的所有努力都白费了,徒然制造了一些悲剧。

此时,顺治帝看上了汉族女子孔四贞。孔四贞是定南王孔有德的女儿。

孔有德、耿仲明、尚可喜,原为明朝将领,早在后金时便投靠皇太极,得到重用。清军入关前,他们跟随清兵征服朝鲜;入关后,他们又随之南下,并在平定李自成农民军及南方抗清力量的战役中立下汗马功劳。顺治六年(1649年),三人因功劳卓著,被加官晋爵。孔有德被封为定南王,受命率所部兵二万往剿广西。耿仲明被封为靖南王,尚可喜被封为平南王,各率所部兵一万人往剿广东。这三人成为清初有名的藩属。尤其是孔有德,善于统御部下,卓有战绩,在西南有很高的威信。不料,在顺治皇帝刚刚亲政不久的顺治九年,孔有德却在与南明李定国的作战中惨败,引颈自杀。留下一儿一女,儿子孔廷训,女儿孔四贞。

孔有德死后,李定国转战广东,清军重新占有广西。但西南局势不容乐观,孔有德的旧部只知为孔氏家将,缺乏国家军队的观念。清廷为安抚这一部的军兵,有必要厚待孔有德后代。孔廷训被李定国军抓获,清廷只能将满腔爱意洒向年仅13岁的孔四贞。顺治十一年(1654年),孔四贞被接到北京,赐银万两,入皇宫由孝庄太后亲自抚养。

此时顺治帝正为婚姻事落落寡欢,突见皇宫中出现这么一位容貌美丽的汉族女子,不由得一见钟情。孔四贞不仅仪表非凡,而且擅长骑射,正合顺治心意。可惜,孔四贞已在年幼时由其父将她许配给部将孙龙之子孙延龄,二人虽未完婚,但已有名分。孝庄深恐强娶孔四贞会激起孔有德旧部的兵变，于是出面阻拦了此事。顺治对此颇有意见，并间接地将怨气撒向了新皇后。

孝惠皇后没料到步入辉煌的皇宫竟只换来独守空房，心中好不凄凉。她虽然非常本分地想竭尽己能得到顺治的好感，但落花有意，流水无情，这一婚姻从头至尾是一幕悲剧。

就在这一时期，顺治遇见了一个对他的未来影响巨大的人——董鄂氏。

董鄂氏，满族正白旗人，内大臣鄂硕之妇，嫁于顺治第十一弟襄亲王博穆博果尔为妻。那时，由于清政府规定，王爷们的福晋（妻子）要进宫侍宴，因此顺治有机会见到董鄂氏，并与其一见倾心。但在孝庄和襄亲王的反对下，顺治与心上人难见一面。终日心乱如麻、烦躁不安、坐卧不宁。

顺治十三年七月的一天，顺治正在忍受着难耐的酷暑，心猿意马地草草批着奏章，就见吴良辅匆匆忙忙地跑来，伏地奏道："启奏皇上，襄亲王博穆博果尔昨晚薨。"

"什么？再说一遍，"又仔细听了一遍后，顺治手中的笔掉了下来，一颗悬着的心也随之落到了实处，"怎么死的？"

吴良辅摇了摇头，低声道："死因未知，但王府的讣文已呈送过来。请皇上过目。"

福临接过讣文并没有打开，不知是于心不忍，还是没有勇气面对。他把讣文放在御案上奏章的旁边，身子向后一靠，不发一言地闭上了眼睛……过了好一会儿，他才如梦方醒，吩咐吴良辅备辇，起身向慈宁宫而去。

孝庄太后正坐在一张御椅上发呆，她似乎在思索着什么，对顺治的到来，好像没有看见似的。福临知道母后还余怒未消，而今天，他除了要向母后禀报新的情况，还要借此请母后原谅，并为自己做主。

"儿臣给母后请安。"

太后十分平淡地道："额娘消受不起。你长大了，当了皇上，不把额娘气死就是大孝、大德了，还敢指望你来请安？"

"儿臣思过多日，早已知错，悔不该与母后争吵，请母后容儿臣日后改过。"

"唉，你与额娘是上辈子的冤家对头，要么就是额娘前世欠你的孽债，要不然你怎么会处处与额娘作对？额娘含辛茹苦、忍辱负重，所做的一切都是为了谁，难道你真的不明白吗？"

顺治听了这番话，知道母后虽然还心有余怒，但已有原谅自己之意了。

"母后，儿臣特来禀报，襄亲王已薨。"

"你，你说什么？"孝庄太后忽地站了起来，望着地上的顺治，半晌说不出话来。

"平身吧。"太后怔忡了好一会儿，又一下子跌坐在椅子上。

突然，孝庄太后用冷峻的目光瞪着顺治道："襄亲王是怎么死的？此事你插手了没有？"

顺治忙道："母后，他是怎么死的，儿臣毫不知晓。刚才讣文送到宫中，儿臣才得知此噩耗，他的死与儿臣毫无关系。"

其中最后一句话，虽然说得很肯定，但底气明显不足。自己如果不召他入宫，进行威胁、恫吓，他会死吗？也许不会。是愤怒，是屈辱，导致了襄亲王之死？抑或是在威压下的自杀？谁也无从考证，但他的死无疑与自己有关。

孝庄太后听了福临此言，心情似乎轻松了一些，自言自语道："可惜呀！这孩子才刚刚十六岁，怎么就突然死了呢？……"

说完，她突然转向顺治，严厉地问道："对于此事，皇儿打算如何处理？"

顺治见状忙低下头，轻轻地答道："儿臣的心思母后清楚，还请母后帮儿臣一把。"

太后长叹一声，十分无奈地说道："唉，你这个孽子，到了现在还要额娘为你操心不已！别人养儿要是做了皇上，那太后早享清福去了。再看看我这个太后当的，福没享上，罪倒是遭了不少，心也快操烂了，你什么时候才能长大？"

顺治听后心里也很不是滋味儿，内疚不已。但这也不能全怪儿臣一个人嘛，有时候是形势所逼，有时候是儿时的不幸所造成的呀。可总得宽慰宽慰母后的心吧。于是说道："母后但请放心，儿臣今后一定听从母后的教导，奋发上进，让母后过上安逸优游、含饴弄孙的好日子，当上子孝媳贤的皇太后。"

孝庄苦笑道："别专挑好听的说。现在到擦屁股的时候了，才又想

第十章 母子冲突

起了额娘。今后额娘也不敢指望过上多好的日子,只要别惹额娘生气、别给额娘惹是生非就行了。"

孝庄太后着手襄亲王的善后事宜,首先自己拿出三千两银子,派人送到襄王府,以示抚慰,同时要福临亲往襄王府祭奠自己的兄弟。

仅仅一夜之间,襄亲王府变成了大灵堂。门前的大红灯笼蒙上了黑纱,二门外竖起了三丈高的红幡,和尚们在灵堂里做法事超度亡灵,木鱼声伴着铜铃响,与叽里咕噜的诵经声相呼应。

董鄂氏身披黑纱,正悲泣着跪在灵床前,忽闻皇上驾到,伏地恸哭不已,早成了一个泪人儿。看着犹如梨花带雨般的心上人,顺治不知是心疼情人,还是哀襄亲王早逝,抑或是伤人生之无常,总之,处在襄王府悲哀的氛围之中,眼中情不自禁地落下了泪水。

顺治没有勇气正视博穆博果尔的遗容,当有人掀开襄亲王脸上的盖布时,他闭上了眼睛。即使如此,他的心仍狂跳不已。

还是在七月里,在襄亲王下葬仅仅三天后,礼部收到了皇太后的懿旨:"惊悉襄亲王英年早逝,而亲王妃董鄂氏年仅十八,来日方长,念其孤苦无依,处境凄凉,特施恩收董鄂氏为义女,恩养后宫,以解其孑然一身、形影相吊之凄苦。"

礼部接到懿旨后,立刻上奏皇上:"今太后已收襄王妃为义女,恩养后宫,将择吉日拟于近期册立董氏为贤妃。"

福临览奏,暑热难耐的天气变得清风徐徐,心里十分畅快,自然也很感谢母后。但博穆博果尔死后王府的凄绝景象,还深深地印在他的脑海里,更何况亲王刚死,人心未定,若近期急于纳董鄂氏为妃,恐变生不测,故不宜张扬。于是福临提笔在奏折上批道:"准奏。然亲王薨逝未久,可于七月底择吉册封。"

由此可见,顺治虽贵为天子,对自己的不仁不义之行,或者说蝇营狗苟之行,也不敢公然而为,而是掩上了一把遮丑的稻草。我们于此可知,稻草既可救命,亦可遮丑的妙用。

七月底,为丈夫守孝仅有十几天的董鄂氏,匆匆脱下了孝服,换上了皇家送来的新嫁衣,在泪痕未消的脸上搽胭脂抹粉,摇身一变而成了顺治的贤妃。贤从何来?贤当然就从乱爱上她的福临眼里来。

王府的懿靖大贵妃因冤而失儿子在先,又失儿媳于后,面对皇上迫弟抢媳之行无可奈何,忍气吞声,谁让人家是帝王之尊呢?谁又能奈何人家专制天下之威呢？

这一天，顺治左冲右突，好容易摆脱了众臣，一走出大殿，便乘辇大步流星地朝承乾宫而去。

远远地，他就看见董鄂妃倚门而望，着一身淡淡的素装，头饰和服饰都非常简单，没有一点儿珠光宝气之象。就是这身简素的装束，让顺治看起来比那些身着缤纷五彩的旗装，头戴金银之饰的女人，更美更有动人的神韵。正所谓蓬头垢面，布衣麻履，不掩国色天香。更何况董鄂妃虽不事奢华，但工于衣着，修饰打扮，自有一番风韵。

"臣妾恭迎圣驾！"顺治刚到宫门口，董鄂妃便款款施礼，顺治紧走几步上前，伸出双手扶起爱妃，心疼地说道，"朕不是早已说过了吗，爱妃见朕大可不必行此大礼。夫妻当以真情相待，若总是拘于礼节，客客气气的，便显得生分，而不能心心相印，总隔着一段距离，哪还有相亲相爱的味道？"

贤妃靠在顺治的怀里，脸上阳光四溢，很温柔地注视着顺治，柔声说："可你是皇上呀，臣妾怎敢无礼？"

顺治亲热地用手轻轻刮了一下她的鼻子，故作嗔怪地道："朕是他们的皇上，而对你来说没有皇上，只有丈夫。"

自董鄂氏入宫以来，这一对少年人儿，便比翼双飞、形影不离。每当顺治一散朝，便直奔承乾宫，而贤妃也早已倚间相望。

"云儿，皇上散朝回来了，快送饭上来。"

桌上的饭全都热气腾腾的，顺治知道这全是爱妃之功，很心疼很体贴地道："朕用膳，自有御膳房侍候，今后爱妃可不必操心了。"

贤妃微笑道："御膳房的饭，是早早做好了等着皇上的，可皇上临朝议政没有个早晚，饭便冷了热，热了又冷，以便等传膳时能及时端上来，早已没了滋味儿。臣妾这不过是动了点小心思、费了点小劲儿，却能使皇上吃上可口的饭菜，何乐而不为？"

她边说边为皇上斟酒，双手捧给他，颇有举案齐眉之古风。顺治似乎也想到了这一点，望着董鄂氏动情地说："来，爱妃，与朕一起干杯，共进晚膳吧！"

董鄂氏笑着道："多谢皇上赐膳。如果皇上像对臣妾一样，多赐宴于大臣们，与他们同餐共食，谈笑和乐，想必他们也会深感荣幸，深感皇恩的。"

顺治明白，这是爱妃在婉言规劝自己，想让自己改掉脾气暴躁，常无谓地与大臣们争执不休，动不动就严惩大臣的坏毛病，而代之以君臣一心一德、和衷共济的新气象。于是也笑着应道："那好啊，朕决不拂爱妃的美意，明日就与大臣们共食。"

第二天，皇上传旨，赐宴乾清宫，议政大臣全部留宴。

自此以后，大大小小的赐宴、留饭渐渐多了起来。甚至有时办公到了用膳时间，有些大臣未及回家，顺治就留他们用便膳。如此一来，君臣关系和缓了许多，亲近了许多。众臣都诧异，怎么皇上的脾气近来平和了许多、言表可亲了许多，私下里都以为皇上已幡然悔悟、洗心革面了。殊不知，所有这些都与贤妃分不开。皇上得到了恩爱的夫妻生活，精神自然愉快，再加上她的温婉相劝，柔情所至顽石为开，当然其风貌为之一新。

入夜之后，无数盏宫灯影影绰绰、闪闪烁烁，与天上的星月交相辉映，使皇宫沉浸在安谧与祥和之中。

在昏黄的背景之下，承乾宫的窗口却射出明亮的灯光。灯光下顺治正伏案批阅堆积起来的奏章，在政事上，他本是决心励精图治的君主，所以批得是那样地全神贯注、一丝不苟。离他不远的地方，董鄂妃则静静地坐在另一盏灯下看书、刺绣、沉思默想。时而轻手轻脚地走过来，送上一杯浓浓的冒着热气的奶茶。每当此时，顺治再忙也会抬头一望，四目相对、温情一笑，屋里氤氲着温馨、和美的气氛。

有时，顺治会突然烦躁起来，将一本奏章重重地掼在地上，仍余气未消，气愤不已。而不远处的董鄂妃见此情景，便会放下手中的东西，轻声劝解："皇上，何必动气，怒盛则伤身，保重龙体要紧哪！"

见皇上仍然余怒未消，她便会款款起身，轻轻地走过来，拾起掼之于地的奏章，轻轻地吹打一番，拭净了上面的灰尘，仍轻轻地放回御案。顺治仍然气恼地说道："无用之辈，都是些老套子、口头禅、无用经，什么要澄清吏治呀，什么要大力肃贪呀，怎么澄清？怎么个肃法？绕了半天，却又说不出个道道来，可恶至极！"

董鄂氏听了嫣然一笑，婉言相劝道："皇上，人家老调重弹，不就说明这些事还没办好吗？他们不厌其烦地叨叨，说明对皇上忠心，对国家负责。虽然拿不出好的办法，但时时提醒皇上和当政的大臣，也是一番好意。"

顺治听后不住地点头，便重新拿起那本曾掼之于地的奏章仔细批阅，贤妃也回到自己原来的位置。

夜深了，周围一片寂寥，只有蟋蟀和其它不知名的虫儿在鸣唱，时而和声、时而独奏。而承乾宫的灯下，两个人仍在分别做自己的事。

坐得时间久了，顺治觉得腰酸背痛，便放下笔，伸伸腰板。旁边的董鄂氏忙走过来，握起一双拳头，轻轻地敲打在顺治腰背上的酸疼之处，使他缓解了疼痛，感到十分舒服。

"爱妃，快来，帮朕看会儿奏章吧。"顺治笑着对董鄂氏道。

董鄂氏停下手，一脸正色道："臣妾曾听说，宫中嫔妃不得过问宫外之事，又怎能干预国家大政呢？请皇上斟酌。"

顺治听后，不禁用手拍了拍董妃之肩，又埋头批奏。批着批着，顺治皱起了眉头，长唷了几声，放下奏折扔下笔，闷闷不乐起来。

董鄂氏见状忙道："皇上，太累了吧？要不就先睡吧，余下的明日再批。"

顺治仍在生闷气，轻声答道："爱妃啊，你早该睡了，朕不想睡，也睡不安稳。"

董鄂氏自然不愿去睡，便轻手轻脚地走了出去，端来一碗热汤。

"皇上，请稍停，喝碗参汤补补身子，醒脑提神。"

顺治感激地看了看她，接过参汤，一边啜饮，一边道："你看看，这些大臣们就不让朕省一点儿心！稍微有点儿风吹草动，有点儿事端，就互相攻讦不休。满蒙汉之间，故明旧臣与新朝大臣之间，矛盾重重纠缠不休，每年惩处贬谪的官吏多在万人以上，把朕闹腾得一刻不能安宁。唉！这不又来了。"

董鄂氏没说话，对于朝政大事，她从不插言。

顺治仍不能静下心来，说一说似乎心里畅快、轻松一些，又道："不久前，御史杨义、姜图海，给事中周曾发等相继上奏弹劾刘正宗昏庸老迈、背公徇私。现在，给事中朱徽再次上奏弹劾刘正宗不经会推，也不上奏就私自任命许宸为通政司参议，他怀疑刘正宗卖官鬻爵。刘正宗随朕多年，朕还不知道他？这不，刘正宗也上疏自解，说是一时疏忽，自请罚俸。朕到底该听谁的？"

董鄂氏边为皇上捶背，边轻轻地道："此事亦为臣妾所不能插言者。但以臣妾之愚见，诸臣虽介有过失，但考其出发点，都为国事而非一己之私。皇上为何不息怒而加以详察，以服其心呢？大臣之心服，方可服天下之心。"

顺治在喝汤的短短时间内，怒气渐消，皆因董鄂氏疏导有方，使顺治不但火气宣泄，还频频点头。

董鄂氏的建议，于体贴入微中疏导有方且又中肯恰当，成了顺治整顿吏治的重要参考。同时，由于顺治心平气顺、精神愉快，更使他勤于政事，因而治国也有了成效。

又是一夜，顺治又在承乾宫批奏折，董鄂妃仍在灯下看书。二更以后，董鄂妃脚步轻轻地走过来向炉子里加了几块木炭。又见顺治不时地把手伸向炉子烘烤，知其身寒，便回身内室，取来皮褥子轻轻盖在顺治的腿上。

福临扭头看了看她，轻轻地说："爱妃，天气寒冷，你就不要陪朕了，快去就寝才是。"

董鄂妃笑笑说："皇上为国日夜操劳，臣妾能伴君侧端茶添薪，可谓荣幸。"

顺治深感幸福地微微而笑，然后继续批阅奏折。过了一会儿，顺治站起身来回踱步，面有难决之色。由于苦思良久，眉头一直紧皱着。

董妃见状，轻声发问："所奏何事，致使皇上如此心神不定，顾虑重重？"

顺治沉吟："此奏乃明年春决犯人之卷宗，卷上三十多人，只要朕说可杀，这些人就必死。"

董妃闻言，忽潸然而泪下道："皇上，臣妾知道，前些日子南北两闱案，已大开杀戮，今春决将至，恐又将血流成河。这些所谓该杀之人，皆不是皇上亲审，即亲审也难免有失误之处，而况乃刑部所审，又如何全无冤案呢？臣妾以为，皇上应慎之又慎，尽可能既惩恶扬善，又酌其情节存其生命，以示明君好生之德，古仁人之心。"

顺治默默点头。董妃又追了一句道："人命可是关天哪，皇上。人死不可复生，皇上宜多留心详察，仔细斟酌。要不然，老百姓哭天无泪，哭地不灵，还能依靠谁呢？"

顺治不由得伸出手来按在董妃的双肩上，亲切地注视着她道："爱妃真乃菩萨心性，博爱众生、广结善缘，必有善果。朕今生有如此贤妃足矣。"

董妃恬淡对之："皇上，臣妾只是率心性而言，不敢指望有多少善果，但求吾皇平平安安，大清江山永固如磐，也就满足了。"

　　听了此言，顺治感动不已，便将董妃拥入怀中，深深地爱抚着。

　　顺治之所以用从未有过的炽烈感情，深爱着董妃，自有其原因。我们已经看到，董妃给予顺治的，不仅有一般的所谓贤妻的美德，诸如嘘寒问暖，知疼知热等；还有感情上的心心相印；更有思想上的理解，所谓"心有灵犀一点通"，以及关乎朝廷大政方面的规劝和支持。

　　清初国家草创，吏治混乱，各种矛盾错综复杂，草菅人命的现象多有发生。顺治的治国之策由"重剿"开始向"重抚"转变，既是治国安邦之必需，也与顺治自己励精图治、辅臣策士的建议，以及董妃这位贤内助的不时提醒、劝谏，有着很大的关系。尤其在惩恶扬善方面，重扬善、重教化而宽刑罪，与董妃劝谏的关系很大。在她入宫的短短四年之中，依当时之律该杀的被免罪，监禁的获减罪，吏治也有改观，皆与其有关。顺治曾坦承，自己多次亲审而少杀了许多无辜者，"亦多出后规劝之力"，其中的"后"指的是董妃，顺治一直把她视为真正的皇后。由此可见，董氏与福临之间，已完全超越了举案齐眉、卿卿我我的一般夫妻恩爱之范式了，他们相互渗透、融合一体，董妃成了顺治患难与共、生死相依的贤妻，以及事业上的理解者和精神支柱。

　　就在福临和董氏连理并蒂、比翼而飞之时，慈宁宫的佛堂里，孝庄太后正打坐在垫子上，闭目诵经礼佛。但她的内心，一刻也没有真正地平静下来，入定乃是她静思的一种方法。

　　从太后时而微皱的眉间，可以隐隐窥见内心的忧思。董鄂氏入宫虽然是她下旨将其收为义女，然后再册封为妃，但这一切都出于无奈。如果她不及早按此常规办理，那个倔劲儿如牛的儿子敢直接把她接进宫中，岂不让人笑掉大牙，岂不让人指着脊梁骨大骂禽兽不如？试想，福临连一向情有独钟的孔四贞也不再顾视，可见其爱董氏之深，对他们的些许阻挠，换回的必是千百次的反抗。如今虽然儿子遂了心愿，但母子之间的怨结并未消解，她在想应该找出一种办法来解开这个结，以缓解母子之间的关系，若长此以往对自己、对儿子，对国事家事都没有好处。

　　就在太后想方设法来缓和母子之间的矛盾之时，儿子却又发起了新的攻势，且来势汹汹，为她始料不及。

　　顺治十三年十二月，顺治下诏礼部，册立董妃为皇贵妃。此诏一

出,满朝愕然相顾,最吃惊的当然还是太后和皇后。谁也想不到,这董鄂氏入宫仅仅四个来月,就由"贤妃"一跃成为"皇贵妃"。这一跃也太离谱了,贤妃仅为一般嫔妃,但皇贵妃可是仅次于皇后的册号。

如此超越的一跃,使董鄂氏一下子就站在了皇后的御座旁,使人感到,尤其使孝庄太后、皇后觉得,大有取皇后而代之之势。

对这种违背祖制的行为,孝庄太后并没有出面制止。因为她清楚自己儿子的性格。制止非但无用,还会惹起更大的反弹,她只有沉稳自持,以静观其变而因应其变。

事情的进展似乎比她所能想象得更糟。顺治十四年元月初六日,顺治传旨,亲率满朝的王公大臣至保和殿,向皇贵妃进贺表。

一时间,保和殿上人头攒动,五彩旗幡飞扬,鼓乐齐鸣,完全用册后的礼仪来册封皇贵妃。文武百官分列大殿之外,除了太后和皇后未到之外,其余后宫嫔妃全部立于殿上。百官进表祝贺时,可以清楚地看到,为太后所设的御座正空空如也,刺眼、孤独而又无奈。

大礼告成,诏告天下。惹起宫内外、朝廷上下一片哗然,訾议之声四起。

所有这一切都瞒不过慈宁宫西暖阁里念佛的孝庄太后,她正在静静地注视着一切,等待着一切。最终,等来了她想见而又最怕见的人。

"太后,皇贵妃前来请安。"苏麻喇在帘外轻声禀奏。

孝庄太后当即一愕,手中的念珠串儿"哗啦"一声落于地上。

看起来,这个女人太普通、太平常了,缺了静妃的高贵气质,也没有皇后的华美。着一袭深色旗装,头上少了许多金银珠玉之饰的招摇,倒显得朴素大方,同时彰显了其特有的气质和美感。在孝庄太后眼里,她的一切都没一点儿皇宫大内的气派,孝庄太后纳闷不已,她究竟靠什么引得儿子如此神魂颠倒?

"儿臣给母后请安。"声音温柔依旧,声音中的磁力依旧,笑容仍是那样灿烂、温婉而可人。

孝庄太后尽量放松语气,勉力挤出几许笑意装点在脸上,"平身吧。"

"哦,坐,快坐吧!"太后似乎忽然想起,站在自己面前的早已不是襄王妃,也不是贤妃,而是皇贵妃,已经具备了坐的资格。

董氏款款施礼谢座,然后小心地坐在旁边的座位上。

孝庄太后似乎没话找话地道："皇贵妃册封盛典，哀家身体不适，没能躬亲盛事，实为遗憾。"

孝庄太后说完，自己也觉不妥，自己乃太后，无须亲躬皇贵妃的册封，怎么今日倒说出了这句话呢？此言会让人有两种感觉，其一有讽刺之嫌，其二有讨好之意。

果然，董鄂氏听了，不安地道："母后所言让儿臣坐立不安，无地自容。母后以万钧之躯，何需参加儿臣的册典，该儿臣前来请安才是。"

孝庄太后虽对其心怀敌意，但听到这句话，心里颇感舒服，想不到，这孩子还懂点事儿。

一个宫女端上茶来，董鄂氏忙站起身，亲自为太后奉上一杯茶："母后，请喝杯热茶暖暖身子，大冷天里打坐念经，容易受凉。"

她这一举动，让看惯了宫里仪规和排场的送茶宫女着实吃了一惊，就连孝庄太后也感到惊讶，她一点儿也不端皇贵妃的架子，好像是一位最普通的嫔妃。

孝庄太后笑着接过茶杯呷了一口，本想说一句夸奖的话，可一时语塞，没说出一句话来。

喝茶时，不知因茶热还是呛了一口，孝庄太后咳嗽起来，董氏忙走上前接过茶杯放在案上，然后双手轻拍太后之背，直到她止咳为止。

这些话语的温暖，行动的关切和温存，像春日的和风，拂动着孝庄太后的心，她开始有点儿感动了。就是自己的亲生女儿也不过如此而已，何况人家是儿媳呢。不过，她会不会是拿手捏脚地做给婆婆看的呢？哦，不是没有这种可能。因为她知道我对她反感，知道我怀有戒心和敌意，所以要刻意地讨好我。

"皇上近况如何？"孝庄太后从感动中恢复了过来，冷静地问。

"回母后，皇上近来龙体安康，心情愉悦，且勤于政事，经常阅批奏章至深夜。"

孝庄太后点了点头，然后正色教导道："皇上宵衣旰食，日夜操劳国事，做妻妾的要多体贴，多劝他休息，保重龙体要紧。"

董氏明白太后话中有话，粉面微红、低下头道："请母后放心，关心皇上、体贴皇上，儿臣不敢须臾忘怀。侍奉皇上，让他精神饱满、龙体永健，是儿臣的责任。"

这样的人，这样的话，无可挑剔，更无可责备，孝庄太后也无法鸡

第十章 母子冲突

蛋里挑骨头。

送走了董妃，孝庄太后深感失望，因为一切都不像她原来想象的那样。

这一天，孝庄太后正坐在宫中闭目养神，坤宁宫的宫女求见。

"启奏太后，皇后龙体欠安，特奉命奏闻太后。"

太后一愣，随即便明白了，皇后与自己一样，都有心病。遂问道："皇后病情如何？"

"回太后，皇后忧心忡忡而日久生疾，已罹病十多天，今已卧床，方派奴才来奏，怕太后担心。"

孝庄太后明白皇后的心胸远不如自己豁达，以致抑郁成疾。遂吩咐道："你先回去吧，就说哀家即刻前往坤宁宫。"

当孝庄来到坤宁宫时，宫女们都在院子里坐着，殿里只有不多几个值守者。众宫女听到太后驾到忙伏地恭迎，孝庄太后怒视了她们几眼，皇后有病竟不在榻前好生照料，却在外面闲闲而坐。然后，她气冲冲地进了宫。

待门帘挑开后，孝庄惊住了：皇后半坐在床上，身后靠着大红缎被，身上半掩着薄被，床边上坐着一个人，正一手持碗，一手拿匙给皇后喂药。仔细看去，那人正是董妃。

董妃见了太后，忙过来跪地施礼："儿臣拜见母后，不知母后驾到，有失远迎，望乞恕罪。"

"平身吧！"孝庄多少有点儿感动，想说什么也不好说，只有转向皇后发问，"皇后娘娘，有病应该让宫女们侍候，怎能让皇贵妃亲自动手，而让宫女们躲在外面清闲？"

皇后病容苍白，未及说话，董妃忙道："禀太后，请不要怪罪皇后和宫女们，全是儿臣的错。儿臣担心宫女不能及时喂药，以致冷热不匀，特来照顾皇后姐姐的。"

孝庄太后见董鄂氏脸露真诚之色，无言以对，但心里的火气倒是早已消了。

董氏继续喂药，一边喂，一边柔声安慰："姐姐，人常说：走病卧疮，是指生病之人要多走动，活动活动筋骨、晒晒太阳、多进食，身子才会好得快。"

皇后点头，遂啜药不止。刚喂完药，董氏又把茶端到她嘴边，皇后又漱了漱口，然后董氏用手帕轻轻为她拭嘴，慢慢抽去皇后靠着的被子，让她躺卧榻上，轻声嘱道："姐姐，刚吃完药，要先躺一会儿。待药劲儿平服，妹妹扶你到宫外走走。"

皇后眼中充满感激之情，吃力地点点头。

太后在一旁也颇有些感动。按常规，皇后生病，不但该不着皇贵妃侍候，还是她擅房专宠的好时机，可她居然自愿来中宫侍奉，能不让人感动吗？可孝庄太后感动之余，又生出了新的疑问：她到底出自真心，还是故意作秀？

"皇儿，到底生的是什么病？"孝庄关切地问。

"母后，儿臣只是偶感风寒，请不必担心。"

孝庄太后点点头，放心地说道："凡事要看开一些，不必过虑。有病切记及时医治，不可贻误。"

皇后频频点头。董氏笑着说："姐姐，等你病体痊愈，也常出宫走动走动，如果你愿意，妹妹也可常到中宫陪伴。"

皇后拉着董妃的手，感激不尽地说："多谢妹妹，真是难为你了，又要侍奉皇上，又要侍候姐姐，你也要多保重才是。"

当孝庄太后再次来到坤宁宫时，她着实吓了一跳。不是因为看见皇后稍有起色的病容，而是看见仍在床榻上喂药的董妃之故。她的脸也消瘦了不少，当董妃为太后施礼请安时，太后正面看见那双本来美丽有神的眼睛，不但失去了昔日的光彩，而且布满了纵横的血丝，甜甜的声音也沙哑了。

孝庄太后吃惊之余，连忙问道："眼睛何以如此红肿，声音何以如此喑哑？"

不待董妃说话，皇后已在床上含泪答道："回母后，皇贵妃妹妹已三天三夜没合眼了，守在床前通宵达旦。"

孝庄太后真的被感动了，她看了一眼满面倦容的董妃道："皇儿也该注意休息，别一个没好，又累垮了一个。"

董鄂妃听到太后呼自己为"皇儿"，似乎认下了自己这个儿媳，心头不禁一热。

孝庄太后虽然还并没有彻底认这个儿媳，但近来一些日子，亲见董鄂氏如此之德之行，心中的敌意和看不惯的定式，已渐渐地消解、弱化。

第十一章

顺治之死

顺治和董鄂妃虽然心心相爱，孝庄也逐渐接受了董鄂妃，却可惜好景不长，在与顺治相处短短四年后，董鄂妃却疾病缠身，匆匆走完了短暂的人间岁月。

董鄂妃留下了她的临终遗嘱：我身体很疲乏，"殆将不起"，但自我感觉良好，"亦无所苦"。唯独皇太后和皇帝待我的厚恩，不及报答。我死后，皇上圣明，以祖宗大业为重，且皇太后在上，请节哀自爱。可是皇太后必深伤悼，如何是好？想到此，我心不安！还嘱咐死后丧事俭素，束体不用华美珍丽之物，与其虚糜无用，不如施与贫困之人。顺治十七年（1660年）八月十九日，这位年仅22岁的贤智佳人撒手人间，与痴情郎君永别，与千古绝唱的爱情永别，也与埋在心底的苦痛永别。

顺治帝失去唯一的红颜知己，痛不欲生，辍朝五日，亲自守灵。八月二十一日，谕礼部："奉圣母皇太后谕旨"，破例追封董鄂氏为皇后，谥号多达十二字："孝献庄和至德宣仁温惠端敬皇后"。痛悼怀念之情，无以倾诉，这位皇帝挥起御笔写下洋洋四千余字的《端敬皇后行状》，盛赞董鄂氏的美德。还命大学士金之俊为董鄂氏作传。皇帝批奏，向来用朱笔，遇有国丧，改用蓝笔，通常只27天。顺治帝为了表示他不尽的哀思，用蓝笔批本的时间特别长，从8月至12月，长达120天之久，在清朝历史上独一无二。

董鄂氏生前受顺治影响信奉佛教，因此皇帝召在京的湖州（今浙江吴兴）报恩寺禅师茆溪森为之主办丧事。108位僧人，白天铙钹喧天，黄昏烧钱施食，大小官员都到场，极其隆重铺张。举殡时，命八旗二三品官员轮流抬棺，并令三十名宫女和太监为之殉葬。

我们回顾崇德二年（1637年），皇太极宠妃海兰珠生皇八子，皇太极喜出望外，称之为"皇嗣"，大肆庆贺。翌年皇八子夭折，随后海兰珠死，这位皇帝悲痛欲绝。历史竟如此出奇的相似，好像在重复着同一个故事。不过，皇太极成熟得多，而福临则缺乏理智。他本身是一位比较节俭的君主，可是为了一个孩子和爱妃，竟如此兴师动众，铺张浪费，显得过分和反常。

董鄂氏之死，顺治帝"为哀痛所致，竟寻死觅活，不顾一切，人们不得不昼夜看守着他，使他不得自杀"。此后皇帝把自己完全托付给僧徒，"如果没有他的理性深厚的母后和汤若望加以阻止，他一定会充当了僧徒的"。《汤若望传》披露的这些情节大体符合实际情况。

顺治皇帝想要出家的消息，传来传去走了样。说是顺治帝于董鄂妃死后，遭受打击，心灰意冷，出家为僧，清廷假称他崩逝。后来康熙帝陪同祖母孝庄太皇太后一再临幸五台山，就是为了去看望顺治帝。此传说经学者多方考证已完全澄清：顺治临终之前笃信佛教是真，出家去五台山为僧是假。

顺治帝亲政之后，励精图治，欲以文教治天下，常与儒臣讨论治国之道，对佛教并不崇信。汤若望有意吸引他信奉天主教，也未能达到目的。

从十四年（1657年）起，顺治帝开始对佛教感兴趣。这件事与宫中太监有关。清朝在关外时，太监极少，只充杂役，成不了气候。明清交替之际，明朝宫中的太监被赶出皇宫，到处漂泊。后来又一批批地收回宫中，人数达数千之众。他们与僧徒结合，对皇帝施加影响。这年年初，顺治帝去南苑，途经海会寺，曾召见暂住该寺的佛教禅师憨璞性聪。后又将其召入宫中，表示要学佛法。憨璞奉承说：皇上即是金轮王转世，信佛法，不化而自善，不学而自明，所以是天下至尊。顺治听到阿谀之词，满心欢喜。憨璞又竭力巴结太监，由太监推崇，而蒙受皇帝宠信，被敕封为"明觉禅师"，多次被召，与皇帝谈论佛教。从此，皇帝信奉佛教，并且引导董鄂妃信佛，但并未沉迷。

顺治因爱子夭亡、宠妃病魔缠身而极度苦痛、困惑之时，向佛教寻求安慰和解脱。憨璞借机向顺治帝推荐江苏出生的著名高僧、湖州报恩寺住持玉林琇（1614—1675年）。玉林琇应皇帝宣召于十六年二月十五日入京，向皇上展示其高深禅理，巧妙奏对，博得皇上的倾心。皇上亲往玉林琇馆舍请教佛道，并请为自己起法名。玉林琇拟十余字进览，顺治自择痴字，其上冠以行字，即"行痴"。玉林琇俗名杨通绣，号玉林。"行"是"通"字的下一辈,即弟子辈。顺治帝对玉林琇以禅门师长相待,自称弟子;与玉林琇诸弟子,以法兄、师兄见称。皇帝封玉林琇"大觉普济能仁国师"。

没有多久,即同年九月,与玉林琇同辈的著名高僧、广东茶阳人木陈忞应召来京,滞留八个月。在京期间,极受皇上崇敬,下榻于万善殿,被封赐"弘觉禅师"尊号,皇上以师礼相待。皇帝曾与木陈忞交谈过出家问题,说,"每到寺庙,见那里'明窗净几',就流连忘返。想必'前身的确是僧'"。又说,"财宝妻子儿女人生最贪恋摆拨不下。我对于财宝固然不在意中,即使妻子儿女,觉得也是'风云聚散'。若非皇太后一人挂念,便可随老和尚出家去。"木陈忞不支持皇帝出家之念,力陈帝王为国为民是大慈大悲。"如只图清净无为,自私自利",修行不到诸佛地步。所以,他劝皇帝万勿萌此出家修行念头。皇帝"以为然"。

顺治帝的出家愿望出于对现实生活的消极与无奈。皇四子死,董鄂妃久病不愈,他时刻担心发生意外;国事、家事集于一身,他深感心力交瘁,身体难支,故想逃避。可又想到母亲,母亲历尽艰辛始有今日,怎能忍心丢下她,并把这一大摊子家国事扔给她,而跟老和尚去躲清净?此时的皇帝,在十字路口上徘徊。木陈忞的劝导是有益的。

皇太后竭力设法打消儿子的出家念头。汤若望从旁协助。当他看到"皇帝学子"倾心佛教,不惜花费精力、财力于佛事,便呈递一份严重谏正的奏疏,以"使这被眩惑的人再恢复他的理性"。皇帝也曾赞赏"玛法"的谏正是对的。

但是,董鄂氏死后,顺治帝实在承受不住这巨大的打击,以致万念俱灰,竟公然闹着要出家当和尚。消息传出,举朝震惊,皇太后再三规劝,皇帝不从,并召茆溪森为他举行剃发修行仪式。这时"玛法"的谏正已不再管用。

说来也巧,在这千钧一发之际,茆溪森的师傅玉林琇入京,据说是奉皇帝之召前来"证道"的,于顺治十七年十月十五日抵京。皇太后及朝臣,在其中做了什么工作,不得而知。他是一位明白人,懂得事态的严重性,皇帝被视为天子,百姓把自己的一切都寄托于皇帝,一旦皇帝出家,百姓惊慌,大清的敌人借机起事,政局动荡不安,本寺罪责难逃。于是,当即决定采取断然措施,以火刑处罚为皇帝净发的弟子茆溪森。他命众人堆积柴薪，准备将茆溪森架在上面，活活烧死。顺治得知，立即谕告玉林琇，自己要蓄发留俗，以求免茆溪森一死。一场皇帝出家当和尚的闹剧中途停演，皇城恢复了它往日的宁静。

真正打消顺治出家的意念，需要激发起他内心的巨大力量。当天玉林琇到皇城内西苑万善殿，在方丈室与皇帝见面。顺治帝仍谈想出家之事，并找到根据：说释迦牟尼是古代印度北部迦毗罗卫国国王的太子，毅然舍弃皇嗣地位，出家修行，成为佛教创始人；菩提达摩是南天竺国香至王的儿子，经高僧指点，皈依佛门。他们的共同点是放弃皇位继承权和王室的优越生活，而出家当和尚。有此先例，顺治觉得理直气壮。玉林琇知道顺治是个孝子，劝谏时特别强调要顾及母亲，说："不论从世法还是从出世法而论，你都必须当皇帝，'上以安圣母之心，下以乐万民之业'，并保护佛教。"特别把"安圣母之心"摆在首位，说到了皇帝内心的痛处，呼唤起他对母亲的深厚感情。爱妃死而不能复生，母亲是他唯一的牵挂。母亲在，不能去！他"欣然听决"，断了出家之念。

为了彻底阻绝顺治出家的后路，让他最宠信的太监吴良辅做替身，于顺治十八年（1661年）正月初二日去悯忠寺（今北京市广安门外法源寺）削发为僧，顺治前往亲视吴良辅削发。

正月初三，新年刚过，偌大的京城还沉浸在新年的喜悦之中，人们的年瘾似乎还没有过足，鞭炮的火药味和各家飘出的酒菜的香味弥漫在京城的上空。各种祝福还在大街小巷回荡，一派君臣民同乐的喜气景象。

宣武门外红墙灰瓦，高大雄伟的悯忠寺是京城最古老的寺庙之一，相传始建于唐贞观十九年。当年唐太宗李世民率兵远征高丽途经幽州，为安抚阵亡将士，下令在幽州城东南建造寺院未能如愿，后来武则天追怀先帝遗愿建成这一寺院，赐名"悯忠寺"。寺内有一三层巨阁，耸立入云，禅庐连绵，是出家人剃度之良所。今天这里迎来了一位特殊的出家人，这就是当朝司礼太监，皇上的大红人吴良辅。

日上三竿，皇上的仪仗来到寺外，寺内顿时人声鼎沸，热闹非凡，寺内住持率全体僧侣盛装迎出寺门外，顺治身着龙袍，头戴龙冠进入寺内落座大雄宝殿前。

殿外早已新建了戒坛，坛上设有香案，案上有香炉，案前有蒲团，旁边早有两位小僧手捧红布相蒙的放着剃刀的托盘。在坛下众僧的齐诵经声和法器齐鸣的盛大仪式中，住持玉林琇健步登坛，坐于案前。大师刚刚坐好，吴良辅身着崭新的灰布袍，面带沮丧，眼含泪珠来到顺治面前，伏地跪拜，颤声口呼"万岁"，以头触地，然后缓缓起身，一脸无奈地来到佛祖像前，跪地叩拜后，走上戒坛，落座玉林琇身边。玉林琇起身拿起剃刀开始为吴良辅剃度。

随着玉林琇两手的不停抖动，吴良辅的头发一缕缕飘落下来。虽然顺治皇帝看见吴良辅的泪珠随头发落下后心里不是滋味，但是他的心情还是慢慢地平静了下来。吴良辅毕竟作为自己的替身代己向佛，一定程度上了却了自己的部分心愿。从另一方面看，吴良辅是自己的近侍，在宫中权势太大，已惹得诸多大臣不满，自己又不想像处置刘正宗那样处置这位跟随自己十多年的近侍，比起刘正宗，吴良辅也算幸运多了。

顺治皇帝终究还是一代明君，尽管在追求董鄂妃的过程中，显出了大有不要江山要美人的架势，但是在遁入空门无望的情况下，他并没有忘记自己代天牧民的君主身份，及时处置了两个相互勾结的宠臣，他绝不养痈遗患。

吴良辅剃度后，孝庄太后心情也舒畅了许多，这一天她正在侍弄她养的花草，大臣索尼急急忙忙地进宫奏事。

"太后，大事不好，皇上……皇上生病了。"索尼紧张地奏道。

孝庄太后有点诧异，皇上前些天还送吴良辅到悯忠寺剃发，好好的会有什么大不了的病？值得如此紧张，想到这些她平静地问："皇上得了什么病，索大人这般惊慌？"

"御医诊断可能是出痘。"索尼悲伤道。

"啊?!"太后一惊，手里的花枝掉到了地上，闭上了眼睛，身体倾倒。

索尼见状急呼："太后，太后多保重！"

宫女们迅速扶住了太后。

太后缓过神后忙高喊："快扶哀家到养心殿去啊！"

太后在两个宫女的搀扶下从慈宁宫来到养心殿，径自坐在椅子上，殿内太医、宫女都要给太后行礼，被太后止住。太后急切道："曹太医，皇上到底是什么病？"

曹太医小心地说："回太后，皇上可能是出痘。"

太后闻听此言，终于忍不住流出了眼泪。她清楚地知道，成人一旦出痘几乎无活的希望，小儿出痘也许十活一二。豫亲王出痘而死的例子让太后心有余悸，她心里迅速闪念：宫里又要有大的纷争了。

太后缓缓起身，一个人向顺治的寝室艰难地走去。太后轻轻来至床前，看见顺治的脸上密密麻麻地布满红痘，双眼紧闭，喘着粗气。她再也不忍多看，在床前默默站了片刻悄然离去。

回到慈宁宫，太后跌坐在椅子上，浑身酸痛，心中默默流泪。

太后正在胡思乱想，索尼又来到慈宁宫，看见太后一脸愁容，十分坚定地说："太后，恕臣直言，大清又到多事之秋，今日又要仰仗太后了。皇上病体难测，太后一定要坚强起来。"

太后见索尼也是愁眉苦脸的样子，不由说道："索大人，朝廷的事还得靠你支撑，要密切注意朝中的一切动向，无论大小变故要及时禀报哀家知道。"

"回太后，刚才皇上传旨，单召大学士王熙入殿议事。"

孝庄太后虽然伤心，但她却是一个意志坚强的人，为了大清的基业，她可以舍弃一切。听了索尼的话，她马上重振精神轻声道："以索尼大人看，皇上单独召王熙所为何事？"

"立嗣！"索尼坚定地说，"在此生死存亡之紧要关头，皇上一定是考虑大清的未来，立嗣就成了我天朝头等大事。"

索尼的话重重地敲在了太后的心上。立嗣？皇上会立谁呢？皇后没有子嗣，其他妃嫔之子有四个：福全、常宁、隆禧、玄烨，皇上会立谁呢？为了揣测大臣心思，看他们心有何属，太后遂问索尼："以索大人看，皇上会立哪位皇子？"

老成持重的索尼听太后问自己的看法，心里一动，忙答道："微臣不敢猜度圣意。"

听此言太后说："索大人，哀家多年来很注意你的品行，不愧是皇上信任的重臣，在此国家危难之际，你要多多为皇上分忧，也要为哀家多操心。"

"为主分忧、精忠报国是为臣的职责，臣谨遵太后之命！"索尼朗声回答。

"那好，你先下去，哀家还要把近来的事情好好想想。"

"太后多保重！"说完索尼退了出去。

"太后，内廷大学士王大人求见。"苏麻喇禀告。

太后被这一声喊惊醒，忙问："哪个王大人？"

"王熙大人。"

太后马上振作起来，心里在想这个王熙来此何为？嘴里却马上说："快快有请！"

"不知王大人此时来见哀家所为何故？"孝庄太后静静地看着王熙问。

王熙略微迟疑了一下，马上道："太后，微臣不敢对太后隐瞒秘密，今日皇上召臣入宫向臣传谕立嗣之事。臣以为此事重大，特来向太后奏报。"

太后心里大喜，和颜悦色道："那么皇上欲立哪位皇子为太子？"

"启奏太后，皇上欲立从兄弟为新帝。"

此言一出，如同炸雷在太后头顶响起，她万万没有想到儿子会立他的兄弟们为帝，而抛弃了他的儿子和额娘。太后五内如焚，肝胆欲裂，这表明儿子至死也不原谅他的额娘啊。然而孝庄毕竟是个毅力坚强的人，毕竟经历过大风大浪，她语气缓慢但又坚定地说："王大人，你不愧为我大清的忠臣，哀家知道你的忠心，你且退下，这件事不要对任何人提起！"

"嗻！"王熙答应一声，小心地退了出去。

孝庄太后连夜下懿旨请诸亲王和汤若望入慈宁宫议事。

慈宁宫内，太后端坐上首，安亲王岳乐、承泽亲王硕塞、肃亲王济度、显襄亲王富寿等，几位亲王端坐两侧，汤若望坐在太后身旁。太后看了看诸亲王，严肃地说："哀家请诸位亲王来主要是议一下朝中天大的事。"

几位亲王正纳闷皇太后召他们来干什么，他们还以为是研究皇上医病的事，没想到太后接着说道："如今皇上病体沉重，立新君成了我大清的头等大事，我要听听你们大家的意见。"

大家听了更是一愣，可谁都不发言，因为他们都不清楚皇太后的意思。

孝庄见大家都不说话，只好试探性地说："自古帝位传子嗣长者，我大清先帝驾崩时，就有立兄弟为帝之争。如果当今皇上要立从兄弟为帝的话，诸王以为如何？"

此言一出，全场哗然，众人议论纷纷。但他们又心怀各异，如果立从兄弟，硕塞和富寿有份，他们与顺治是异母同父的兄弟，但安亲王岳乐和肃亲王济度不满。硕塞与岳乐对顺治是忠心的，顺治也器重他们，而济度和富寿对顺治不满。但是在皇太后意思还不十分明确的情况下，他们也得花点心思揣测。

沉默了一会儿，济度首先表示反对立"从兄弟"。他说道："立从兄弟不妥，应择立一嗣子为上。"

硕塞道："择一从兄弟，可免除辅政王欺幼主的事件再次发生。"

就这样争论了很久也没有定议。安亲王岳乐站起身，平静地说道："择嗣而立，千古定制，当今皇子有的已过十岁，完全可以立为新帝，臣以为应立子嗣为帝。"

安亲王如此一说，没有人再说什么，因为众人都看见太后正微笑点头呢，谁也不敢自找没趣。太后见没人反驳安亲王的话，就趁势说道："既然大家都附安亲王之议，那么我们就进宫见皇上吧！"

在大家正出门时，太后与汤若望耳语了几句，汤若望就独自回教堂去了。

其实，顺治决议立从兄弟是有他的考虑的，第一，立从兄弟为帝，可以逐渐将蒙古女人从后宫挤出去，摧毁她们在后宫中的尊贵地位，以便阻止蒙古势力在宫中形成霸势；第二，从兄弟都有独立执政能力，也可以阻止后党、重臣的专权，防止自己的悲剧重演；第三，新帝即使不把蒙古女人扫地出门，但他们与太后、皇后没有什么关系，他们执政后，自会培植一批新的宫廷力量，削弱蒙古后党势力。顺治万万没有想到王熙会去告密。顺治帝比较宠信汉臣，但现在皇上已是日薄西山，同时王熙是汉臣，他深受儒家思想影响，以为皇上应立长子为嗣，怎可另立他人呢。另外王熙也知道孝庄太后在宫中、朝中的势力和威严，更知道宫廷斗争的险恶，他怎么敢在这关乎国本的大事上私自隐讳呢。他虽然知道皇上的固执，但他还是考虑到孝庄的威势，所以他才向太后告密。

孝庄太后率众亲王来到养心殿时天已大亮，顺治刚喝完药，躺在榻上。寒暄之后，太后直奔主题："皇上，你病体沉重，是否考虑了立太子的事？"

顺治沉思片刻道："立太子是件大事，朕想听听大家的意见。"

孝庄道："皇上身体欠安，立嗣大事应该早定，以安臣子之心，定国本之议。所幸皇上尚有四子，应择其一立为太子。倘若皇上有所不测，诸亲王定会拥立你的儿子为君，誓死相辅。"

太后此言已毕，诸亲王立刻齐跪于地大声呼道："请皇上速做决断，立一皇子为太子。"

顺治明白这一切都在母亲的掌控之中，他沉默了很长时间才轻声道："那么就立玄烨为太子吧。"

太后听到这句话吃了一惊，竟然十分合自己的心意，她甚至有点不解。难道王熙说了假话？但是太后立刻镇静下来说："我让人推了玄烨的八字，是极贵的命运，他虽不是长子，但他已出过痘，终生不会再有生命危险，为帝业稳定计，确应立玄烨。"

诸亲王又是随声附和："皇上圣明！太后圣明！"

那日王熙去后，顺治又仔细想过一遍，不久前，自己曾派人问过汤若望，他也主张立玄烨。自己想立从兄弟不过是想避免多尔衮专权这样的事情，细想如果从兄弟们也互不服气，还不如立幼子使国家稳定。自己继位也算一个实证，真如此他也就心安了。于是说："你们跪安吧，立玄烨为太子。"

太后接着说："诸王听着，你们食君禄报君恩，要竭力为主分忧！"

诸王很懂事地齐声道："谢太后教诲，臣等告退！"

初六夜，养心殿里死气沉沉，静寂无声，只有宫灯里的蜡烛偶尔燃出"啪啪"声，顺治躺在榻上，浑身如火烧一般的难受，他静静地注视着一点点燃尽的红烛，心里生出一丝悲哀和凄凉，自己大概和这根蜡烛差不多吧，不久将燃尽最后一滴油，从此在这个世界上消失。他突然喊道："来人！"

"奴才在！"一个小太监忙跑过来跪在地上。

"传王熙大人立刻进见！"

"嗻！"小太监转身而去。

不多时，内廷大学士王熙跪在了榻前。

顺治在榻上吃力地说："朕患痘，势将不起，尔可详听朕言，速撰诏书，即就榻前书写。"他长出了一口气，王熙想起顺治对自己的多年宠信，泪流满面泣不成声。

"君臣遇合，缘尽则离，尔不必如此悲痛，此何时，尚可迁延此事，致误大事？"

王熙这才伏地磕头，拭泪吞声，握笔草诏。刚写完第一段，顺治一阵剧烈咳嗽，口吐鲜血，小太监忙用手帕擦拭。王熙马上道："臣恐圣体过劳，请皇上授圣衷，臣仔细写完后再交由皇上过目。"

顺治确实也支持不住，就缓缓地一句一歇地口述其意后，让王熙自己去写。

王熙连夜拟诏，反复修改，天亮时终于将写好的诏书交与顺治。王熙刚走出养心殿，迎面碰上了孝庄太后，二人打过招呼后，王熙离去，太后进殿。

太后来至龙榻前，顺治有气无力地说："母后，恕儿不能施礼相迎。"

太后坐在床沿上，用手轻轻拍了拍顺治的手算是安慰，自己也抑制不住自己的泪水。她本来还想与顺治议辅臣之事，可是看到儿子的情况严重，又不忍让儿子为此操心，只好把自己要说的话埋在心里，说道："母后天天为你祈祷，希望你能尽快康复龙体。"

"母后，儿自知将不久于人世，这些年来我们母子虽然在有些事情上多有分歧，但儿子深知母后也多是从大清祖业考虑，现在我大清又到关键时刻，不知母后有何考虑？"

太后听顺治这么一说，再也忍不住而失声痛哭。皇太极死后，母子俩的处境实在不如人意，甚至是有苦难诉，顺治亲政以后也确实有所建树，可惜天不假年，如今奄奄一息。大清朝宫廷斗争又要起纷争，孝庄太后毕竟不俗，她强忍悲痛说："额娘真的很欣慰，本来辅政大事由皇上独断就行，现在你问额娘，说明你还信得过额娘。新皇太小，辅政之事，事关国家安危，宜早做定议，以稳定朝局。额娘以为要防睿亲王故事重演，应废除摄政制，改为辅政制，由皇上挑选几位忠诚可靠的重臣委以重任，让他们佐理政务，一切政事经共同协商。凡欲奏事，共同启奏。使他们之间彼此牵制，难以独断专行。议之结果，必须经过太皇太后和皇帝的许可，才可以谕旨的名义发布天下，皇上以为如何？"太后见顺治点头，继续说："辅政大臣不能由宗室诸王担任，可选用上三旗异姓重臣，以免诸王倚仗辈分权势轻慢幼主。索尼、遏必隆、鳌拜等属两黄旗，且志虑忠纯，苏克萨哈虽隶属正白旗，但此人刚正不阿，不事奉承，多尔衮专权时不但不得重用，反而受到百般打压，后来首揭多尔衮之劣迹，立下头功，而他居功不傲，一直忠心耿耿，此乃贞良死节之人，大可信用。"

顺治听到这里笑了，他把圣旨递给母亲，太后看后悬着的一颗心终于落地了。儿子真不愧为明君，尽管在废后等事上母子如同水火，可在关于大清基业上，母子意见却惊人地一致。只是在四位辅政大臣的排序上苏克萨哈排在了遏必隆和鳌拜之前。

顺治说："按此四臣索尼资望德才俱佳，惜乎是老了点；苏克萨哈颇有才具，忠心耿直，敢于任事，却又资望太浅；遏必隆凡事不肯出头，柔过于刚，但绝不至于生事；鳌拜明决果断，兼文武之才，惜乎失于刚躁。四人若能同心同德辅佐幼主，朕也就可以放心去了。"

初七中午，索尼、苏克萨哈、遏必隆、鳌拜四位辅政大臣被召到养心殿。四人跪在榻前，顺治有气无力地说道："尔等都是朕任用多年，始终对朕忠心耿耿之人，今朕把幼主托付尔等，尔等应竭尽全力，辅佐新君。为人臣者，能得托孤之信为三生之幸，望尔等能效三国诸葛孔明，鞠躬尽瘁，而不法汉之霍光。"

子夜时分，顺治终于走完了他短暂、辉煌而又坎坷的一生。二十四个春夏秋冬伴着那说不尽的哀怨和苦痛，融入了浩浩的天际中。

正月初九清晨，金水桥畔，松柏垂泪，河水呜咽，六部、寺、院、府百官齐跪于金水桥外，大学士王熙朗声读诵大行皇帝的罪己诏。百官正在思索着大行皇帝的"检讨书"，又听到王熙宣道："八旗及外藩蒙古和硕亲王以下，奉国将军以上，公主以下，固小格格以上，和硕福晋以下，奉国将军之妻以上，咸集养心殿前诣大行皇帝几筵，焚香跪哭奠酒。固山额真、昂邦、章京、承政等以下官员，齐集乾清宫前，其妻等命妇齐集大清门，各按旗序立举哀。第二日，梓宫安放景山寿皇殿，王公贝勒、文武百官，哭临三日，诸大臣各返衙门守制，二十七日严禁回府。"

顺治皇帝的大丧办得十分隆重，灵堂就设在养心殿。一床陀罗经被，黄缎面上用金线织满了梵字经文，一袭一袭铺盖在皇帝的梓宫——金匮之中，安息香插在灵柩前的一樽鎏金宣德炉内，细如游丝的青烟缭绕在大殿，宣告它的主人灵魂已升到三界之外，一道懿旨传下，文武百官都摘掉了披拂在大帽子上的红缨子，礼部堂官早拟了新皇帝御极的各项礼仪程序——先成服，再颁遗诏，然后举行登极大礼。

巳时二刻，六十多岁的索尼——首席顾命辅政大臣至慈宁宫请训，并迎皇太子爱新觉罗·玄烨到乾清宫成小殓礼。新太后佟佳氏为人寡言罕语，拙于辞令，有些应付不来，便瞧着孝庄太皇太后道："请母亲慈训。"孝庄太皇太后搭眼瞧时，看到老态龙钟的索尼泣血伏地请训，便想到自己一生的遭际：少小入宫，盛壮时丧夫，费了多少周折，经了多少惊险，周旋于多尔衮、济尔哈朗之间，好不容易才保住了儿子的皇位，才过得几天安生日子，便又遭此变故！心里一阵酸楚，眼泪早流了下来："你是先朝老臣，要节哀顺变。三阿哥聪明是尽人皆知的，你们好好保扶他，他长大自然不会亏负你们！你把这话转告顾命列位，也告诉他们，我的这个小孙孙我也是保定了的，你们素日知我的本性，惹翻了我也会够你们受的！就这些话，苏麻喇，你送皇太子去养心殿。"

苏麻喇从阁后拉着八岁的玄烨走来。他好像有点不太自然，给太皇太后和太后各请了个安说道："皇额娘，我要阿姆一同去。"

"阿姆"便是奶妈，孙氏听到皇太子叫她，赶紧出来，拉着玄烨的手说："好阿哥，听话，从今儿个起，您就是皇上了，不能再任性，阿姆不过是个包衣奴才，这种地方是去不得的。"

"苏麻喇告诉我，无论谁都得听皇上的，皇上的话就是圣旨，我现在下圣旨：'阿姆陪我去！'"玄烨执拗地说。苏麻喇在旁抿嘴发笑，拿眼望着新太后。

佟佳氏深感欣慰也有几分得意，瞧见孝庄也在点头微笑。跪在一旁的索尼也是一愣，惊异地望着这个即将君临天下的小主子。玄烨一手拉着孙氏，一手拽着苏麻喇就要出去，慌得索尼连忙起身，以老年人少有的敏捷抢出一步，高喊一声："皇太子启驾，乘舆侍候了！"

养心殿内，西暖阁中素幔白帏，香烟缭绕，十分庄重肃穆，中间的牌位上金字闪亮，上书"世祖体天隆运定统建极英睿钦文显武大德弘功至仁纯孝章皇帝之位"。这便是顺治了。按照索尼预先吩咐的，玄烨朝上行了三跪九叩首的大礼，早有内侍捧过一樽御酒，玄烨双手擎起朝天一捧，轻酹灵前，礼成起身。看着这个场面，索尼想起先帝在世时的知遇之恩，不由得老泪纵横，哭出声来，在场的太监、王公贝勒一见举哀，忙呼天抢地齐声号啕，这就算"奉安"了。从此刻起，皇太子便算送别"大行皇帝"，在枢前即位了。

"请皇上入座，接受群臣拜贺，以定君臣名分。"索尼朗声道。

玄烨闻言便大大方方地坐上御榻。诸臣立刻跪地高呼："恭贺吾皇，祝吾皇万岁！万岁！万万岁！"

行过三跪九叩大礼后，玄烨十分镇定地道："众爱卿平身！"

朝贺后，太皇太后召见四位辅臣，庄严地说："常人之间能托孤，乃至友；君臣之间能托孤，乃至信。尔等万不可辜负先皇之至信，同心协力，共辅幼主。"

年近七十的索尼老泪纵横道："臣老迈昏聩仍得先皇信任，虽死难报君恩一二。"

苏克萨哈道："臣出身正白旗而受先皇器重，虽肝脑涂地也难报皇恩，臣为大清赴汤蹈火不惜此身。"

遏必隆见别人都表忠心，也忙说："臣愿尽心尽职，以报先帝知遇之恩。"

鳌拜一捶胸脯，大声道："臣今天的一切都是先帝所赐，为我大清愿上刀山下火海，如有违先帝，天打雷轰！"

太皇太后见四人都表了态，心中大喜道："尔等忠勇可嘉，哀家甚感欣慰，日后你们应竭尽忠心辅佐幼主以报答先皇。"

孝庄扫视了他们一遍，接着说："新皇尚小，着安亲王负责先皇丧事，承泽亲王负责内廷事宜，索尼等人筹备新皇登极大典。"

众臣一一领命而去，孝庄看了玄烨一眼，轻声说道："皇上，眼下急务应赐死贞妃，让她为先皇殉葬，悯忠寺的吴良辅也是无用之人，他代替先皇出家之务已尽，也应殉先皇而去。"

玄烨虽然还不懂得这些事情，但他心里知道太皇太后这些决断都是为他好，他十分敬佩太皇太后的果断，于是他说："一切听从皇祖母的安排。"

一切安排停当后，祖孙二人看到顺治的梓宫，心中泛起了无限的悲哀。玄烨虽小却知失去父亲的苦痛，而太皇太后多年来与儿子虽有不和，但顺治毕竟是自己的亲骨肉。

这天，梓宫从养心殿移出，哭声震天，梓宫前跪立着新皇玄烨、二阿哥福全，另外还有两位皇子，都是披麻戴孝，手执哭丧棒，诸亲王跪在皇子之后，百官人人身披白袍，满满地跪在殿前，梓宫前的纸钱盆内火焰熊熊。

就在众人围着梓宫跪地而泣时，众人看见乾清门的台基上，有一位半百的老妇，身着黑丧袍，面南手扶石基而泣，虽听不到她的哭声，但从那剧烈抖动的双肩上可见她痛哭极哀。

儿子的梓宫从养心殿渐渐远去，宫中哭声沸天而出，渐去渐远，乾清门外的哭声才响了起来，似乎这时，她才醒悟过来，死去的不只是大清皇帝，也是自己的儿子。

在乾清门旁呜咽的哭声回荡的时候，梓宫已来至景山。寿皇殿上，顺治的梓宫刚刚放好，一口小尸棺也停放在了梓宫的旁边，众人都感到惊讶，但谁也不敢多问一句。

小棺内放的是贞妃的尸身，她是董鄂妃的小妹，秉性温良，极像其姐。自董鄂妃死后，顺治一度推爱于贞妃。

应该说顺治是一个重情义的帝王，董鄂妃刚入宫，要封贤妃，其父被擢升内大臣，后又晋封三等伯。顺治十五年其弟十三岁袭爵，被封为一等侍卫，其妹也入宫被册封为贞妃。为了这点宠爱，贞妃竟付出了生命的代价。宫中无情，此言信也。

百日之期已过，茚溪森带领众僧诵完最后一遍佛经，百官轮流向大行皇帝叩首辞行，最后茚和尚手持火炬，点燃了一大堆薪柴，顿时，皇子、诸王、大臣叩首哭泣，各命妇、后宫嫔妃哭声震天，熊熊火焰，呼呼的风声夹杂着噼里啪啦的燃薪声，伴着哭声冲向云霄。

随后，宫外赶来一辆大车，车上装载着顺治生前用过的和喜爱的珍宝器物，来至火堆前，数十名太监大把抓着车上的东西投入火中，谓之"大丢纸"。旁边的僧人眼也不眨，仍念念有词，倒是有些达官显贵们暗暗惊叹，王家富丽，此真大观也。其实也未必是皇家摆阔，烧了这些一是为了把顺治生病期间所用污物除去，二是为了避免新皇帝与孝庄睹物思人，引发悲伤。

大火烧了数日，茚溪森和尚一直在高声朗诵着偈语。在只有顺治才能明白的朗朗佛家偈语中，巨大的梓宫熊熊燃烧，顺治也随缕缕青烟升到了西天乐土。顺治终于在他死后，真正满足了他对佛的向往，最终离开了让他痛苦烦恼的朝堂。

在维护大清和自己利益的斗争中孝庄取得了彻底胜利，这个胜利有一定的偶然性，她也为此付出了惨重的代价：失去了儿子的生命。乾清门上空久久不去的哭声似乎在诉说着她无限的隐痛。

顺治死后的第二天，清王朝正式为其置办丧事。文武百官列于天安门外金水桥下，守候一昼夜，等待着皇宫内的旨意。初九凌晨，宣诏官出来，宣读哀诏：令群臣各退本衙门守制；头九天每日早晚，到乾清门外哭丧；治丧期的二十七天内，不准任何人私自回家。

顺治的灵堂设于乾清宫。乾清门两旁特地建起释、道两个道场，众多的和尚日夜诵经，为顺治帝超度亡灵。整个皇宫一片缟素，清朝入关后的第一位皇帝的丧礼举行得异常隆重。

正月十四日，举行"小丢纸"仪式，也就是焚烧顺治生前用过的部分衣冠珠宝器皿等物。内阁中书舍人张宸目睹其盛大场面，记录道："十四日焚大行所御冠袍器用珍玩于宫门外。时百官哭临未散，遥闻宫中哭声，沸天而出。仰见皇太后黑素袍，御乾清门台基上，扶石栏南面立，哭极哀。诸宫娥数百辈，俱白帕首、白衣从哭。百官亦跪哭。所焚诸宝器，火焰俱五色，有声如爆豆。人言每焚一珠，即有一声，盖不知数万声矣。"

孝庄亲临现场，心中好不凄凉。在顺治死后，她主要的注意力不得不放在稳定整个王朝的全局上，一直处于高度的紧张与忙碌当中。现在，她一下子又必须面对自己的儿子了，而儿子却不再可以跟自己过不去，已永远地离开自己了。她突然间意识到，自己是多么离不开儿子，自己对儿子的爱远远超过一切，即便自己曾对儿子失望，那都是因爱而生。如今，儿子——自己惟一的儿子离开了自己，她已不再有任何埋怨，只有伤心。听着珠宝焚烧时的声声脆响，孝庄心如刀绞，有时候，她真想自己也死去，到地下陪伴守护自己的儿子。可是，她不能，她还有重任在肩。看着眼前哭成一团的玄烨，孝庄心中更萌生了巨大的责任感。她不仅不能死去，而且应该更加坚强，一定要培养教育好自己的孙儿——新皇帝康熙，一定要让大清江山在康熙身上传承下去。

"小丢纸"仪式后有"大丢纸"仪式。二月初二，顺治皇帝的梓宫转移到景山寿皇殿。文武百官从东华门开始排班，一直到景山，跪列道路两旁。此次移送的不仅有顺治的棺椁，还有他生前所用的一切绫罗绸缎、帐房什器，乃至不可胜数的金银珠宝。这些器物均在"大丢纸"仪式中焚毁。

对于顺治收入宫工的大批佛像，由孝庄下令，将它们分赠京城大小寺庙。

二月初五日，百官到景山焚烧国丧期间佩戴的素带，以示"圆孝"。大丧礼终于宣告结束。

顺治的灵柩一直停放至百日。按照他的遗愿，由他生前交好的僧人茚溪森主持，予以火化。

茚溪森本在南方，此次来京，原是应召为顺治的乳母李氏理丧的，没想到半路得到皇帝驾崩的消息，于是日夜兼程，于四月十六日到达北京，主持了四月十七日皇帝百日仪式。

上午，已经登基的康熙皇帝（即玄烨）亲临景山寿皇殿外，让茚溪森为顺治皇帝的梓宫举火。

梓宫上已泼上易燃的油料。茚和尚庄严法相，穿袈裟，一手持禅杖，一手举火把，高声喝道："大众！山门前得底（的）句，禅堂里商量去，进到方丈，不必再举。何也？慈翁不肯辜负汝，若有人知落处，许他随我去。"说罢，将火把掷出。巨大的梓宫顿时燃烧起来，一会儿便成灰烬。茚和尚亲自将顺治的骨灰装入宝宫（即骨灰盒），呈给康熙。康熙捧着父皇的骨灰，不禁流下眼泪。

茚溪森还等着新皇帝的礼遇，并借机发扬佛教。但康熙皇帝并没有特别说什么，只是令他还山。茚溪森预感到自己再无大的作为了，默默地走到顺治皇帝灵前，拈香祝道："大众！弱川无力不胜航，进前也，骑龙难到白云乡；退后也，玉棺琢成已三载，总不恁么也，欲葬神仙归北郊，毕竟作么生？"此佛家隐语似乎含着一种落寞的情绪。

茚溪语录中还有茚和尚一偈："释迦涅槃，人天齐悟，先帝火化，更进一步，大众会么？寿皇殿前，官马大路。"

第十二章
扶助康熙成就大业

一、为什么选中玄烨

顺治皇帝一共有八位皇子，其中皇长子、皇四子、皇六子早殇。玄烨为皇三子，系庶妃佟氏所生。玄烨的上面还有庶妃董鄂氏（并非前文所说的董鄂妃，而是宁悫妃）所生的皇次子福全（1653年生，比玄烨大1岁），下面则有庶妃陈氏所生的皇五子常宁（1657年生）、庶妃钮氏所生的皇七子隆禧（1660年生）、庶妃穆克图氏所生的皇八子永干（1660年生）。

玄烨母亲佟妃，系少保、固山额真佟图赖之女。佟妃"赋性端凝，居心淑慎，动娴内则，德合坤仪"。顺治与第一位皇后不和，佟妃得到临幸的机会，并幸运地怀上了皇子。

《清实录》中记录着这样一则故事：顺治十一年春，佟妃诣慈宁宫向孝庄请安，出门的时候，衣裾间生光，就像真龙环绕。孝庄见后，觉得很惊异，便将佟妃留下，详细询问，这才知道佟妃已经有孕，于是高兴地对近侍说，"当年哀家身怀皇帝时，左右曾看见哀家的衣裾间有龙盘旋，赤光灿灿。后果生圣子，统一寰宇。现在佟妃也如此，生子必膺大福。"三月戊申，玄烨出生。诞生之时，宫殿之中散发出一股异香，经久不散。同时，"五色光气充溢庭户，与日并耀"。

这一故事是真是假，此处不做考证。不过，可以确信的是，孝庄对玄烨从小就格外关爱。因此，顺治一去世，孝庄就指定玄烨为皇位继承人。

二、成为太皇太后

康熙二年（1663年）十月前，孝庄被称为圣祖母皇太后。十月癸卯日，康熙皇帝率朝臣为祖母上新的尊号，孝庄被称为太皇太后。

按照程序，康熙皇帝首先在八月份传谕礼部："君国之道，必定崇敬孝理；化民之务，首先重视尊亲。我圣祖母皇太后，仁承天德，顺协坤仪，辅佐皇祖太宗文皇帝（指皇太极），肇建丕基。启皇考世祖章皇帝（指顺治皇帝）宅中定鼎。朕继承担当宏图伟业，恭敬遵从圣祖母懿训，仰惟恩德，爱戴弥殷。"因此，有意为圣祖母皇太后上尊号为"昭圣慈寿恭简安懿章庆敦惠太皇太后"。令礼部挑选好日子，为圣祖母及二位母后上尊号。

十月壬寅日，一切都已准备就绪。康熙皇帝派遣礼部官员告祭天地、太庙、社稷。

癸卯日，黎明时分，值班内大臣、侍卫、内院、礼部官员便穿上朝服，集合起来。宫中摆设了六座太皇太后、两宫皇太后的册宝彩亭。其中，太皇太后的册宝彩亭置放于太和殿的正中。

上尊号仪式是大清王朝所有仪式中最为隆重的一种。场面之庄严，不必细说。

最主要的环节是颁布册文与宝文。其中，太皇太后的册文内容是：

昌源茂衍，荷慈训之贻谋。景历初赝，奉彝章而晋号。欢腾宫籥，庆治寰区。钦惟圣祖母昭圣慈寿恭简安懿章庆皇太后，至仁厚德，配地承天。辅皇祖以式廓丕基，懋著肃邕之化。启皇考而载恢大业，益隆圣善之规。顾眄躬之嗣缵洪猷，赖懿教之恩隆诲迪。敬循显扬之典，用抒孝养之热忱。谨告天地、宗庙、社稷，率诸王、贝勒、文武群臣，恭奉册宝，加上徽号曰昭圣慈寿恭简安懿章庆敦惠太皇太后。

从册文中可以看出：孝庄此时的尊号与原来相比，除"皇太后"变为"太皇太后"外，还在原有尊号的基础上加了"敦惠"二字。封建王朝的帝王为表示对自己祖先的敬意，便采取不断在字号（尊号或谥号）上加字的方式，以至于每一个皇帝皇后的字号都显得特别冗长，令人不明白什么意思。这也是中国一种特殊的"礼"文化。

"礼"与"名"，从上而下，不厌其烦地在既定的规矩中予以贯彻，无形中转化为一个国家的内聚力量，成为整个社会伦理道德的主要内容，稳固与加强王朝的统治。客观地说，中国传统而繁琐的礼仪，尽管

有不少弊端，但其可取性也是很强的，尤其放在当时的时代。

当然，我们现代人已不再需要太抠字眼。即便是册文内容，我们只需要知道，那里面最主要的意思就是：概括了一个人的主要功绩，然后表达了册封者的崇敬之情。其主要目的是：让普天下的民众更加尊崇伟大的太皇太后。

三、四大臣辅政时期

康熙登基时只不过比他的父亲登基时大两岁而已，按照清朝旧制，皇帝年幼，政务应由宗室诸王摄理，孝庄对此有所借鉴，也为孙子配备辅政大臣。但她又不囿于成法，进行了大胆更张，为了避免再次出现类似于顺治初年摄政睿亲王多尔衮擅权独断的局面，她决定辅政大臣不从皇族宗室中的长辈中遴选，而在异姓功臣中选拔大臣，并且把辅政大臣增加到四个人，以便相互制约。皇族宗亲勋贵对辅政大臣只是实行监督，再由太皇太后对军国大政总裁。所以，康熙帝登位后，内有祖母太皇太后孝庄懿训，外有索尼（正黄旗）、苏克萨哈（正白旗）、遏必隆（镶黄旗）、鳌拜（镶黄旗）四大臣辅政。在四位辅政大臣中，索尼曾为太祖一等侍卫，四朝元老，功勋卓著，位居四辅臣之首，但他年老多病。苏克萨哈的爵位在遏必隆和鳌拜之下。四大臣辅政体制的制定，杜绝了宗室诸王摄政的一些弊端，因为皇亲宗室成员摄政，往往权势过大，功高震主，皇帝的正当权益时遭侵犯，加上他们又是皇室血脉，按清初的制度是有资格竞争皇嗣的，这也会威胁到皇权的稳定。

康熙继位后，四辅臣直接处理军国大事，虽然"裁决庶务，入白太后"，但孝庄对他们深为信任。四大臣辅政之初，担此大任，诚惶诚恐，尽心竭力，和衷共济，实践他们在顺治皇帝灵位前的誓言。

但是随着孝庄对他们大胆使用，辅臣权力愈来愈大，加之没有监督、约束的相应机构，从而为个别人结党营私、擅权乱政提供了可能。辅臣中两黄旗的索尼（正黄旗）、遏必隆、鳌拜（镶黄旗），与正白旗苏克萨哈的关系日渐紧张。另一方面，随着时间的推移，鳌拜居功自傲，权力欲逐步滋长，他联合遏必隆，扩展镶黄旗实力，擅杀朝中与自己存有积怨的满臣，专横跋扈的作风愈来愈显著。四辅臣于辅政期间做了不少有益的事，然而对处理满汉关系，却采取保守、倒退方针，在恢复祖制、首崇满洲的旗号下，歧视汉官，使后者的积极性受到严重挫伤。当时，反清复明的战火尚未完全平息，经济凋敝，百废待兴。因满臣还缺乏治理经验，又不能与汉官密切合作，以致大大妨碍了国家机器的正常运转，而一些投机分子逐步取得辅臣信任，为非作歹，更加重了问题的严重性。

四大臣辅政前期是有成效的，鳌拜的擅权乱政也不能全部算在孝庄身上，因为她作为女人，按清制是不能在前台干政的，这些都是难以改变的现实；再次，也是最重要的一点是，孝庄对辅臣中的弊端并非毫无觉察，也并非无所作为。

康熙年幼，孝庄按例决定了康熙第一次大婚。在备选的妃子中有四辅臣之首索尼的孙女赫舍里氏，同属镶黄旗四大臣之一、与鳌拜亲近的遏必隆的女儿钮祜禄氏，又有号称"佟半朝"家族的女儿佟佳氏。还有出身一般的低级官员的女子。

结果是索尼的儿子、内大臣噶布喇之女赫舍里氏正位中宫，遏必隆之女被纳为皇妃。在为孙儿择立皇后时，孝庄舍去遏必隆之女，选中赫舍里氏，旨在防范鳌拜借镶黄旗之女成为皇后之机，进一步扩大实力，同时也是针对主幼臣骄的情况，让鳌拜的女儿落了选，对清朝元老索尼及其家族予以荣宠和笼络。这些措施，更是对鳌拜的一次警告和打击。

康熙大婚标志少年皇帝离亲理政事已为期不远。换言之，孝庄是以此为孙儿早日亲政制造舆论，打下基础。当鳌拜得知康熙选后的结果时，因希冀落空，"心怀妒忌"，气恼万分，竟与遏必隆一起入宫"奏阻"，这恰恰证明孝庄这步棋的巧妙：既分化了四辅臣，使索尼同鳌拜之间出现芥蒂，又促使索尼更效忠皇室，增加了皇室的力量。不过，孝庄当时对鳌拜还未完全失去信任，他落选的女儿随后被指给了宗室郡王为福晋，又将顺治的女儿嫁给了鳌拜的侄子，这体现了孝庄在分化鳌拜党羽的同时，继续安抚鳌拜，仍希望他在辅臣任内善始善终，能有好的结局。

康熙五年（1666年），发生圈换土地事件。尽管明知孝庄和康熙皇帝反对两黄旗与两白旗互换圈地，但是鳌拜仍然敢于矫诏处死赞同帝后意见的三名重臣——大学士苏纳海、直隶总督朱昌祚、直隶巡抚王登联。索尼和遏必隆对此采取默认的态度，朝臣更是没有谁为这三人鸣冤，等于公然抹了太后和皇帝的面子。鳌拜并未领会孝庄的包容苦心，在擅权乱政路上已愈走愈远。

康熙六年（1667年）七月初七日，康熙"躬亲大政"，但辅臣们"仍行佐理"。孝庄特为康熙收权安排一过渡阶段，以使他在实践中逐步提高；同时也让辅臣有个适应过程，将他们因交权而产生的失落感，减少到最低程度，从而保证此次权力交接稳妥进行。

索尼和遏必隆成为皇帝丈人之后，虽然有心帮助太后和皇帝，但是此时鳌拜已经根深蒂固了。更糟的是索尼身体也不行了，大婚不久，首辅索尼就死了，虽然临终时他仍然不忘上表请求皇帝亲政，但鳌拜已成了一座难以撼动的大山。

索尼去世后，鳌拜更难制衡，恰在这时，另一辅臣苏克哈上了一首奏章，要求三辅臣一起退休，让康熙亲政。

苏克萨哈上了奏章的第二天，鳌拜坐在书房正闭目养神，一个仆人抱了一个小黄匣子走来，把小匣子轻轻放在案上退了出去，匣子里全是今日皇上批过的奏折，依先帝留下的惯例，大臣的奏折任何人不得带入私宅。索尼病重后，经太皇太后恩准破了先例，索尼去世后，这特例又转到鳌拜手上。鳌拜漫不经心地拿起一奏折看了两眼就惊住了。他立即让儿子那摩佛派人去请班市尔善和阿思哈。

不大一会儿，二人即到，鳌拜把一份奏折递给二人看，原来这是苏克萨哈的奏折，上面写着："臣苏克萨哈启奏陛下。臣生性耿直，见罪于人众也，昔日从龙入关，虽立微功，而先帝重用，今位列辅臣。臣受命以来，夙夜忧叹，然臣才疏学浅，不能匡扶朝政。幸陛下已亲政，已能担国事，臣请辞去辅臣之职，愿做一人主之奴，请为先帝守陵，以报先帝厚恩。"

"大人，苏克萨哈辞职是好事啊，您何必如此惊惧？"阿思哈问。

班布尔善道："这哪里是辞职啊，这分明是要挟鳌拜大人也辞辅臣之职。"

鳌拜道："正是这样，班大人看此事如何处置？"

"鳌大人，苏克萨哈的辞职如果是受人指使，问题就复杂了。"班布尔善道。

"你是说宫中？"鳌拜又是一惊。

班布尔善又指着康熙的朱批念道："苏克萨哈受国恩，乃先帝顾命大臣，理应竭忠佐理政务，为何出此辞职之言论？着议政王岳乐问他，朕躬究竟有何失德之处？致使该大臣不屑辅佐？朝政有何阙失，该大臣何不进谏补遗而欲前去守寝陵？该大臣是否身受何种逼迫乎？"

班布尔善看了看鳌拜道："苏克萨哈请辞并不可怕，可怕的是朱批，皇上是不是在拿这件事做文章呢？苏克萨哈上奏请辞，为何着安亲王去问而不是鳌大人？皇上亲政时间并不长，苏克萨哈辞职，皇上自责'失德'，有何'失德'？如果有'失德'，应该是鳌大人的责任，怎么会是皇上的呢？说苏克萨哈辞职是受逼迫，不得已而为之，是谁在逼迫他？这不是暗示鳌大人吗？"

"以班大人看，皇上意欲何为？"

班布尔善呷了口茶，诡秘地道："皇上故意把苏克萨哈的奏请批发明传，只是第一步，其真实意图是想让众臣都知道大人排挤苏克萨哈，行政中有失德之处。如果鳌大人再不识相辞职，就由安亲王出面弹劾鳌大人，逼你辞职，万一不成功，则可弃卒保车，这一石二鸟之计一定是慈宁宫所设。"

"我倒要看看最终是谁遭殃。"鳌拜愤怒地一捶桌子。

在宫中，康熙与安亲王岳乐也在商量大事。

"皇叔，朕已亲政，然而鳌拜根本没有还政的意思，你认为应该如何处置？"康熙单刀直入。

岳乐昔日很得顺治帝的宠信，从感情上说他愿意帮助康熙，但先帝托孤之臣是四位异姓大臣，皇室近族已成了陪衬，有职无权，能有何作为？他看着皇上盯着自己就真诚地说："臣愿为皇上赴汤蹈火，请皇上明示。"

康熙满意地点了点头，示意苏麻喇把苏克萨哈的奏折交给安亲王看。

等岳乐看完，孝庄开口道："安亲王是先帝的宠王，虽然先帝托孤于辅臣，但真正能在关键时刻助玄烨的还应该是咱自家人。现在索尼已死，鳌拜迟迟不愿归政，终为心腹之患。现在南方有三藩，台湾沦于郑氏之手，北边还有罗刹国，朝中再是这样子，怎能安抚四夷，平定天下？"

岳乐沉思片刻道："鳌拜所为，举朝皆知，人人共恨，可是他趁噶布喇守孝，接领侍卫内大臣之职，如今宫中内外多为他的人，臣担心万一事有不谐，反而贻害圣上，还望三思而后行。"岳乐的担心的确有道理。

"这倒是实情，此事之难非同一般。所以才请你来，此事势在必行。苏克萨哈已经请辞，你可去问苏克萨哈辞职之因，然后去暗示鳌拜辞职，他若愿辞辅臣之职，可保他一切无事。若有异常，只有请王爷召集我皇室贵胄为保皇室而战了。这个脓包儿现在不挤会越长越大，总有一天会有人唱逼宫戏，有谁能做定国公？"

岳乐已经明白了这个暗示，事至今日，也只好骑虎而行了。于公于私他都愿意这样做，于是他说："臣竭尽全力完成此事！"

他们正在说话，突然费扬古从外面急急跑来，到了御前跪地奏道："皇上，太皇太后，大事不好，鳌拜已令大内侍卫和兵部包围了苏大人的府宅，说是皇上的旨意。"

康熙一拍御案，厉声道："贼鳌拜竟敢私改御批，公然抗旨不遵，不除鳌拜大清永无宁日。"

孝庄急切道："皇上要冷静，看来眼下不是除鳌拜的时候，现在看如何救苏克萨哈全家性命。"

正说话间，太监来报："皇上，鳌大人求见。"

孝庄对康熙说："皇上，欲擒故纵，眼下只有忍一忍了。"

康熙来到乾清宫，远远就看见鳌拜正跪在宫外候驾，康熙在曹寅和苏麻喇的护卫下，健步来到殿内，坐在御榻上，说："宣辅政大臣鳌拜见驾！"

听到太监的呼唤，鳌拜很不耐烦地爬起来来到殿上，见礼后不等康熙客气，他就自行站起身。看见他这样，康熙气不打一处来，可是他还是压住怒火道："鳌大人，有何事要见朕？"

"苏克萨哈身为顾命重臣，不知仰报天恩，却大肆狂吠，欺蔑主上，臣接圣上朱批后，十分气愤，着人捉拿了他全家，请皇上发落。"

康熙惊讶道："鳌大人，朕让安亲王去问他为何请求辞职，并未传旨捉拿苏府众人啊！"

"苏克萨哈如此目无君上，分明欺主年幼，理应交议政大臣会议议处，怎能只让安亲王问问了事？不严惩怎能维护圣上尊严？"

康熙见鳌拜脸都变形了，怒目盯着自己，气得想宰了这个国贼，怎奈自己势单力薄，一时还完成不了这事，只好作让步道："苏克萨哈上书请辞是有不妥，就请议政大臣会议议吧。"康熙之所以这样说，是因为他知道岳乐已知圣意，会力保苏克萨哈。

康熙带着一肚子气来到骑射场练功夫，他把剑舞得呼呼带风，似乎替他出了怒气，直练得大汗淋漓。

刚回到储秀宫，太监禀道："皇上，安亲王和鳌大人在乾清宫求见。"

康熙面无表情地来到乾清宫，殿外跪着索额图、熊赐履、阿思哈、马尔赛、噶褚哈等部院大臣，个个表情麻木，鳌拜、岳乐领班跪地。

康熙若无其事地坐在御榻上，问道："何事要奏？"

岳乐抬头看到康熙犀利的目光，手捧奏折不敢说话。鳌拜大声道："苏克萨哈一案，奴才等已奉旨议过，苏克萨哈世受皇恩，身为重臣，竟以请辞要挟皇上，欺主犯上……"

康熙终于忍不住了："苏克萨哈不过请辞，怎么会议得这样严重？"他想，安亲王怎么搞的，竟然大气不敢出，遂问，"安亲王，你以为苏克萨哈案应如何处置？"

安亲王还没说话，鳌拜抢着说："欺主犯上，应以谋反罪论处，凌迟处死，全家抄斩！"

康熙气得无法忍耐："苏大人不过说句气话，也不致犯如此重罪！所以，不允所请！"说罢，不顾一切冲出大殿。

来到慈宁宫，孝庄看他气愤难平，不禁吃惊地问："究竟发生了什么事？皇上为何气成这样？"

康熙道："这个鳌拜越来越放肆，竟敢私改御批，妄抓大臣，把持议政会，把苏克萨哈全家一律斩草除根，其心何其毒也！"

孝庄听了也感到吃惊，可她还是说："皇上，此时绝不可与鳌拜闹翻，如果鳌拜一意坚持，也只好以苏克萨哈来换几年大清的平安了，人在屋檐下，不得不低头。昔日多尔衮专横时，先帝便是靠着装成一副不学无术的样子，才没使多尔衮篡位，现在鳌拜远比不上过去的多尔衮，大丈夫能屈能伸，你要先忍耐。"

太后这么一说，康熙又想起了《后汉书》中的故事，他叹息一声而去。

慈宁宫的灯亮了一夜，孝庄想了很多，从儿子登基一直到现在，索尼、鳌拜这些人在昔日都是忠诚的人，特别是鳌拜，敢说敢为，为顺治继位出了大力，为保顺治受了多尔衮多少气，可现在他的忠心哪儿去了？居功自傲，到了与皇上为敌的地步。

康熙一整夜没有睡，他始终没有想出可保苏克萨哈的办法。天刚亮他就吩咐上朝，鸡鸣三遍时，康熙已经坐在乾清门外了。乾清门外听政是顺治留下的老规矩，但他没有康熙起得这么早。

五更整，殿前执事高喊："早朝开始，百官上朝——"

百官闻声鱼贯而入，分立两边，康熙落座榻前，百官施礼后，太监喊道："今日早朝，百官有本快奏，无本退朝。"

"臣有本奏，"鳌拜闪身出班，伏地道，"皇上，苏克萨哈罪大恶极，请皇上圣断，早早结案。"

康熙极力压住怒火道："鳌大人办事认真，朕已了解，此案确有未当之处，理应重议，不必急躁。"

鳌拜厉声奏道："皇上，不杀苏克萨哈，众议难平！"

康熙已读过《中庸》，他要用中原圣人来劝鳌拜。于是康熙劝道："鳌大人，常言道'严于律己，宽以待人'。你与苏克萨哈均为先帝宠臣，国家栋梁，诛杀大臣乃国之大事，不可草率，况且你与苏克萨哈素有不和，不要让人觉得你挟私报复。"

鳌拜心想：黄毛小儿，竟敢绵里藏针，我岂能示弱。于是他高声吼道："皇上此言让臣十分不解，臣与苏克萨哈虽有嫌隙，但都是因公不和，属政见不同，并无私仇，宽待恶人乃妇人之仁。"

就在君臣二人争执之时，泰壁图从中缓和，因设法相劝，遂见缝插针道："皇上，平西王又上奏催要军饷，请圣上决断。"

鳌拜正与康熙较劲，却见半路杀出个程咬金，从中搅和，他上前夺过泰壁图手中的奏折，狠狠瞪着眼道："兵部的折子先由部里会议后再上奏，你为何不议而妄奏，居心何在？"

泰壁图遭鳌拜呵斥，他看到鳌拜凶神恶煞一般，赶紧退了下去。

康熙看到这样的情景，再也没法容忍，心想，再这样相持下去，双方都下不了台，便起身拂袖而去。执事太监忙喊了声："退朝！"尾随康熙而去。

早膳也没用，康熙一直在储秀宫里生闷气，这鳌拜越来越放肆，竟敢在百官面前大闹朝堂，呵斥部院大臣，且大臣们如此惧怕于他，且敢御前拦截奏章，可恶之极，也可见其在朝中的飞扬跋扈程度。

"皇上乃万金之躯，怎能不吃饭呢？天下之事，吃饭最要紧。"太皇太后还没进来便唠叨开了。康熙看了苏麻喇一眼,似乎是在埋怨她惊动了太皇太后。孝庄进来后接着说:"别人还正盼着皇上吃不下饭呢!越是碰到难事,越要放宽心,身体要紧。难道皇上还有祖母经过的磨难多吗?你看,哀家现在不是活得好好的。"说着示意太监把早膳端上来。

吃罢饭,熊赐履又来给皇上讲课,康熙与孝庄都认真地听熊赐履讲道:"皇上,上次讲质帝的故事值得借鉴。越是在紧要关头,越要稳住阵脚,待对方自乱阵脚,自乱必败。"

"朕具体应采取什么策略呢?"康熙十分苦闷。

"皇上,同是一只老虎,是在它发怒时打好,还是在它睡着时打好,道理其实很简单,只不过是旁观者清。"

"现在如何让老虎睡觉?"

"老虎只有吃饱喝足了又没有觉得威胁的时候才会睡觉。只有舍弃苏大人,让鳌拜觉得他一言九鼎,朝中再没有人与他抗衡,他才会麻痹。此事不可拖,拖则生变。请皇上三思。"孝庄点头称是。

"昔日已杀三位忠臣,今日再杀忠臣,朕岂不成万人唾骂的昏君?"康熙不忍道。

孝庄劝道:"自古忠节之臣无不是在国家危难之时挺身而出,舍身取义,杀身成仁。皇上,来日方长,为了大清的基业,只好牺牲几位忠臣的头来换取太平。只要皇上记住他们是忠臣,他们的血就不会白流。"

三日后,鳌拜带着赛本得、纳莫挂剑入宫,被费扬古阻拦,鳌拜大吵大嚷直往殿内闯,康熙听到争吵,大声道:"费侍卫,退立一旁,不得对鳌大人无礼!"

赛本得、纳莫仗剑立殿外,鳌拜昂首进了大殿,伏地道:"皇上,不知苏克萨哈一案如何裁决?"

康熙心中恼恨,却脸上带笑说:"鳌大人,这几日太皇太后一直在朕面前说起你昔日之功,如何拥立先帝继位,如何与多尔衮斗争,保护先帝和太皇太后。只是自从辅政以来,得罪的人多了点,常常被人误会。苏克萨哈的案子,就按你的奏折办,念他昔日有功,就从宽处理吧。"

鳌拜见康熙的口风有松动,顿时心满意足,趁此送个顺水人情,于是说道:"既然皇上说了,那就把苏克萨哈处以绞刑,留个全尸。"

康熙正在琢磨下面的话该怎么接。鳌拜看康熙没说话,生怕有变,立即一个长揖道："臣这就去监刑。"说完便退了出去。

可惜，一代忠臣苏克萨哈以及子孙七人、子侄四人死于奸贼鳌拜之手。

四、智擒鳌拜

苏克萨哈被冤死，鳌拜权势进一步扩大，更为飞扬跋扈、欺君擅权。玄烨去南猎时，让随行的鳌拜奏闻祖母，但鳌拜却不遵旨，全然不把玄烨放在眼中，他的种种僭越行径，已构成对皇权的严重威胁。至此，孝庄终于作出决断，支持并指点孙儿拟定清除鳌拜的全盘计划。

此前孝庄让玄烨广征谏言，制造舆论，通过各种举措，纠正辅臣政治上的失误与弊端，这使朝廷上下人心振奋，玄烨威望日增，鳌拜逐渐走向孤立。与此同时，玄烨身边聚起一批年轻的满族贵族成员，他们朝气蓬勃，索额图即是其中的突出代表。索尼孙女做皇后，更加深了索尼家族与清皇室的关系，也加强了正黄旗对皇室的向心力，并影响到镶黄旗。索额图对玄烨十分忠诚，在清除鳌拜的过程中，成为玄烨最得力的助手。

鳌拜集团附者甚众，盘根错节，已控制中央机构各要害部门。为最大限度地减少动荡和不必要损失，孝庄帮助玄烨制定了"擒贼先擒王"，迅速打击主要党羽，震慑其他成员，稳妥解决问题的基本策略。据此，玄烨命索额图秘密地组织起一支善于扑击的少年卫队，又在行动前有意将鳌拜的一部分党羽遣往外地，以分散其力量。此外，玄烨还采取了其他一些周密部署。

一日费扬古把明珠叫至房中，支走仆人，从袖中取出一黄绢，低声道："明珠听旨。"

明珠心中大惊，马上伏地道："明珠接旨。"

"明珠先祖有功于大清，其父虽在睿王帐下听令，但并没有恶迹，受睿王株连，朕于情不忍，特恢复明珠祖上旧爵，令明珠袭爵，奉旨后入宫，任四品侍卫，钦此。"

"臣谢主隆恩！"明珠连连磕头。

"明大人，快起来。皇上特差在下传旨让你进宫，皇上在等着呢！"

进宫后，费扬古对他道："你站在这儿，什么时候听见喊你的名字就进去，没喊名字不准乱动。"

明珠点头，立在门外不动，费扬占进了殿，见太皇太后和皇上正在商量什么，熊赐履和索额图也坐在殿里。

"启奏皇上，明珠已在殿外。"

康熙不假思索地向张二毛道："宣他上殿。"

"皇上有旨，宣明珠上殿——"张二毛一声高喊。

明珠正在想如何回答皇上的问话，忽听这一声喊，忙跑了进来，跨过门槛，他便跪在地上，根本没敢看殿上何人，便伏地道："臣明珠叩见皇上，吾皇万岁！万岁！万万岁！"

康熙向下望了望，见明珠一身的武装，身材很魁梧，十分高兴，笑道："平身吧，朕让你世袭父职，先在宫中任侍卫，等外任有缺，再改放外任。"

"多谢圣上恩典，臣终生感恩圣上。"

"明珠，你祖上可都是忠臣，就算你父亲在睿王帐前听令，也无恶行，所以皇上才复了你的爵位，日后要想着朝廷的好处。"一个女人的声音说道。

明珠抬头一望，御榻上盘膝高坐一位五十多岁的妇人，明珠明白，她可能就是当今的太皇太后，于是又忙跪地连磕三个头，朗声道："臣流落街头，沦为乞儿，皇上念旧情，恢复臣旧爵，是臣的再生父母，日后甘为皇上效犬马之劳，虽肝脑涂地也在所不惜。"

康熙看了看费扬古，吩咐道："费大人，领明珠去内务府报道，分他到毓庆宫当值。"

明珠去后，熊赐履道："皇上，现在宫中缺的就是明珠这样的人，外结贤臣，内养勇士，是制胜的关键。"

孝庄不无忧虑地看着熊赐履。

熊赐履继续说："大凡权臣均手握重兵，结党于朝，外有强援，内有朋党。处置稍有不慎，便会激起突变，引发事端，古今类事多矣。"

康熙闻言点头道："听先生之言，好像已有除贼之计，说来听听。"

"太皇太后，皇上，见过乌龟吗？它虽然身体很软，可外面有一个厚厚的外壳，外人很难伤害它，若想伤它，只有把它引出来，趁其不备，一举歼灭。"

索额图闻言点头赞许，而后献疑曰："先生之计有道理，不过鳌拜耳目遍及京城，府内侍卫如云，京中重兵在握，就是皇宫中的侍卫也多是他的手下，整个京城都是他的壳，又能把他引到哪儿呢？"

熊赐履笑了笑："索大人，手大捂不住天，鳌拜势力再强大，也不可能把整个京城都变成他的外壳，我们现在的地方他的势力能到吗？汉初吕后铲除韩信是在什么地方？"

索额图佩服熊先生这一妙招，熊赐履接着说："西汉时韩信为汉王立下奇功，手握重兵，功高盖主。刘邦想铲除他，又怕韩信造反，一直无计可施。后来吕后生出一计，传懿旨召韩信入后宫，韩信见后宫都是宫女，赤手空拳，他的戒心全无，很轻松地进了吕后的宫中。正在他与吕氏说话之际，宫女们争相给他献殷勤，扇风捶背，最后把绳索套在了他的脖子上。一代名将，就这样惨死于几位宫女手中。吕后不动声色，用韩信意想不到的方法杀了他。"

孝庄太后很受启发："今日之言，乃国家机密，虽妻子父母不可语，一旦泄露，国家不堪。"

"吕后高明，以天下最弱之人捉杀天下最强之人，皇祖母，我们能否用此法？"

孝庄沉思了好一会儿，才缓缓摇头："不可。韩信与吕后相处多年，以弟嫂相称，可召他进内宫。如果哀家召鳌拜，他不但不会放松警惕，反而会更加小心。"

经过一段时间的策划，孝庄终于想好了一套可行方案。

这天，孝庄趁康熙来请安时对他说："皇上，我想好了一条计策，你听听看。以弱胜强必须保证两点：一奇，二快。只有出奇兵，攻其不备，战必胜，胜必速才可。吕后擒韩信，以女捉男，可谓'奇'也，可妙计不可再用。不过天下最弱之人不过妇孺。吕后用宫女，我们可用小孩，谁会对半大不小的少年存戒备之心呢？"

康熙不解："孙儿听说鳌拜力大无穷，勇猛善战，小孩怎么去对付凶神恶煞？"

孝庄笑道："鳌拜虽勇猛，然十分粗鲁，不善注重小节，尤喜布库、摔跤。若招募数十名十二三岁内侍，以陪皇上习布库为名，天天训练，一则可保皇上安全，再则可作制敌奇兵。"

"皇祖母，这群娃娃兵交给谁调理呢？"

"此事要细细琢磨，精心安排，确保万无一失，若有一点疏漏，都会酿成大祸。我看就交给明珠吧,这孩子身体素质好,又聪明伶俐,且皇上还给了他爵位。"

康熙立即派人把明珠叫来问话。明珠再次来到殿上,孝庄看他穿着官服比以前威风多了,笑眯眯地问:"明珠,现在穿上这官服感觉如何?"

"臣多谢太皇太后和皇上的恩赐!"

"明珠啊,如果有人给你更大的官做,你还会说这样的话吗?"孝庄要探这孩子的城府。

明珠一惊,他知道只有皇上是至高无上的,如果有人敢擅自封别人官职,那他一定是奸臣,必遭满朝共诛之。他心里明白,这是让自己表忠心,忙道:"回太皇太后,小臣虽愚昧,但有一事很清楚,臣的心中只能有皇上,于皇上有益的事,臣当竭尽全力做好,于皇上有害的事臣不但不会干,而且决不许别人干!"

孝庄微笑不语,对康熙点了点头,康熙正色道:"明珠,朕交给你一个任务,从明日起,从八旗子弟中挑选几十名十多岁的少年陪朕练习布库。"

明珠一愣,问道:"皇上,臣愿在御前效力,以生命来保皇上安全,为何派臣去带一群娃娃练习布库?"

孝庄道:"保护皇上不只有在御前,凡是为大清效力的臣子都是保卫皇上,这些娃娃年龄与皇上相仿,陪皇上练布库既可锻炼皇上的身体,也可使祖宗的技艺得以传承。再说,你还在宫中为皇上训练布库对手,如果皇上武艺提高了,你也算立大功了。"

明珠想,虽然不在御前行走,但是自己也算一步登天了,如果差事办好了,不愁日后高升。于是说道:"臣遵旨,定当尽心竭力把皇上交给的娃娃训练成优秀的布库高手。"

孝庄满意地笑了:"你在京中也无处落脚,就在宫中腾间房住下,练习布库的地方就在钦安殿吧,那地方僻静,是个练武的好地方。"

钦安殿在御花园,原是和硕格格孔四贞的居所。孝庄曾下令宫中人等及百官不准私入钦安殿,从那时起这处花中宫殿成了一个安静之所。孔四贞出嫁搬出皇宫,这儿便更安静了。

肃穆的大内中从此来了一群憨头虎脑的小伙子们,寂静的钦安殿热闹起来。每天都可见一群身穿清一色跤服的少年们在院内练把式,竖蜻蜓跳跤步，冲拳踢腿。宫中都知道这是善扑营，少年均是奉旨选来陪皇上作扑击之戏的布库娃。

杀了苏克萨哈后，鳌拜经常在家里举行宴会，结交朋党之事已成家常便饭。

这天赛本得与纳莫从宫中窥探消息回来时，鳌拜正坐在上席高谈阔论，陪坐的还有班布尔善大学士和吏部尚书阿思哈，另外还有穆里玛、马尔赛、泰壁图。居于下首的有那摩佛和迈音达。

鳌拜见二人进来忙问："钦安殿内在干什么？"

"回叔叔，钦安殿里来了一群十一二岁的小孩，在那里摔跤，说是为陪皇上学扑戏而特意送来的，担任教练的叫明珠，是多尔衮手下佐领的儿子。"鳌拜听了点点头。

"鳌大人，皇上弄这么多小孩进宫练布库不会有什么企图吧？"泰壁图发疑问道。

马尔赛进来后，大家给他让了个位子坐下，正吃着一块肉，听到泰壁图的话，把还没嚼烂的肉咽下，抢着说："泰大人过于小心了，我大清祖上立下的规矩，骑射武功是必修科目，这事也值得大惊小怪？况且现在宫中是老的老，少的少，全靠着鳌大人为他们支撑江山呢！要不怎么会加封鳌大人为太师，加封那摩佛为太子少师呢？"

听了这话，鳌拜心里舒服极了，喝了口酒，哈哈笑道："本官受皇恩大矣，理当为国分忧，谁敢违抗朝廷，本官定不轻饶，苏纳海、苏克萨哈就是例子！"

班布尔善听出了鳌拜的得意，慢条斯理地说："月满而亏，盛极而衰，大人还是应小心为是。"

鳌拜疑惑地问："班大人所言何意？难道皇室里有人暗算本官？"

"那倒没有，不过依在下看，皇上虽年少，但城府极深，太皇太后也经历三朝，藏而不露，高深莫测，与其共事应高度警惕。"

阿思哈喝了一口酒，面带兴奋之色，笑道："班大人多虑了，依眼下形势，鳌大人位高权重，德高望尊，门人弟子遍布朝野，部院大臣、督抚将军很多是鳌大人一手栽培的，大人在朝中振臂一呼，应者云集，太皇太后和皇上不会不知，怎会对鳌大人动心思呢？"

康熙匆匆来到慈宁宫，孝庄见了，忙问道："何事如此惊慌？"

"熊赐履上疏，指责鳌拜，孙儿不知如何发落，是否留中不发，拿不定主意。"说着把奏疏从袖中取出交于孝庄。

孝庄看奏疏上写道："民生困苦已极，官吏私人加派多于官家所征，各种杂税已超过正额，水旱之年，皇上常下令免除税捐，而实际上却有名无实，地方官照常加收，民生依旧多艰，得到的不过是贪官污吏而已。究其故，非仅仅为地方官之错，其上有监司，监司之上有督抚，故督抚廉则监司廉，地方官不得不廉；督抚贪则监司贪，地方官不得不贪。我朝入关日久，朝政积习未除，国计隐忧可虑，天下治乱，实系于宰辅之身……"

孝庄面无表情看完后，问："皇上怎么看这件事？"

康熙说："矛头直指鳌拜，孙儿想留中不发，以免激怒鳌拜，打草惊蛇，使苏克萨哈的悲剧重演。"

孝庄摇摇头，语气严肃地说："孙儿应马上明发各部院大臣，奏议朝廷行政之失。若留中不发，熊赐履想为皇上制造舆论的苦心就白费了，把奏疏明发各部院，让大臣们都知道朝政积习未除皆因宰相所致，同时皇上下旨斥责熊赐履妄奏，让鳌拜无话可说，这才是两全之策。"

熊赐履奏疏下发后的一次朝会上，群臣交头接耳，康熙适时"啪"地拍了一下御案，大声喝道："熊赐履！"

"臣在！"

"尔以为是朕的老师，便可妄行冒奏，竟敢说我大清腐败无能，天下政事凋敝，以此妄奏沽钓虚名，乱我朝人心，今日若不罚你，满朝文武人心不服。罚半年俸禄，闭门思过一个月以示惩戒。"

索额图听了皇上的话，心里暗暗思虑，这虽然是在敲鸡骂狗，但鳌拜也没话可说，索额图要帮皇上把戏演到底，于是他出列奏道："皇上息怒，臣以为大臣上书言事，乃其本分，即使言过些许也可原谅，臣观熊大人所言，虽有危言耸听之嫌，但绝无沽名钓誉之心，若皇上如此斥责，怕堵塞言路，遮蔽圣听。"

康熙见索额图出面保熊赐履，马上意识到索额图的意图，故意怒道："熊赐履恃恩放肆，朕决不能饶，否则怎能保持我朝正确的言论！"

鳌拜脸上浮起一丝不易察觉的冷笑，奏道："圣上能不庇宠臣，怒斥恩师，可见圣上深明大义，有贤明君主之风，老臣甚感欣慰。"完全是一种居高临下的口吻。

转眼间，钦安殿内众少年入宫已有时日了，功夫日益见长，每次与康熙过招，明知道康熙功夫不如自己，但就是不敢摔倒他。所以他们觉得只要让皇上开心就行，没必要天天苦练。

明珠发现这种情况以后，呵斥道："我们奉旨在此习练，不仅仅是逗皇上高兴，我们要成为天下第一勇士，建功立业，光宗耀祖。若不好好练，日后怎么能担当御前护驾的重任？面对不知深浅的劲敌，怎能有把握取胜？"

康熙来到钦安殿时，正巧碰到明珠在训斥手下，康熙为了活跃气氛，先让布库手们表演对练。尽管跟康熙交手他们觉得没意思，但让他们一一对练时，却个个卖力，谁都怕自己在皇上面前丢脸，表演十分精彩。

康熙不由得鼓掌喝彩。少年们见皇上夸奖，个今喜形于色。明珠为了刹他们的傲气说："这里有两个石锁，你们轮流提着在院内走一圈。"

每个石锁二三百斤，少年们一人提一个石锁用尽全力才能慢慢地走几步，走着走着脚下步子已经乱了。

康熙看得正起劲，脱下龙袍，准备试试身手。突然随从太监跑来，俯身低声道："皇上，鳌大人求见。"

"现在哪里？"

"就在院外。"如此情景康熙略一沉思道："宣他进来。""皇上有旨，宣鳌大人进见！"太监喊道。

"哈哈，皇上，布库练得如何了？"鳌拜进来看见少年们累得满头大汗、步履蹒跚的狼狈相，开心地笑了。

康熙如今一看到鳌拜心里就有气，可还是和颜悦色地说："久闻卿家武功卓绝，今儿能否让朕开开眼界？"

"既然圣上有命，臣不敢不遵，这样吧，老臣的花拳绣腿也不敢在圣前卖弄，臣就试试臂力吧。"你看，这鳌拜说话也乖巧得很。只见鳌拜把大缨帽和朝珠一并摘掉，递与身边的纳莫。快步向门口而去，还没等众人反应过来，就见他已从门口回来，双手举起门口的一只大狮子走了过来，来到众人身边撒开一只手，单手举石狮绕院转了一圈，来到康熙等人面前，他面不改色，气不发喘。突然鳌拜将石狮抛向空中，众人皆惊，那鳌拜不慌不忙，两腿扎下马步，伸出单掌去接住那石狮子，然后稳稳当当放于地上。

康熙惊得愣住了，他只听说鳌拜勇冠三军，武功高强，万没想到他如此神力。

"启奏皇上，太皇太后懿旨请皇上慈宁宫说话。"苏麻喇的喊声把康熙提醒了。

"太皇太后有旨，卿若有事可乾清宫候朕。"鳌拜看着康熙穿上龙袍扬长而去，又看了看场内惊呆的黄毛小子，脸上浮出轻蔑的冷笑，转身而去。

鳌拜离去后，众人才缓过神来，明珠厉声道："看见了吧，人外有人，天外有天，在这个院子里练得不错，出去了就可能栽跟头，井底之蛙！以后看你们还敢偷懒！"

自此以后，少年们一个个在练功时卖力得很，谁都知道冰冻三尺非一日之寒，钦安殿内更多的是摔打声和飞溅的汗水。

过些天，太皇太后来到钦安殿，看到明珠训练的小勇士们个个精神百倍，心里的高兴自不必说，她似乎看到了未来。趁少年们休息时跟他们拉起家常，少年们觉得孝庄像个慈祥的老奶奶。

大年初二，按惯例，百官要上朝向皇上朝贺新年。部院大臣们先向皇上贺喜，然后向鳌拜贺喜，唯有索额图只向皇上贺喜，然后退立一旁。鳌拜虽然面带微笑看一眼索额图，心中却骂道："索额图，你别仗着是名门之后，又有后宫撑腰，总有一天，我会让你知道我的厉害。"

散朝后康熙十分生气。孝庄劝道："什么事都不能急，要慢慢来，现在已到了关键时刻，一定要沉住气，鳌拜越骄横，越说明他对我们麻痹。刚才索额图来慈宁宫说要弹劾鳌拜，你可借此机会将索额图重调宫中。"第二天，索额图上书进一步制造舆论，康熙故技重演，斥索额图不尊鳌太师，反而攻击鳌太师，免去侍郎之职，回宫御前行走。

从此宫中有索额图、曹寅、费扬古等全力准备铲除鳌拜的一切工作。明珠也加紧训练布库手。

这一日早朝鳌拜出列奏道："皇上，臣上次当面奏请皇上让遏必隆大人早日启程，去江宁为平西王筹军粮之事，不知圣上何时下旨？"鳌拜的想法是辅臣现在就自己和遏必隆二人，筹粮本是难事，如果遏必隆把这事搞砸了，以后自己在朝中就是一个人说了算，再也没有对手了。虽然遏必隆与自己不远不近，但他到底是皇亲啊。

"那好吧，遏必隆，你准备一下去江宁筹平西王的军粮之事。"康熙顺水推舟，这事也只有遏必隆去合适。他还要在遏必隆出发前面授机宜。

"臣领旨。"

遏必隆刚谢恩毕，阿思哈出列奏道："皇上，奴才近日接到广西奏，有人在去年考核官吏中徇私枉法，请圣裁。"

康熙闻言大喜，脸上却阴沉着，厉声道："政治清明乃立国之本。先祖在时对贪官污吏恨之入骨，今日岂能容此等小人坏我官场政风。朕令卿为钦差，亲自去广西查办此事。"

阿思哈一愣，此去广西路途遥远，而且那里人烟稀少，瘴气弥漫，没有什么京官愿去。

鳌拜看出了阿思哈的心思，忙为他解围，道："皇上，阿大人主管吏部，不宜离京远行，还是另选吏部他人前往为宜。"

康熙道："阿大人乃一部之首，整顿吏治，广西山高皇帝远，去的官级太低，怕威震不住。就这么定了！"

鳌拜也觉得在这件事上同皇上争得太过分，会引起百官反对，也就不再说什么了。

转眼间，清明节到了，修坟扫墓成了头等大事，这日朝会上康熙道："大清入关日久，盛京皇陵虽有奴才守着，但也日久失修，朕本想巡幸盛京祭祖修坟，无奈国事缠身不能成行，经太皇太后同意，朕决定派和硕承泽亲王硕塞和大学士班布尔善一道去盛京祭扫先祖，修缮皇陵。"

"臣遵旨。"硕塞与班布尔善异口同声回道。

"你二人即日启程，顺道走昌瑞山，也祭扫一下先帝之陵，等到达盛京也就是清明节了。"

班布尔善身为宗室，但能代皇上去祭列祖列宗也是一种荣耀，无论公私都没理由拒绝。

数日后，早朝不见鳌拜，康熙觉得不对劲，问吏部说是鳌拜有病在家，不能上朝。此后多日仍不见鳌拜上朝，康熙遂召索额图、熊赐履等进宫商议，分析结果是鳌拜见他的党羽纷纷被派出京，使他有所担心，另外借此试探一下皇上对他的忍耐程度，摸清底牌再见机行事。

最后索额图鼓足勇气说："为了消除鳌拜疑心，皇上可以去鳌府探视，让他感到皇上的关怀。"

孝庄坚决反对，她怕万一……

可康熙坚定地说:"不入虎穴焉得虎子,朕突然出现在他府上,给他一个措手不及,况且还带着大内高手,外围乔装侍候,谅也无妨。"

一切布置妥当。索额图在鳌府门官前一亮腰牌低声道:圣上闻听鳌大人病了,特来看望,速禀鳌大人!"

门房开门时,早有人后院飞报鳌拜。鳌拜与儿子正在花园散步,一听皇上驾临速回卧房,并让儿子代己迎驾。

那摩佛行礼后,引领康熙来到堂门口,正见两个仆人架着鳌拜出迎康熙,鳌拜见了康熙马上伏地感激道:"奴才何德何能,偶有小疾竟让皇上御驾来视,惭愧之极!"

康熙忙上前扶起鳌拜,安慰道:"卿乃是大清栋梁,当朝宰辅,贵体欠安让朕心中不安,目下国事维艰,卿要快快养好病,辅佐朕开创千古基业。"

在他们说话间,索额图已抢先入室站在重要位置,他看见鳌拜袍子里面露出了匕首,立即紧张起来,以眼神示意侍卫们提高警惕,自己则站在鳌拜身旁,密切注视着鳌拜的举动。

康熙继续说:"卿数日不能上朝,朕十分担心卿的病情,今日见卿气色尚好,想来已初愈无碍。朕回去后再让太医院来人给卿诊治,缺什么药到太医院去取,望卿早日康复。朕还想跟卿学功夫呢。"康熙说得很诚恳。

鳌拜听了康熙的话笑了,皇上毕竟是个孩子,还想着那日钦安殿的事呢,这样想着嘴上却说:"皇上绝顶聪明,稍有人为皇上做做示范,皇上定会无师自通,练成绝世之功。"

"好!朕就等卿愈后,来宫给朕示范。今天不早了,卿体有恙,朕就不再搅扰了,希望卿早日康复,朕回宫了。"康熙说罢起身,在侍卫们簇拥下出鳌府回宫。鳌府众人恭送圣驾离开。

回宫后,太皇太后忙问:"没有什么不顺吧?哀家的心都提到嗓子眼了。"

索额图道:"禀太皇太后,奴才在鳌拜给皇上行礼时,见他袍下藏有匕首。看来老贼心怀异志,不可再姑息了。"

听索额图说此话,康熙也十分震惊。

孝庄沉思片刻,坚定道:"先下手为强,赶在鳌拜党羽返京前动手吧!索额图、费扬占、明珠你们加紧布置!注意保密!"

时值初夏，太阳刚出来便暖暖的，钦安殿内一片繁忙，布库手们在明珠的调教下练得非常卖力。康熙突然驾临钦安殿给他们做战前动员。康熙说："尔等知道朕召你们练布库为何吗？"

众人一惊，皇上为何会说出这样的话，组建善扑营不是专门为皇上作陪练的吗？

康熙继续说："朕召尔等练布库，并非仅仅为了陪朕练布库，还有更重要的事，那就是保护朕、忠于朕，唯朕的命令是听。"

"愿为皇上赴汤蹈火！"众人齐声道。

听到大家表忠心，康熙吩咐拿酒来，然后咬破中指让血滴入酒坛，明珠与众勇士一一仿效，最后每人手持一碗酒。康熙道："朕要铲除鳌拜，朕的成败荣辱，大清江山的稳固与否，全仰仗诸位了，朕愿与诸位同生死共患难！"说罢，一仰脖子就饮了血酒。

明珠激动道："士为知己者死，今日奴才们能得到皇上如此器重，虽死犹荣！"

众勇士纷纷道："奴才愿为大清效力，誓死保卫皇上，保卫大清，誓与大清共存亡。"说完一起饮下手中血酒。

康熙向明珠使了个眼色转身而去，明珠会意，立即安排撒网捕鳌鱼，每天集中训练勇士，不得自由出宫，随时准备擒贼。

一日，鳌拜正在后花厅逍遥地打拳，一名仆从手拿平西王吴三桂的六百里加急奏折来见。鳌拜展开一看，还是讨要粮饷的，语气中明显带有不满。他生气道："本爷正在生病，直接呈御览！"

那仆从小心道："回主子爷，这折子就是皇上退回让主子爷看的，说主子爷是辅臣，应该拟个主意才是，如果再呈送御览……"

鳌拜骂道："遏必隆这个老乌龟，三个月前就去江宁了，平西王不知底细，讨债鬼似的缠着本官何用？"他哪里知道，遏必隆离京前康熙面授机宜，让遏必隆只管游山玩水，不要为云南筹粮。

气了一会儿，鳌拜终于坐不住了，高喊一声："更衣，本爷要上朝。"

来到钦安殿，远远见康熙身着武服在练布库，鳌拜一脸不屑，心中道：这乳臭未干的毛孩子竟这样迷恋布库。再看宫门两边的侍卫都是自己的人，他放心大胆地步入后宫之门。康熙迎着鳌拜走来，脸上泛着潮红，头发被汗水浸湿贴在前额上。见鳌拜要行礼，就说："鳌大人免礼吧，听说卿乃大清朝第一勇士，擅长布库，上次卿又表演了大力神功，很让这些小子们佩服，可他们不知天高地厚，竟想与卿较量布库，不知卿意如何？"

鳌拜差点没把鼻子气歪。自己刚病了没多少天，朝廷的事就没人过问了，吴三桂三天两头催要军粮，皇上反而在这儿练什么布库。

趁鳌拜正愣神，一个布库小童已扑了上来，鳌拜并不躲闪，抓住小童摔出老远，正在这时又有两小童上来，一边一个想扳倒鳌拜，那鳌拜气沉丹田，屈蹲马步稳如泰山，顺势一手一个把两小童抛向空中。

"好！真勇士也！"康熙拊掌大笑，鳌拜趾高气扬正要收势。

突然，十几个小童围成一圈，如猛虎下山般同时扑向鳌拜。鳌拜见状马上迎战，打算卖卖老，怎奈他算盘打错，前面两场是为了麻痹他，其实围过来的十几位，个个精壮勇猛，虽都不是鳌拜的对手，但俗话说："双拳难敌四手，饿虎也怕群狼。"鳌拜终于被精心训练的小侍卫们扭捆住。鳌拜厉声叫骂，也没人理睬，费扬古与明珠迅速窜过来，把刀架在了他的脖子上。只见康熙用轻蔑锐利的目光瞪着他道："把鳌拜关进宫中死牢！"费扬古带着一帮布库手将鳌拜押了下去。

康熙冲进慈宁宫，高喊："皇祖母，鳌拜被捉住了！"他在前面跑，明珠带着几名侍卫在后面跟着。

孝庄手中的匕首"铛"的一声掉到了地上。康熙一下子扑进了孝庄的怀里，孝庄震了一下，立即语气镇静地说："费扬古，你马上去内务府传旨，把赛本得、纳莫二人拿住，凡鳌拜选的侍卫全部换下来，着内领侍卫大臣噶布喇马上接管大内，清除贼党。"二人领旨而去。

孝庄又转身对索额图说："索大人，局势紧张之时，你要多为国操劳，传哀家懿旨，拿住噶褚哈、泰壁图、迈音达，收监入狱，等候处置，你亲自去办！"

"嗻。请太皇太后放心，臣定谨慎行事！"索额图领旨而去。

"明珠，你带人去鳌府捉拿鳌拜全家！"

"嗻！"明珠领旨而去。

紧接着派人密去东北着和硕承泽亲王把班布尔善拿下，解往京师；着人去广西拿阿思哈，也着人去拿直隶总督莫洛回京；着江南织造曹玺速送遏必隆回京。

一切停当，康熙传召议政大臣于乾清宫议事。众大臣纷纷入宫，见宫内戒备森严，卫兵侍卫频频调动，个个心中惊疑，不知出了何事，立在乾清宫前，小声议论着。

康熙一出现在大家面前，大家齐呼万岁。见礼毕，康熙威严道："鳌拜结党专横，欺君犯上，朕已将其拿住，其朋党该抓的也已实施抓捕，今令议政大臣立刻严参他及其同党之罪。"

三个月后，安亲王岳乐奏道："启奏皇上，臣等领旨朝议鳌拜等人罪行，经议政大臣公议，鳌拜等共有三十款大罪。议将鳌拜革职立斩，其亲子及弟亦斩，妻并孙为奴，家产籍没，族人有官职及在护军者，均应革退各鞭一百，其侄赛本得、纳莫凌迟处死。其同党大学士班布尔善、尚书阿思哈、噶褚哈、马尔赛及其以下九人革职斩立决，妻子为奴，家产籍没。"

"为何没有议遏必隆？"

岳乐一愣，面有难色："遏必隆只是附和鳌拜，并非同党，只是有失辅臣之职……"

康熙没等他说完，抢过话题说："革了他的职敲打敲打吧！"遏必隆毕竟是皇亲，且没有太大恶行。

这夜慈宁宫孝庄望着康熙道："为君之道，宽以待人，行仁政，兴王道，此事不必株连过多，除朝中罪大恶极者外，均可免死从轻处罚。鳌拜还是不杀为宜。多尔衮虽有罪，但他毕竟是大清的开国元勋，落了个悲惨的下场，苏克萨哈明知是忠臣也遭杀害，鳌拜虽罪该处死，但他也经历了三朝，确有大功，还是宽容些，免得让大臣们心寒，有兔死狗烹之感。"

于是康熙发明诏：处鳌拜终身监禁；遏必隆革去太师职；班布尔善、阿思哈、噶褚哈、穆尔玛等系部院大臣，皆附鳌拜权势，结党营私，狼狈为奸，为害百端，罪在不赦，全部正法。其他均依议政会奏议。

又拟旨：着刑部为苏克萨哈、苏纳海等以下为鳌拜处死，革职、降级者，一一据实平反昭雪。着吏部整顿吏治，废除辅政大臣，收回批红权。

铲除鳌拜集团这场惊心动魄的政治较量，是康熙君临天下后，孝庄对他的关键性指导与帮助。当时康熙年仅十六岁，还缺乏足够的智慧与经验。若无孝庄的指教他很难在亲政后第三年，便一举粉碎这一把持朝政多年，势力颇大的宗派集团。显然，鳌拜集团存在的时间愈长，对清朝的危害愈大，势必积重难返。铲除鳌拜集团，排除了威胁皇权的危险，扫除了清朝向前发展的绊脚石，康熙真正掌握了清朝大权。

在对鳌拜集团的斗争中，康熙从祖母身上学到了很多东西，除坚决果敢的作风外，给他印象最深的是祖母待人处事宽厚豁达的态度。正是在孝庄的影响下，他处置鳌拜及其党羽时，运用宽严相济、打击面小、安抚团结大多数朝臣的策略，收到了人心安定、朝政稳定的效果。孝庄的言传身教使康熙逐步具备一代名君所应有的宽阔胸怀和气度，这不仅在此次斗争中显示出来，在其以后漫长的统治岁月里，无论是平息党争，还是处理两废太子事件中，或有重要举措时，这种方针策略依然完整地保留下来，足见孝庄的智慧、品德与作风，已经体现在康熙身上，并由他继承、发扬光大了。

另外，孝庄指导玄烨宽大处理鳌拜集团也是对当年两黄旗大臣同心协力拥立顺治的回报，表明她为保护幼孙，从清朝的长远统治计，不得不清除对她效忠多年的老臣时手下留情。作为一位政治家，孝庄的这种做法难能可贵。

五、为康熙选定后妃

孝庄没有让顺治朝的宫闱悲剧延续到康熙的宫闱中来。在康熙的后宫中，既没有宠冠后宫的董鄂氏，也没有冷落后宫的蒙古博尔济吉特氏。虽然康熙生前所封的三位皇后都寿算不高，但是在历代王朝中，皇帝与皇后之间那种真挚的情与爱是非常少见的，最重要的是康熙没有为情所困，为情所累，最终开启了有清一代的盛世基业。

康熙自幼父母双亡，在大婚问题上，按例全由祖母孝庄操办，审时度势的孝庄并没有故步自封，汲汲于满蒙联姻和自己家族的女子。

康熙亲政的前几年，清军入关已有十几年了，满蒙联盟已经牢不可破，孝庄认识到两者之间不必再以联姻作为维系他们的纽带，因此她为孙子选择的皇后再也不是蒙古格格，而是满族勋贵的女儿。此举是从巩固皇权、安定政局的现实需要出发，反映出这位杰出政治家的战略眼光与灵活态度。

赫舍里氏。赫舍里氏（1654—1674年）正黄旗满洲人，生于顺治十年十二月十七日,比玄烨大一岁。

赫舍里氏出身书香世家。从其曾祖父起就通晓汉文化,其曾祖父、祖父、叔祖父及父辈因会满、蒙、汉等几种语言,才能卓越,一向受汗和皇帝的重用。赫舍里氏自幼受到良好的家庭教育,有大家闺秀风范,深明传统为妇之道,入宫后孝敬太皇太后和皇太后。而且她治理后宫"惟敬惟勤,节俭居身",严谨谦和;为人"宽和"大度,对内宫妃嫔、宫女人等"恩以逮下","勤以率下",诸事周到,因此,与上下都能和睦相处。对康熙温柔体贴,进言"恳挚",从无个人索要。赫舍里氏死后,康熙在御制册文中说:"毗予不逮,得尔为多。"她使康熙有一个平和稳定的后宫,有一个温馨融乐的家庭,是康熙理想的贤内助。康熙事业有成,饱含着赫舍里氏的支持。康熙十分满意,感激祖母的选择。

康熙八年(1669年)十二月十三日,赫舍里氏生皇二子承祜,是为嫡长子,康熙和太皇太后都视为至宝。不幸于四岁夭折。康熙与赫舍里氏都很悲伤。五年后,康熙十三年(1674年)五月初三日上午,赫舍里氏和康熙的第二位皇子允礽出世。他是康熙的第七子,因有些皇子早殇,存活下来的皇子排序,他排行第二(皇长子允禔为惠妃纳喇氏所生),是嫡长子,自然高贵,下年即立为皇太子。

允礽降生同一天的下午,赫舍里氏因难产失血过多,逝世于坤宁宫。尊谥为:仁孝皇后。雍正时改谥:孝诚仁皇后。一天之内,几小时之间,康熙经历从大喜到大悲的感情急转弯。他是一位既有坚强理智,又有丰富感情的人。十年恩爱夫妻,心心相印,突然离去,五内如焚。越喜爱儿子,就越痛惜爱妻之死,心底的创痛久久不能抚平。他辍朝五日,之后,除了国事不能丢外,经常沉浸在对亡妻的缅怀之中。

五月初五日,他"迁送大行皇后梓宫于紫禁城西"。五月二十七日上午,亲自送皇后梓宫到京城北郊沙河地区的巩华城,夜晚方归。不论皇后梓宫在紫禁城西,还是在巩华城,康熙都经常前去"举哀"。从皇后去世到五月底,他几乎每天处理完朝政就到亡妻梓宫前致祭哀悼。当年六月至十二月,平均每月去四五次。十四年五月初三日,是赫舍里氏逝世一周年纪念日,康熙于初二日一早赶到巩华城,当天住一夜,第二天祭奠亡灵后始归。从十三年到二十年赫舍里氏灵柩安葬于孝东陵之东的景陵之前,康熙共去巩华城祭奠128次。每年除夕的前一天,他定去巩华城陪伴亡妻一日。

赫舍里氏死后三年，康熙未立新皇后。在太皇太后的催促下，于康熙十六年（1677年）八月二十二日册立遏必隆之女镶黄旗满洲人钮祜禄氏为皇后。钮祜禄氏（？—1678年）与皇后赫舍里氏同时入宫，为妃十二三年，没生育子女。被册封皇后后，主持后宫，博得太皇太后、皇太后和皇帝的好评。可惜，为时只有半年，就于十七年（1678年）二月二十六日撒手人寰。谥号：孝昭皇后。雍正尊谥：孝昭仁皇后。钮祜禄氏之死，如同在康熙那颗受伤的心上又撒一把盐。他满怀悲痛把她的灵柩送到赫舍里氏亡灵所在的巩华城，然后频繁前去向两位皇后致哀。二十年二月十八日康熙到巩华城，次日送钮祜禄氏与赫舍里氏灵柩，前往景陵安葬，一路痛哭，于三月初八日安葬礼成。

康熙的第三位皇后是他的表妹佟氏，后称佟佳氏（？—1689年）。她的父亲佟国维是康熙生母孝康皇太后的弟弟，也就是国舅。佟国维于康熙九年任内大臣，二十一年晋升领侍卫内大臣，后任议政大臣。佟氏与玄烨的婚姻是亲上加亲。先于康熙十六年（1677年）八月二十四日，玄烨奉太皇太后之命，册封佟氏为贵妃，二十年（1681年）十二月二十日，又奉太皇太后之命，晋封佟氏为皇贵妃。她是康熙册封的唯一的皇贵妃。皇贵妃位于皇后之下，众妃之上。由于没有皇后，皇贵妃是后宫实际上的主持人，上下人等对她都非常满意。佟氏只生一女，夭亡。但她对康熙的众阿哥、格格们，视如己生，十分疼爱。雍正皇帝胤禛出生后，由她抚育10年，雍正和他的后代"常怀高厚之恩"。太皇太后于二十六年（1687年）仙逝，她是为婆祖母太皇太后侍奉晚年和送终的首席孙媳，尊老爱幼，至恭至诚。二十八年（1689年）七月，佟氏病重，初九日，康熙册封佟氏为皇后，次日，这位一日皇后乘鹤西归。谥号：孝懿皇后。雍正尊谥：孝懿仁皇后。十月葬于景陵。

康熙时年36岁，与佟氏相处的13年，是人生感情最丰富而又成熟的阶段，对爱情的真谛有了全面的理解和切实体会。因而，丧失爱妻之痛，尤感深切。

一个微雨之夜，"物在人亡"，康熙触景伤情，"悲从中来，不能自己，握管言情，聊抒痛悼"，作诗抒发对这位亡妻无尽的怀念：

月掩椒宫叹别离，伤怀始觉夜虫悲。
泪添雨点千行下，情割秋光百虑随。

雁断衡阳声已绝，鱼沈沧海信难期，

縈忧莫解衷肠梦，惆怅销魂忆昔时。

佟氏死后，康熙未再册立皇后。他的第四位皇后是他驾崩后，雍正皇帝即位，尊生母乌雅氏（1660—1723年）为皇太后。雍正元年乌雅氏去世，尊谥：孝恭仁皇后。与康熙的三位皇后，同葬于景陵。

康熙终身对他的后妃们一往情深，关心体贴。我们举一个小例子：康熙外出，定期给后妃们写信报平安，或报道有趣的见闻，并等待她们的回信。如果他去的地方有特产，便派人送回。亲征噶尔丹时，捎回一些甜瓜干，并在信中写明：先洗净，再用热水泡一会儿，即可食。还说："物虽微而心实远也，不可为笑。"从中可见这位皇帝的一颗普通人的爱心。

六、为顺治"翻案"

鳌拜等人采取保守倒退的政策，使满汉矛盾加剧，出现不利于大清统治的许多潜在隐患。由此反思顺治在世时的治国方针，孝庄逐步意识到：儿子生前的许多措施是相当英明的。特别在安抚汉人、重用汉族官吏，吸收汉民族优秀文化上。

顺治的死，令孝庄非常伤心。她曾策划"罪己诏"，作为对"不孝儿子"的责备。但现在，她意识到自己的不当。在她的默许下，康熙皇帝为顺治彻底"翻案"。

康熙七年（1668年）正月，朝廷为顺治皇帝建孝陵神功圣德碑。碑文中一反"罪己"口气，转而成为歌颂功德的无比赞美之词。文中写道：

皇考（指顺治皇帝）未诞之先，太皇太后尝有红光绕身，女侍惊以为火，近则不见，众皆大异之。又梦异人授一子曰，此统一天下之主也。次日，皇考诞生，宫内红光照耀，香气弥漫，经久不散。……祗奉太祖、太宗成法，治具毕张，敬天尊祖，缮祀亲虔，孝事太皇太后，晨兴问安，长跪受教，披阅章奏，每至也分。……我皇考以精明理政务，以仁厚结人心。法制则细大无遗，德音则遐迩咸遍。故使山陬海澨，莫不覃被恩膏。东至使鹿使犬等国，西至厄内忒黑、吐鲁番等国，北至喀尔喀、俄罗斯等国，南至琉球、荷兰、西洋、海外等。

数百国，见海不扬波，咸曰中国有圣主出焉。

文中对顺治的赞美显然有些夸大，然而可以看出孝庄与康熙对顺治的怀念之情。天底下最伟大的爱是母爱，即便顺治生前再让孝庄操心生气，再做多少背逆之事，孝庄终究不会记恨自己的儿子。从另一个角度看，孝庄此时的治国主张也在发生潜在的变化。

七、练兵、用人、修身——中肯的指点

康熙经过一段亲理朝政、特别是剪除鳌拜的实践，成长很快。不变的是祖母在他心中的地位，仍然是最敬重和最信赖的导师。即使去慈宁宫向祖母请安，陪同祖母出游，也不忘请教和商议国家大事。朝廷重要决策，他或事先请示，或形成草案后，请祖母把关。用人行政，事关重大，太皇太后常有真知灼见，朝中官员升降，康熙多有请示。即所谓"朝廷有黜陟（罢免、升迁），上多告而后行。"

太皇太后眼看着孙儿一天天成熟，相信他会是一位称职的皇帝，放手让他独立地处理政务，不事事包揽和干涉。但她的心丝毫不放松对国事的关心，尤其是那些事关全局，决定大清江山千秋万代命运的大事，她时刻关注、研究，在关键时刻、关键问题上，给康熙以指点。

自剪除鳌拜之后，内外政局安定和平。康熙利用大好时机，调整政策，缓和民族矛盾，兴利除弊，与民休息，生产稳步发展。康熙八年，全国人丁户口1938万有余，田地等543万余顷。逐年递增，到十一年，全国人丁户口为1943万有余，田地等549万余顷。

康熙和太皇太后都为有此大好形势而感欣慰。但全国统一尚待完成，沙俄伺机寻衅，边疆隐患犹存，国内待兴待革之事繁多，康熙不敢稍有松懈。祖母也提醒他，居安思危，未雨绸缪。

康熙十一年（1672年）十二月十五日上午十时左右，康熙到慈宁宫向祖母问安，太皇太后根据太宗时的治国传统经验，告诫说："予虽在宫壶，太宗行政亦略知之。彼时开创，甚重骑射。方今天下太平，四方宁谧，然安不可忘危，闲暇时仍宜训练武备。"

这是讲武备。养兵千日，用兵一时。和平是暂时的。后来事实证明，太皇太后的建议，确实深谋远虑，有的放矢。

康熙遵照太皇太后的教导，抓紧整饬军旅，采取了一些措施。其中，主要者为阅兵和继续组建"新满洲"。

十二年正月，康熙即位以来第一次率诸王、大臣去南苑大阅八旗劲旅。十八日上午八时左右，康熙到太皇太后宫问安，并报告这次大阅的具体安排。十九日前往南苑。南苑在首都城南20里永定门外，周垣百二十里。清朝以其为训练武备之地，设海户1600人，各给地24亩，春搜冬狩，按时习武。

大阅即阅兵，按出征要求，严格规范。并因是首次，所以特别隆重。六部满尚书、内大臣、侍卫及元旦来朝贺岁的外藩蒙古王、贝勒等，都披挂整齐，携带弓箭随行。

二十日，在晾鹰台前正式举行大阅。八旗王以下，四品武官以上，及前锋、护军，都身穿盔甲，于晾鹰台两旁，各按旗序排列。内阁满汉大学士、各部满汉尚书以下三品官以上，及各衙门堂官、翰林、科道等官，于晾鹰台上东首排立。元旦来朝外藩蒙古科尔沁、翁牛特、苏尼忒、扎鲁特、土默特、巴林、阿霸垓、敖汉、喀尔喀、鄂尔多斯、阿巴哈纳尔、吴喇忒、喀喇沁、克什克腾等部诸王、贝勒、贝子、公、台吉等，在晾鹰台上分两翼排立。鸟枪手在晾鹰台西排列。

康熙帝身穿盔甲，登上晾鹰台，御黄幄，命上三旗内大臣、都统、护军统领、前锋统领，各领队伍，自西走到东边排列。诸王、贝勒等也各领本旗官员、护卫，按旗序走到东边排列。听到鸟枪齐发，一起鸣号发喊，自台东结阵奔驰到西边，照两翼排列。星罗棋布，纪律严明，军容甚盛。康熙召兵部尚书明珠说：此陈列甚好，可永着为令。

接着，康熙命在台下树靶，亲发五矢，皆中的。又令内大臣国舅佟国维、内大臣阿密达、护军统领桑遏、新升真定总兵官张华善、头等侍卫费耀色、对秦、吴丹，护军参领法喇纳等射。之后康熙又骑射，一发即中。

外藩王、贝勒、贝子、公、台吉等见皇帝骑射娴熟，军容整肃，都面面相觑，惊叹不已。

康熙自南苑回宫。第二天，去太皇太后宫问安，汇报大阅盛况。

通过大阅，布阵习武，提高举国上下武备观念，勤于骑射训练。这一举措实际上为平定不久后爆发的"三藩"叛乱做了一定的思想和组织准备。

组建"新满洲"是康熙在太皇太后支持下，加强军备，巩固边疆的又一建设性举措。"满洲"即八旗满洲。"新满洲"又称"伊彻（新）满洲"，是与"佛（老）满洲"相对而言。一般指清兵进关后，东北边远地区少数民族自愿加入旗籍者组成的佐领。

早在清朝统一东北过程中，就曾将东北地区各部落和各族人民陆续编入旗籍，从而壮大了八旗力量。康熙亲政之后，谨遵祖母指教，继续倡导组编"新满洲"。康熙十年（1671年）将居于今吉林省珲春东部烟楚（岩杵）河以东沿海一带的东海女真库雅拉人等迁至宁古塔（今黑龙江省宁安），编为12佐领。康熙十二年（1673年），世居松花江下游诺罗河（今饶力河）、乌苏里江和穆棱河等地，累世向朝廷输贡的赫哲族墨尔折勒氏，请求内迁。将军巴海谨遵皇帝"善布教化"的谕旨，将他们内迁到宁古塔附近，编制40佐领，号"新满洲"。为此在巴海原有世职之外，特优加一等阿达哈哈番（一等轻车都尉）。

当时，朝中有人还看不到编组"新满洲"的重要意义，不很重视。太皇太后则充分肯定皇孙的成绩，鼓励康熙，这件事虽然是你祖上遗留之福，也由于你抚柔远人，教化普遍，才能令此辈倾心归顺。怎么可以轻视呢！在太皇太后大力支持和鼓励之下，康熙继续编组"新满洲"，于十六年（1677年），又将新移来的库雅拉人口"编设佐领二十六员"。

以上由赫哲人与库雅拉人编组的"新满洲"共达78佐领。其分布为：吉林与宁古塔40佐领，盛京17佐领，锦州5佐领，广宁（今辽宁北镇）3佐领，义州（今辽宁义县）7佐领。另有6佐领入京为侍卫。"三藩"之乱爆发后，东北各地原有驻防的八旗兵全部调入关内，而驻防任务则由这些"新满洲"接替。可见，编组"新满洲"，对保卫东北边疆，巩固统一的多民族国家做出了重要贡献。

在讲武备的同一次谈话中，太皇太后还指出："至如在朝诸臣奏事，岂无忠诚入告者，然不肖之类，假公行私，附己者即为引进，忤己者即加罔害，亦或有之。为人君者，务虚公裁断，一准于理，则事无差失矣。"

这是讲文治。主要在用人。皇帝不可能每事躬亲，要听取官员的意见，派官员办事。诸臣奏事，有忠诚进言的，也有夹以私心的。皇帝务必谦虚谨慎，以理公正裁决。不可偏听偏信，草率从事。

她对武备、文治的指点，中肯扼要。康熙感受颇深，第二天他向起居注官传达了太皇太后的上述指教，并说：我体会太皇太后的训诫，"人君之道，诚莫要于虚公裁断之一言也"。苏克萨哈全家被杀冤案的教训，令康熙刻骨铭心，他从祖母的教导中特别提取出"虚公裁断之一言"，警示自己，而且以后的事实表明，他一贯谨遵慈训，谨慎细心，尽最大努力秉公裁断。凡拿不准的，或重要的事务，定要征求祖母指点。

关于如何当好皇帝，古代经典多有论述。《礼记》中的《大学》所记博学可以为政。宋代贞德秀根据《大学》之义而敷演，撰《大学衍义》，成43卷，大旨在于正君心、肃宫闱、抑权幸等，对封建皇帝修身、齐家、治国、平天下极为有用。康熙命翰林院将《大学衍义》一书译成满文，于康熙十二年（1673年）二月恭呈祖母御览，并颁赐诸臣。太皇太后大加称赞说，"人主居四海臣民之上，所关甚巨。然代天理物，端在躬行，致治兴化，必先修己。此书法戒毕陈，诚为切要。尔特加意是编，命儒臣翻译刊刻，更令颁赐诸臣，予心欣悦。"

太皇太后支持皇孙学习汉族经典著作，对于翻译刊刻《大学衍义》不仅给予精神上的鼓励，还特发内帑白银千两，赏给有关诸臣。

八、八年平叛，风雨同舟

发生在康熙十二年（1673年）十一月二十一日至二十年（1681年）十月二十九日，长达八年之久的"三藩"之乱，是康熙一生所遇到的第一场暴风骤雨。"三藩"叛乱开始那年，康熙只有20岁，他的使命是领导这场战争取得胜利，同时保证全国生产生活基本无太大波动。在经受这场风暴的洗礼中，祖母是他的主心骨。她关怀备至，不遗余力地辅佐孙儿。

所谓"三藩"，即顺治年间清廷派驻云南、广东和福建三地的汉人藩王，有：平西王吴三桂、平南王尚可喜和靖南王耿继茂（死后由其子耿精忠袭爵）。当年他们奉命南征，击败南明政权及农民军余部，曾为统一中原做出重要贡献。

三藩的建立及其势力的养成，是清廷利用明朝降将平定及镇守南方的结果。清廷入关之后，因为八旗兵力不足，为了对付义军及南明政府的反抗，不得不依靠明朝的降官降将，使之充当前驱，从事招抚工作及武力镇压。在明朝降将中，以孔有德、耿仲明、尚可喜、吴三桂四人替清朝出力最大，所以均受封为王。他们所率领的军队成为八旗以外的重要武力，在入关后替清朝效尽犬马之劳。经过20年的斗争之后，坚决抗清的农民军失败了，南明的腐朽政权也垮了台。这时清廷把八旗基本力量放置在北方，以保卫京师及驻防各重要城池，而南方就暂让给吴三桂等去镇守。吴三桂驻云南，尚可喜驻广东，耿精忠（耿仲明之孙）驻福建，这样便形成了三藩。

三藩各据一方，形成独立王国，其势力已尾大不掉，严重威胁着清政权。三藩的存在，每年要消耗兵饷两万余万两，在经济上也成为清廷沉重的负担。因此，清廷不能不考虑撤藩的问题。康熙十二年（1673年）春，撤藩的机会来了。这时尚可喜首请归老辽东，而欲使其子尚之信继续留镇广东。康熙帝抓住这个机会，即命其父子率属下兵丁家小同撤。吴三桂、耿精忠闻之，也奏请撤藩，目的在于试探清廷的态度。当时朝小大臣畏惧吴三桂的武力，多数人都不敢主张应允。而康熙帝毅然做出决定，吴、耿二藩也一齐全撤。

这一年康熙已经20岁，但他的各项举措仍"多告后而行"。早在撤藩之前，敏锐的孝庄就有了对驻南方汉籍藩王的应有戒心。清初三藩之外，还有另外一个汉王孔有德因功被封定南王，镇守广西，驻军桂林。顺治九年（1652年），张献忠部李定国破桂林，打败孔家军，孔有德手刃爱妾，闭门自焚。其全家被大西军所杀，从定南王府里逃出来的，只有孔有德的女儿孔四贞。孝庄感念孔有德夫妇的忠烈，把尚未成年的孔四贞收养宫中。又以孙延龄为将军代领孔家军余众，驻守桂林。孔四贞入宫后，孝庄和顺治对她恩宠有加，派礼部官员恩格德给孔四贞送去白银二万两，供她日常生活之用，并将孔有德在京圈占的九万亩土地交她收租。孔四贞提出"臣父骸骨，原命葬东京，们臣兄既陷贼营，臣又身居此，若将父骸送往东京，孝思莫展。请于此地营葬，便于守视"，都得到应允。不但将孔有德改葬京师，还以"定南武壮王孔有德建功颇多，以身殉难"为由，特赐孔四贞食父禄，封为和硕格格，孔四贞成了孝庄的义女。她也是清宫中唯一的一位汉族公主。孔四贞成年后又让她出宫，再配有德部将之子孙延龄。三藩叛乱中，孙延龄慑于吴三桂势力强大而投充他的门下，正是孔四贞的规劝，孙延龄表示归顺清朝，孔四贞在这次平叛过程中发挥了很大作用。就在这一年，孝庄还把太宗皇太极的第十四女和硕公主嫁给平西王吴三桂之子吴应熊为妻。

孝庄对朝廷的用人制度非常关心。布尔尼严重地威胁京都的安全，朝廷陷于无兵可调、无将可用的境地。在此关键时刻，孝庄要康熙沉着应付。一方面遣使招抚，另一方面建议派大臣大学士图海领兵前去镇压。据《啸亭杂录》记载："吴三桂既叛，察哈尔复蠢动，事闻，圣视忧之。孝庄曰：'图海才略出众，可当其责'。上立召公，授以将印。时诸禁旅皆南征，宿卫皆空。公奏请选八旗家奴之健者，得数万人。"朝廷派遣一支队伍，开赴察哈尔镇压布尔尼之叛乱。图海不负众望，率他旗下的八旗青壮家奴，居然在两个月后大胜而还。此事说明图海确实"才略出众，可当其责"，更说明孝庄太皇太后对军国大事及清统治集团中每位官员了如指掌，才能做出任贤用能、知人善任的英明决策。

对于孝庄来说关心孙儿的健康也就是她最大的国事。康熙的喜怒哀乐或任何情绪波动，都逃不过她的眼睛。

在三藩叛乱的八年中，祖孙经历的考验太多太艰难了。三乱未平，在台湾的郑氏又挑起战事；一向是大清坚定盟友的蒙古察哈尔部布尔尼亲王也举兵称叛；西北的王辅臣在总督莫洛的激变下也揭旗而起；就是天子脚下也发生事端，杨起隆在京师联络八旗奴仆数千人起事；最糟糕的是统治阵营内部也出现了混乱，索额图等主张仿效汉文帝主张撤藩，汉官中的动摇分子则偷偷地遣家眷回原籍，做好"另仕新朝"的准备，满宫中有人主张应即速撤离京师回辽东。

"午夜迢迢刻漏长，每思战士几回肠。海东波浪何年靖，日望军书奏凯章。"康熙这首名为《夜至三鼓坐待议政大臣奏事有感而作》的小诗，较真实地反映出其运筹帷幄、夜不能寐的心情。这些不能不影响到康熙的健康状况，孙儿有了病痛，孝庄更是焦虑万分，多次劝谕康熙注意身体。

三藩之乱爆发后，康熙的个人生活也迭遭不幸：康熙十三年（1674年）五月，皇后赫舍里氏因难产去世，四年后第二位皇后钮祜禄氏病亡。两位爱妻相继早逝，给康熙以较大刺激。康熙十八年（1679年）七月京城发生地震，房屋大批倒塌，人畜伤亡惨重。康熙禀照六年前（康熙十二年九月）京师地震时，祖母关于遇有灾异，人君"当益加修省"的告诫，立即引咎自责。他"早作夜思，中心惶惧，寝食靡宁"，健康受到一定影响，不得不暂停御门听政。然而祸不单行，康熙的身体尚未恢复，十二月初三日，太和殿突然失火被毁，康熙牵挂年迈的祖母，当即前往祖母宫中问安，康熙认为大火仍是"上天示警"的象征，心情非常沮丧。孝庄一再劝孙儿不要过分忧虑，务必多休息数日，等身体康复后再上朝理政。但康熙放不下国事，十二月初五日一早，又开始御门听政了。

眼看孙儿逐渐消瘦，孝庄极为不安，于是转换方式进行劝阻。十二月初五日当天，她派贴身太监刘忠向领侍卫内大臣阿鲁哈、大学士索额图、明珠等人传谕："皇帝自入秋以来，未甚爽健。且此数年间，种种忧劳，心怀不畅。顷者抱恙，今虽痊愈，但尚未甘饮食。念南苑洁静，宜暂往彼颐养。又昨火灾，闻太子（允礽）亦尔惊恐，可令同往。传语皇帝，勿违吾命。"阿鲁哈等遂奏闻康熙。康熙知道这是祖母的一番苦心，不便相违，对大臣们说："太皇太后念朕躬偶恙，屡蒙降旨。朕钦遵慈命，即幸南苑，明日当徐徐起行。"他带着6岁的皇太子允礽在南苑行围十天，回宫后即以太和殿灾颁诏天下，求言修省。此次南苑之行对康熙身心两益，孝庄心下稍有宽慰。

在"三藩之乱""布尔尼之乱"平定以后，康熙将功归于祖母孝庄，说，"臣祇遵懿训，绥靖寰区，叛逆削平"。在《清史稿·后妃传》中也这样写到："云南平，上诣太后宫奏捷"，意即"三藩之乱"平定之后，康熙到孝庄宫阙表示祝贺，恭庆其祖母有大功。

在康熙一朝，孝庄经历了辅臣之争、诛鳌拜、三藩之乱等一系列政治风云。在孝庄的关爱下，祖孙共同渡过了一道道难关，康熙也成了中国古代在位时间最长的君主（在位61年），而且也是亘古少有的贤明君主。

九、与孙儿的一席话

"三藩之乱"的战火蔓延了大半个中国，在前后八年的平定三藩战争中，康熙皇帝几乎寝食难安。就在平叛战争进行到第四年的时候，孝庄着急了。她不仅为协助皇孙平定叛乱而着急，更为皇孙的皇后之位久虚而着急。

第一位皇后赫舍里氏于康熙十三年（1674年）难产薨逝，至今已逾三载，并未见皇孙有立后之意。康熙皇帝的身边并不缺少漂亮年轻的女人，但立后之事关乎国体，在内战剧烈、政局不稳时愈发显得重要。

孝庄太皇太后隐隐不安，她害怕皇孙康熙步他父亲顺治的老路。每每想到那位"不爱江山爱美人"的情种儿皇帝，孝庄总有不堪回首之感。让她欣慰的是，孙子康熙皇帝颇识大体，聪明过人，比乃父更像个当皇帝的料。可自从赫舍里氏皇后逝后，情况有所不同。出于政治考虑，朝廷打算将遏必隆之女钮祜禄氏立为新皇后，然而，事实上，康熙本人却与表妹佟佳氏打得火热。佟佳氏几成专房之宠，这在孝庄看来却不是好兆头。

康熙十六年（1677年）七月上旬，京城沐浴在初夏的熏熏暖风中。

皇宫内的太和殿上，康熙皇帝正与几个大学士讲论前代的朋党之弊。这个题目并非皇上想出来的，而是太皇太后的懿旨。

说起朋党对历代政权的危害，腹藏万卷的大学士们各逞才华，细数历朝朋党事件，但康熙皇帝更感兴趣的是产生朋党的原因和处理办法。其中，由外戚和太监作乱而造成的朋党之祸，康熙皇帝听得格外仔细，尤其是明朝的例证。

退朝后，康熙皇帝照例去慈宁宫请安，被孝庄叫住了。

孝庄让康熙分析一下导致明朝灭亡的原因。康熙胸有成竹，侃侃而谈，认为："朱明覆亡的症结林林总总，其大要不外有二：一是吏治不整，纲纪颓丧，致使贪官污吏遍天下。文官治政，横征暴敛，民不聊生则思造反。武将安边，虚报军饷，假功请赏，御寇无方，掠民有术；二是宫禁不严，外戚作乱，太监跋扈，以致言路塞绝，朝廷虚设，终致天下大乱。"

孝庄频频点头，表示认同，指出："总其大要，扼其纲领，方是为君之道。"接着，孝庄话题一转，提到另一件事上，说道，"皇后薨逝已经三年了，如果国母之位久虚，势必造成国体不稳，终究不妥呀。我知道皇上甚是中意表妹，本应该成全你们。可是，你父皇的覆辙，你不可再蹈了。那时候，你父亲像是着了魔法，九头牛也拉不回来。他宠幸董鄂氏倒也不算错，可不该将五宫蒙古后妃都冷落一旁。要懂得这可不只是皇家内院的私家事。自打你太宗皇爷娶了我们蒙古姐妹，满蒙两家好得像一家人。正是靠了这门好姻亲，满族才进关坐上了龙廷。唉！你父亲什么都明白，可就在这个情字上看不透……"说着说着，孝庄不由得泪眼朦胧起来。这在康熙看来，是十分少见的。沉默了好一会儿，孝庄语重心长地继续对康熙说："现如今，你也不小了，有些事情该知道了。当初的四个辅政大臣，已去其三，只剩下你的国丈遏必隆。眼下，那三个谋反的藩王闹得正欢，朝廷还得依仗当初几个辅政老臣的势力去平叛。在这用人的当口，皇上在立后的事情上可不能稍有差池，误了国家大事。"

康熙皇帝敛容静听，表情越来越严肃。他已听出了太皇太后的话外之音。听到后来，康熙目光中尽为坚毅之色，说，"孩儿牢记在心，一切听从老佛爷的教诲。孙儿凛遵就是。"

看着孝庄满意的神情，康熙默默地行礼退下。

第二天，康熙皇帝特意来到钮祜禄氏的住处，对其温言抚慰。

接着，钮祜禄氏被册立为皇后。佟佳氏只被册封为贵妃。

此后，康熙帝便不再经常去佟佳氏的寝宫了。他将主要精力投注到国家大事上。

十、支持筹建皇家木兰围场

满语"木兰"，汉语意为"哨鹿"。哨鹿是北方民族传统的猎鹿方式。

半夜时分，猎人身披鹿皮吹牛角仿效鹿鸣，鹿随着鸣声集聚，猎人即行射捕。木兰围场，顾名思义，是哨鹿场所。康熙筹建木兰围场，还有特别的政治和军事作用。

平定"三藩"之乱，扫除社会发展和国家统一的最大障碍，成为大清走向盛世的起点。为了巩固成果，必须毫不停顿地前进。康熙在平叛战争尚未结束时，就开始考虑巩固北疆和统一台湾之事。

在北方，察哈尔亲王布尔尼的叛乱，虽然很快平定，但给太皇太后和皇帝留下深刻的警示。布尔尼是太皇太后姑母哲哲的亲外孙，也是太皇太后的外孙。玄烨是太皇太后的亲孙子，也是哲哲的孙子。外孙乘内孙之危叛乱，说明虽有科尔沁等内蒙古各部和东北的新满洲筑起的北部边防长城，也不能高枕无忧，不安定因素和薄弱环节随处都可能存在。

另外，移居于古北口、宣府及大同边外的察哈尔部众也需要抚绥。

尤其是原牧于巴尔喀什湖以东、天山以北、伊犁河流域的厄鲁特蒙古准噶尔部首领噶尔丹的扩张行为，不能不引起康熙的重视。噶尔丹于康熙十六年出兵兼并青海和硕特部。翌年攻取天山南路的叶尔羌等回部各城，西侵哈萨克、布鲁特等地，东掠哈密和吐鲁番，控制河西走廊，并不断挑拨与干涉漠北喀尔喀蒙古（即外蒙古）内部事务。

巩固北疆与抚绥蒙古密不可分。建立木兰围场，是强固北疆，抚绥蒙古，防范突发事件的一个重要步骤。涉及北疆，尤其是蒙古事务，祖母太皇太后是专家，康熙不能不向她讨教。

康熙于十六年（1677年）九月首次北巡，标志他已把目光开始投向北疆。本月初十日，他先到太皇太后宫里问安，然后动身去遵化，出喜峰口北巡。用半月左右时间，巡视了察罕城（今河北省平泉县南20里）、西尔哈河（源出平泉西北境，南流会济伯格河人瀑河）、喜扎忒河、和尔和克河、胡西汉图、俄伦蒿齐特等地，并经瀑河支流雅图河进喜峰口返回北京。

康熙首次北巡旨在选择适当地点，以便南方战事临近结束，立即在北方设立围场，将围猎、练兵与避暑结合，并相机处理蒙古事务。经过此次初步踏查，大体确定建立围场的方向。之后，还派出理藩院官员、执事人等与蒙古各部联系，并进行实地勘察。经过三年时间，建场筹备工作基本就绪。

康熙二十年（1681年）三月二十日至五月初三日，康熙和祖母外出"旅游"43天。太皇太后去遵化汤泉疗养。康熙陪同祖母，一路护送，同时出巡塞外，决定建立木兰围场事宜。

从京城出发，到达遵化汤泉，要走九天的路程。这年太皇太后69岁，康熙28岁。平叛战争胜利在望，人们紧绷了八年的心得以舒展开。在大队人马的簇拥下，祖孙二人一路漫游，观赏春日景物，倒也优哉游哉。旅途中，晓行夜宿，驻处没有永久性行宫，便设"帐殿""行幄"，即蒙古包。蒙古包是蒙古族的家居，也是满族行军作战、狩猎时的栖身之处。康熙在其中议处国务和住宿。太皇太后对蒙古包有一种特殊的亲切之感，在往返18天的行程中，重温童年蒙古包的生活，以舒怀旧情思，也是一种满足。

三月二十五日，住在迁安县所属白布店村北滦河岸。次日，康熙派人先在河岸边架设黄缎圆幄（大蒙古包），上午十时左右，请太皇太后驾临观览滦河风光。康熙亲率侍卫驾驶小船在河中捕鱼，以奉祖母品尝。皇帝体会荡舟捕鱼者的乐趣，心旷神怡。久居深宫的太皇太后看到这番只在民间才有的朴实景象，看到孙儿脸上那罕见的孩子般的欣喜神情，更是"慈颜喜悦"，于是，慷慨解囊，大加赏赐随从皇帝驾舟捕鱼的侍卫们。所捕之鱼，赐给内大臣和侍卫们美餐一顿。

二十八日，太皇太后到达遵化汤泉行宫。

康熙率诸臣、侍卫等祭奠已故父、母和妻子，并安葬异母弟纯亲王隆禧。同时与祖母充分商议了建立木兰围场有关事宜。于四月五日出发，第二次北巡喜峰口外的内蒙古地方。除上次到过的地方外，还巡视了拜察、毕尔汉、乌兰冈安、穆雷布尔车尔、塔奔海拉斯台等地。喀喇沁、敖汉、翁牛特蒙古诸旗，积极敬献牧场。康熙最后又回到察罕城南，经过西喀布秦口入喜峰口，共用二十天。二十五日回到温泉行宫，向祖母问安，并汇报围场勘测设置情况。

经过皇帝亲自巡视及派人勘测，最后决定在原属喀喇沁旗和翁牛特旗的牧地内，划出周长1300余里，南北200余里，东西300余里，总面积约1万余平方公里的地方，开辟木兰围场，作为皇室狩猎与避暑的禁苑。

木兰围场位于今河北省北部围场满族蒙古族自治县，距北京约近千里。大兴安岭南端高耸于围场的北部，抵挡着寒流对它以南丘陵地带的侵袭，使得气候湿润，冬暖夏凉。场内山峦起伏，森林茂密，河流纵横。各种飞禽走兽栖息繁衍于其中，种类数目繁多。它既是最佳围猎场所，也是理想的避暑胜地。

木兰围场具有重要战略地位，是清代前期北京通向内蒙古、外蒙古、吉林、黑龙江以及尼布楚城（今俄罗斯境内）的重要通道。因此，它的一般浅层用途是狩猎练兵与避暑。而深层作用则在于抚绥蒙古，巩固北疆。

从开辟木兰围场的第二年，即康熙二十二年起，每年征调八旗护军、骁骑1.2万人，于三月、十月、十二月，分三批赴木兰围场围猎习武。康熙本人从木兰围场设立到逝世，只有两年未到围场，一是二十一年（1682年）出巡东北；一是三十五年（1696年）亲征噶尔丹。其余48年，每年一次，率八旗出塞，到木兰围场举行秋狝（秋猎）大典，围猎习武，以野兽为假想敌，进行军事训练。其规模很大，不仅八旗官兵万余人参加，朝廷各部院官员、蒙古各部王公和官员也都参加。内蒙古喀喇沁、科尔沁、翁牛特、巴林、克什克腾、敖汉等旗，每年派1200名骑兵、百名向导，及随围枪手、打鹿枪手、长枪手约300人，协同行围。

康熙通过一年一度的木兰秋狝，接见蒙古各部的上层人物，与他们推心置腹地交流见解，商讨巩固边疆等大事，宴请赏赐，联络感情。并成为定制，规定蒙古王公定期朝见，分"年班"和"围班"。已出痘的蒙古王公有免疫力，可每年年末轮流进京朝见皇帝，为"年班"。尚未出痘的蒙古王公，在塞外轮流陪同皇帝围猎，为"围班"。由于蒙古各部多居住在高寒地带，多数人未出痘，到内地，常因不适应较高的气温，而突然出痘死亡。康熙皇帝选择高敞、凉爽的木兰围场为接见地点，照顾到他们的健康，蒙古诸部甚为感激。

魏源说："本朝抚绥蒙古之典，以木兰秋狝最盛。"当然，抚绥蒙古政策、措施是多方面的，木兰秋狝只是其中之一。康熙认为：古代历朝常据险设防，秦修筑长城，以后历朝修补加固，然边患如常。"本朝不设边防，以蒙古部落为之屏藩。"可见，帝王守国之道，不能专靠"险阻"，重在修德安民，"民心悦，则邦本得，而边境自固。所谓众志成城者是也。"他把民心悦视为巩固边疆的保证。由于政策正确，满蒙民族关系融洽，此后，塞北和平宁静。围场的设立，对后来抗击沙俄、收降外蒙古、征讨噶尔丹，即对北疆的全面巩固，有积极作用。

塞外建木兰围场，使太皇太后离娘家内蒙古科尔沁的亲人们近许多。

太皇太后自从13岁出嫁，一直没回过家乡。她爱塞外风光，爱大草原，爱勤劳勇敢的蒙古牧民。老年人思乡恋旧，她无时无刻不在想念家乡亲人。有了围场，年逾古稀的太皇太后终于如愿以偿，出塞外到木兰围场会见亲人。

康熙致力于加强与蒙古各部的联系，每年去围场与蒙古王公围猎、会面，祖母德高望重，亲临围场，表示朝廷特别重视众蒙古王公，对他的工作是莫大支持。同时，盛夏时节，请祖母离开炎热的北京，到塞外避暑，也有益于健康。

康熙于二十二年（1683年）六月十二日，奉陪祖母，携带10岁的皇太子允礽、12岁的皇长子允禔、7岁的皇三子允祉，从京师出发，前往木兰围场避暑,并接见蒙古各部王公。于二十五日抵达围场入口处宜苏喀布秦昂阿(九隘口)。从此进入围场,经拜巴哈口,于二十七日到达东部的乌喇岱(红山)。

围场很大,在大围场中,根据地形的变化和禽兽的分布,又分设若干小围场。据乾隆四十六年撰修的《钦定热河志》记载,小围场共有69个,但因历朝皇帝即兴赐名,所以名称多有变化。此次太皇太后驻跸的乌喇岱,该志书中的《围场全图》已无此名。我们初步考证,认为乌喇岱应是围场东界威逊格尔围场。康熙陪同祖母在乌喇岱住13天。这期间,他逐个巡视附近的噶海图(野猪川)等八个小围场。然后与祖母一同出发去围场最北部的拜察。

这个拜察,在《围场全图》上也不见其名。从其地理位置看,应是围场极北界、兴安大岭脚下、后来称为都呼岱的小围场。史载:"都呼岱为围场极北界,其北则兴安大岭拔地际天,广袤不知纪极。其中峰曰巴隆桑阿苏极台,蒙古奉为鄂博者也。"此山是内蒙古的制高点和适中地,"塞外诸山尽出其下,地当蒙古诸部道里之中",与蒙古诸部联系,极为方便。

康熙在拜察接见前来进贡的内蒙古各部王、贝勒等。闰六月二十六日中午,在拜察行宫前张黄幄,设御座、仪仗,皇帝大宴款待,之后颁赐赏品。

康熙《驻跸兴安》诗序,记载当时接见内蒙古各部王、贝勒的盛况和意义,说,"于时远迩大小藩臣,各率其属,趋侍行殿,既干苗以讲武事,复燕衍以怀远人。""干苗"典故,出自《诗经·大禹谟》中的"舞干羽而苗格"。相传大禹三苗作乱,禹王令人们手持假盾、假戈,以及用短雉羽毛、旄牛尾装饰的旗,翩翩起舞,结果平息了三苗的反叛。燕衍,是欢宴。"干苗以讲武事","燕衍以怀远人",道出了设围场,既行秋狝,又加宴赏的深远意义在于怀柔蒙古各部,以安定北方。

宴赏之余,是亲切的接触、交谈,发现问题解决问题。阿鲁科尔沁、翁牛特两旗盗贼多,危害大,康熙便谕各蒙古王公、台吉、官兵等"各遵法守分","勤于耕牧"。并命:"该管之主,宜加抚恤,使之得所。"蒙古官兵一致表示,"尽改前非,共遵国法。"

太皇太后没有出席这些大规模朝见、宴赏活动。皇帝通过这些活动与蒙古各部王、贝勒、台吉等，商讨工作，密切关系。如果太皇太后出席，必然被置于高位，皇帝要执晚辈之礼，冲淡主题。但太皇太后不出席，并不降低她此次前来的作用。蒙古各部得知太皇太后驾临围场，视为对蒙古事务的重视，甚是感动。何况太皇太后用另一种方式与皇帝做着同一件事。

这次科尔沁来进贡的几位王、贝勒，全是太皇太后的亲人。达尔汉亲王班第，是她四哥满珠习礼的孙子。和硕卓礼克图亲王都尔巴，是她大哥乌克善的第六子。多罗郡王毕理克图，是她三哥索诺木的重孙。多罗贝勒巴克西固尔，是她二哥察罕的重孙。也就是说，这次她四位兄长都有后代前来。他们前来叩见姑奶、姑太奶，无比激动和自豪。太皇太后已经度过 70 岁生日，离开家乡业已 58 年，父母、几位兄嫂都相继去世。古稀的老人，重回内蒙古，在远离北京近千里的木兰围场，与兄嫂的后代们相会，更是悲喜交加，感慨万千。

太皇太后很高兴看到娘家后生这么兴旺，她要给这些可爱的孩子们留下她心目中最宝贵的财富。所以，话题从祖辈谈起，一直讲到自己的兄嫂。那是一部光荣的科尔沁博尔济吉特氏的家族史。祖祖辈辈艰苦创业，浴血奋战，为国建功，为后代开创了一条阳光大道。她鼓励他们，沿着这条路走下去，继续努力，忠于朝廷，保持祖辈创下的优良传统，并力求发扬光大。闲话家常之中，寓以教诲之言。

太皇太后在拜察共住了六天。其中大部分时间是和这些亲人共同度过的。有时康熙也来与祖母并和这些表亲们团聚，共叙亲情。从而，进一步加深了亲戚之间的感情，密切了君臣关系。顺治年间多少有些淡薄的满蒙联盟，至此又重新得到恢复，并日益加强。这对后来联合反击准噶尔部噶尔丹的进犯，至关重要。

七月初一日上午十时，康熙率皇太子、皇长子、皇三子到太皇太后行宫，亲自扶太皇太后登辇启程回銮。康熙乘马随行。二十五日抵京，康熙率皇太子、皇长子、皇三子随太皇太后辇进东直门，到慈宁宫，康熙扶太皇太后降辇，入宫。祖孙顺利结束此次围场之行。

十一、威名远播

孝庄的影响并不止于宫廷与朝堂，还远播于南方的藩属。最典型的例子就是孔四贞。

当年孔四贞的父亲孔有德死后,孝庄即把孔四贞当养女厚待。清廷还特地令人送给孔四贞万两白银,供其日用。顺治十二年(1655年)四月,孔四贞作为太后养女,受赐食禄视和硕格格,可谓恩宠备至。后来,孝庄差点让孔四贞当上皇妃,只因顺治不从,此事才算作罢。但史书中清晰地记载:"奉圣母皇太后谕,定南武壮王女孔氏,忠勋嫡裔,淑顺端庄,堪羽壶范,宜立为东宫皇妃。尔部(指礼部)即照例备办仪物,候旨行册封礼。"如前文所述,孝庄试图立四贞为皇妃时,还有其他更为重要的原因。但此等大事,排除其他因素外,不难看出孝庄对四贞的厚爱。

孔四贞既与顺治无缘,孝庄便安排她与孙延龄结为夫妇,并赐他们东华门外的一处豪宅。爱屋及乌,孝庄的恩宠还从孔四贞身上蔓延到孙延龄,孙延龄的待遇不亚于亲王。

孔四贞对太后的恩情自然至为感激。顺治十六年,孔四贞的兄长孔廷训被李定过所杀。孔廷训虽然未经受封,但在孝庄的过问下,礼部仍给予特殊的安排,举行了隆重的祭葬,并将廷训的坟墓建在其父孔有德坟墓的东侧。此恩此德,孔四贞感激涕零,称,"贞一门父子两世含恩,死生之报环顾何人?"

孔廷训死后,孔四贞成为孔有德的唯一嫡裔。孝庄看她已经成人,希望她能够为清廷出力,发挥一定的政治作用。于是命她执掌定南王事,遥制广西军。广西军乃孔有德旧部,将士们深受孔有德之恩,因此愿意接受孔四贞的领导。

康熙五年(1666年),孙延龄被任为镇守广西将军,孔四贞被任为执事。夫妇二人移镇桂林,掌管王旗,牢牢地控制着广西的局面。

只是在这个时候,孔四贞夫妇出现了矛盾,因争权而互相猜忌。属下王永年、戴良臣等人乘机离间,并逐渐地掌握了实权。戴良臣原是孔四贞的包衣佐领,颇会办事,深得孔的信任。在孙延龄奉旨遴选属下都统员缺时,戴良臣极力推荐自己的亲戚王永年当都统,并提出他本人和严朝纲做副都统。孙延龄不愿意。戴良臣便在孔四贞面前耍手腕,使其向孙延龄施加压力。孙被迫满足戴良臣的要求,而戴并不满足,蓄意破坏孙、孔夫妇的感情,使他们互相猜忌,自己则渔翁得利。由于戴的逸言,孔四贞对孙延龄很不满意,认为孙不重视旧人,只信任蛮子,所以孔四贞处处听从戴的安排，凡孙延龄所用之人，必定想法驱逐。如此一来，孙延龄堂堂一位将军，竟无一点实权。孔四贞也没得到任何好处，戴良臣等人开始还借她的名义牟利，到后来，干脆将权力统归于自己手中。一旦羽翼已成，戴良臣便不再把孔四贞放在眼中。到这个时候，孔四贞才知道自己被卖了。孔、孙夫妇因此和好，共同对付戴良臣等人。

孙延龄积怒之下，上奏朝廷，弹劾王永年、戴良臣、严朝纲等滥用权力，目无国法。而王永年等人也上疏反告孙延龄种种不当。朝廷派两广总督金光祖调查。金光祖是严朝纲的亲戚，予以袒护，并反过脸来指责孙延龄御下失宜。

此后，孙延龄与王永年等都统的矛盾不断加剧。

孙延龄不仅在广西受气，还受到其他朝臣的参劾。山西道御史马大士上疏朝廷，认为孙延龄并无奇功伟绩，却屡次陈奏朝廷，想要违背国家成例，运用私人。这种行为应当受到严厉的惩处。广东道御史鞠珣也上疏弹劾孙延龄，称孙延龄不能称职，要求朝廷将孔四贞与孙延龄撤回京师。朝廷当时正忙着筹划吴三桂等人的撤藩事宜，无暇顾及广西，对孙延龄采取宽免的态度。但孙延龄对朝廷已有不满。

吴三桂反清后，康熙以广西毗邻贵州，特授孙延龄为抚蛮将军，令其固守疆土，剿御叛军。吴三桂也积极拉拢孙延龄，抓住孙延龄与都统素有私怨的弱点，予以游说。孙为了报私怨，竟接受吴三桂的拉拢。接着，他马上采取行动，埋伏下力士后，以议事为名传卫永年等人，一举将往日宿敌杀掉。

这种违背国法的事传开后，两广地方官迅速将孙延龄视为敌人，并将孙之种种叛乱行为报到朝廷。康熙下旨谴责孙延龄，号召孙的部属反正，或擒斩延龄，或献兵马城池，或自拔来归。

事已至此，孙延龄却并没有完全投靠吴三桂，反而为自己辩白，希望得到朝廷的谅解。经朝廷讨论，康熙下旨，称：如果孙延龄能够革心悔过，戴罪立功，绞杀逆贼吴三桂，那么朝廷可以赦免前罪，照旧加恩。

此时，清军与吴三桂之间的战争处在阴晴不定之间。表面上，吴三桂军队甚至还占上风。孙为吴三桂声势所惑，竟拒绝朝廷的恩旨，自称安远大将军，走上叛乱之路。可是不久后，孙延龄便发现叛乱的日子并不好过，他也无法得到吴三桂的真正信任与重用。

而且，在与清军作战的过程中，他的旧部还发生了两次兵变。第二次兵变中，孙延龄被迫带着孔四贞隐藏起来。军士们找到他们躲藏的地方，要他们出来。孙延龄不敢出去。最后，还是孔四贞出去，对军士们说："你们都是定南王的旧部。你们杀我们容易，但对得起定南王吗？"军士们正有悔意，于是重新拥戴孔四贞夫妇。孔四贞威信大增，孙延龄也开始从内心里佩服自己的夫人，事事听夫人的吩咐。孔四贞于是执掌大权，每日身穿戎装，击鼓登堂处理军务，其才华得到展示，军士颇服。

孔四贞掌权后，想到往日里太皇太后对自己的恩情，决心说服孙延龄重新归顺朝廷。孙起初尚犹豫，但看到孔四贞决心已定，便真正回心转意。

孔四贞马上通过傅鸿烈向朝廷表达自己的意思：四贞无时无刻想念太皇太后，感念朝廷对孔氏一门的恩典。朝廷若降恩纶，赦免延龄的罪过，封四贞为郡主，四贞将感恩戴德，立刻率部归顺。

孔四贞的意思很快被孝庄、康熙得知。孝庄非常高兴。康熙则特命督捕理事官麻勒吉前往招抚孔四贞。

孝庄与康熙高兴的时候，他们的仇敌吴三桂则非常恼火。孔四贞此举无形中削弱了他的力量。愤怒之余，吴三桂派人率兵讨伐，杀死孙延龄及其儿子，将孔四贞俘虏。

后来，孔四贞虽大难不死，最终回到京城，可是，因她被俘后被迫接受吴三桂的利用，所以，即便孝庄再厚爱，她也再无法回到自己喜欢的政治舞台了。

历史人物的命运往往并不掌握在自己的手中。不管怎么说，孔四贞因感念孝庄之恩而最终说服孙延龄率部归顺，是不争的事实。而这件事，也确实对大清平定三藩起到了积极的影响。

第十三章

幸福的晚年

一、唯一的饮食爱好——饮苍溪茶

孝庄太皇太后的幸福与大清事业连在一起。她一生历尽艰辛，操劳坎坷，晚年诸事顺遂，幸福安康。这首先是由于成功地剪除鳌拜、平定"三藩"，清除了朝廷内部和地方的隐患，国家走上了顺利发展道路；康熙皇帝已经成熟，能得心应手地掌理朝政，并勇于进取，使祖宗开创的基业得以繁荣昌盛。她可以放心了。

当然，这并不意味着太皇太后对朝政不再起作用，或康熙不再需要祖母的指点。康熙对祖母"晨昏依恋三十余年"，已经习惯遇事听听祖母的见解。所以，太皇太后晚年，谈论国事依然是祖孙间最有兴趣的、习惯性的话题，是彼此间思想情感交流中不可或缺的内容。如果太皇太后想到了什么，有所指示，康熙一如既往予以尊重和认真执行。康熙十八年太和殿一场火灾之后，太皇太后经常提醒注意防火。康熙二十三年（1684 年）十月初一日，皇帝传达太皇太后懿旨：隆冬季节风大，各宫的灯火要小心谨慎，不许任意吸烟，要随时严察。此前五月十八日，御门听政时，大学士、学士提出，多罗惠郡王博翁果诺懒惰，祭地坛时无故不行斋戒。经议政王贝勒大臣会议议定"削去王爵"，请皇帝最后定夺。博翁果诺是承泽亲王硕塞次子，与玄烨是亲叔伯兄弟。康熙感到议夺宗室亲属爵位大事，宜特别慎重，需要请示祖母。奉太皇太后懿旨：博翁果诺身膺王爵，不尽力为皇帝做事，"其爵自应削去"！康熙立即决定："然，理应削去王爵。"只不过康熙为了不使祖母操心、受累，除了重大人事升降、个别要事请示祖母外，其他一般朝政不再打扰祖母，烦心的事索性瞒起来，一人承担。这样，太皇太后就可以轻松地、安闲地生活，颐养天年，健康长寿。

毋庸赘言，太皇太后的物质生活能够得到充分满足。但她不求豪华，崇尚节俭，反对奢侈浪费。她使用的物品，损坏之处，修理了再用，不轻易换新的。如：康熙十七年七月十七日，太监把太皇太后用的银炉吊子拿去焊接，及修理撞凹之处，花银八厘。二十年十月初二，太皇太后居住的慈宁宫饭房用的银大碗二、大盘十、碟子七、碗二、勺子二、盆一、小瓶一、匙子二，"焊接修理此等器皿崩缺之处"，用银一两三钱七分。老人家爱清静，不尚虚荣，不喜铺张、排场，每年的二月初八是太皇太后的生日，叫圣寿节。皇帝和大臣们认为，圣寿节应举行祝寿庆典。但老人家不愿为了个人过生日兴师动众，劳民伤财，一般都降懿旨："停止筵宴。"康熙学习祖母的俭朴美德，自己的生日万寿节也降旨停止筵宴。

在皇宫里，她这种地位的人，如此朴实节俭极为罕见。与她一而再，再而三的捐银救助灾民、犒赏将士的行为联系起来，更值得称赞。

如果说太皇太后在饮食上有什么嗜好，需要特殊开支的话，那可能就是饮茶了。饮茶和使用银器、外出住蒙古包一样，都是蒙古族的传统生活习惯。

据宫廷开支银两账目记载：十七年三月，太皇太后、皇太后一个月所饮苍溪、伯元茶，共二斤八两，每斤以八钱计，核银二两。有时茶叶便宜，一个月仅用银一两七八钱。

与太皇太后共同饮茶的皇太后，是她的儿媳、侄孙女博尔济吉特氏。这位顺治帝的皇后，当年在冷宫苦熬，差一点被废掉。康熙奉她为皇太后，孝敬如生母。太皇太后年迈，她在身边陪伴、侍候，共同品茶聊天，尽晚辈的孝道。太皇太后不寂寞，皇太后的后大半生也在幸福中度过，活到77岁而终。

二、礼佛诵经，祈祷国泰民安

孝庄是一名虔诚的佛教徒，一向勤于佛事。当身体条件许可时，她常常亲自前往寺庙，从事礼佛活动。

孝庄出身于笃信喇嘛教的蒙古贵族，满洲信奉的却是萨满教，但是这并不影响到她的信仰自由。因为萨满教是一种崇拜自然神和祖先的原始宗教，是一种多神教，并不保守排他，能接受外来宗教。在努尔哈赤、皇太极时期，萨满教甚至在自己的祭坛上为佛教、道教留下一席神位。当皇太极为了维系蒙、藏而引进喇嘛教时，萨满教也接受了它。当满族进入辽沈地区以后，特别是清太宗时期，随着萨满教的逐渐衰落，对喇嘛教的尊崇则占据了更重要的地位。当后金天聪八年（明崇祯七年，1634年）蒙古察哈尔部败亡，墨尔根喇嘛以白驼载护法"玛哈噶喇"金身来归时，皇太极大喜，当即下令于盛京城外建"实胜寺"，在当时产生了很大的影响。清崇德四年（明崇祯十二年，1639年），太宗又派特使向西藏的达赖喇嘛致书，提出愿请高僧前来"宣扬佛法"，达赖派使者至盛京，受到皇太极的盛情接待。当皇太极晚年患病之时，曾按喇嘛教的教义在盛京建四塔四寺，为太宗皇帝诵经祈福祛疾。清朝入关之初，从宫廷到民间，喇嘛教传布已相当广泛，大喇嘛甚至能列国王仪仗招摇过市。在这种背景之下，孝庄文笃信喇嘛教应是顺理成章的。她尽管称汤若望为义父，但并没有受洗信仰基督。

　　康熙十七年（1678年）十二月十八日，孝庄曾去刚刚落成的南苑仁佑庙上香。有时也让爱孙康熙代往礼佛，如康熙二十一年（1682年）四月，康熙在盛京（今沈阳市）拜谒祖陵后返回途中，遵照祖母旨意，特地绕道辽阳州千手佛寺降香。他将祖母发来香资银600两颁赐寺僧，又分别去附近的千山香声等五寺，各赐寺僧银五两。

　　山西省五台县东北部的五台山，是我国四大佛教名山之一，有很多喇嘛寺庙，位于菩萨顶的寺庙，即为其中之首。有清一代，特别是清初，统治者对五台山喇嘛寺庙极为重视，多次出资兴修，并派人直接管理。孝庄自幼笃信喇嘛教，去五台山菩萨顶礼佛，是她多年的夙愿。康熙二十二年（1683年）二月，至孝的康熙率领皇太子胤礽前往五台山，抵达菩萨顶，住了四天。其间，康熙除去诣拜神佛，为祖母"致祈景福"外，还颁发帑金，修缮五台山庙宇，"御书匾额，以次颁布"，并为不少寺院亲笔撰写了碑文。为了完成祖母的愿望，康熙返京后，立即令工部修整从京城去五台所经道路、桥梁，为孝庄五台之行做各方面准备。

　　同年九月初，修治刚刚竣工，孝庄在康熙的侍奉下前往五台山。康熙还特意叫上哥哥和硕裕亲王福全、弟弟和硕恭亲王常宁，以便途中能更好地照顾祖母。九月十三日，途经涿州。康熙因长城岭一路山径险峻，率侍卫及祖母身边的太监赵守宝先行前往，亲视所修道路，命福全、常宁随祖母后行。十九日，康熙行抵菩萨顶，第二天即奏书祖母，详报路途的艰险情况。奏书中写道："銮驾既已到此，臣岂不欲太皇太后圣祖母至菩萨顶瞻礼，但极危至险之处不行奏明，为孙者不能即安也。"他最后恳请祖母，"仍询太监赵守宝定夺"，表现出对祖母的极大尊敬。

康熙非常担心祖母的安全，不惜"特赴长城岭，用辇亲试"。果然，由于山势过陡，抬轿之人站立不稳，难以攀登。康熙返回后如实禀告祖母，但孝庄仍不愿放弃多年的愿望。康熙为了不让祖母失望，谕令抬轿校尉及随侍内监等反复练习。

孝庄起驾出发后，一路山路崎岖，步步惊险，在"历岭路数盘"后，孝庄实在感到难以继续前行，不得不对孙儿说："岭路实险不可度，吾及此而止，积诚已尽，五台诸寺应行虔礼者，皇帝代吾行之，犹吾亲诣诸佛前也。"康熙令福全等扈从祖母先行返京，他本人则九月二十五日再次来到菩萨顶，遵慈旨"代礼诸寺"。十月初二日，康熙追上祖母一行。七天后，祖孙平安抵京。虽然孝庄亲至菩萨顶礼佛的夙愿，最终未能实现，但她让康熙为之代礼，一路上又备感孙儿的至诚体贴，这些都足以大大减轻其内心的遗憾。

孝庄的五台山之行，后人多有详尽描述，这里摘录一文，不妨一读：

这些日子孝庄天天做梦。一次她梦见一人身披金甲伏在她面前哭泣，昨晚竟看见先帝披袈裟，在五台山上遥望京师。于是孝庄决定要巡幸五台山进香。

来到乾清宫，康熙正与几位上书房的臣子们商讨东北罗刹国的事，忽听内侍高喊："太皇太后驾到——"抬头看时，祖母已在一位尼姑的搀扶下，来到了殿上，他忙起身来迎。

"太皇太后，有事派人来传一声，为何亲自来了？"

"没什么大事，哀家近日老是心神不定，晚上老做梦。想出京巡幸巡幸，解解闷。"

康熙忙笑道："如此小事何劳太皇太后费心，也该出京看看，散散心了，不知太皇太后想到哪儿去呢？"

"五台山。"孝庄神色庄重，目视前方若有所思地说。

"五台山？"众人大惊，五台山距离京城近千里远，还要翻山越岭，七十岁高龄的太皇太后怎能翻山越岭,长途颠簸呢?

康熙笑道:"太皇太后若想上香求佛祖赐福大清子民,可选京郊的寺庙,五台山山高路远,车马劳顿,太皇太后的凤体怕吃不消。"

孝庄径自道:"京郊寺院怎与五台山相比呢?那是释迦佛祖居住说法之地,真佛藏身之所。哀家已是黄土埋到脖子上的人了,还为自己祈求什么?我一心祈盼皇上帝位永固,天下太平也就安心了,所以五台山哀家去定了,皇上若忙,哀家一个人去。"

康熙忙笑道:"祖母出巡,当然由孙儿陪伴,一同前往。"孝庄见康熙终于松口了,十分高兴。

康熙出生时父亲十七岁,母亲十五岁,他们自己本身还是孩子,再加上清规戒律,刚一落地便由奶妈抚养,八岁时,父亲驾崩,十岁时,母后仙逝。父母对他来说只是一个模糊的身影。所以对东陵中孝陵里的父母,只有道义上的忠孝之念,并无多少真情可言,可他对眼前的祖母充满了感激和依恋之情。在他幼小时,从祖母那儿得到了人间亲情,祖母不仅选立他为帝,而且精心照料和教诲他成长,并帮他出谋划策,无论出巡、谒陵、避暑从不离开左右。现在祖母要到东陵看看先帝,康熙也可拜祭先帝和母后。

穿过陡峭的山口,迎面是一片方圆数百丈的平原,绿茵如盖。平原的北边是一座巍峨的高山,此山曰昌瑞山,山南麓已有一座高大坟墓,另一侧,正有人在修墓,这就是被历代风水先生称为"万年龙虎抱"的风水宝地。那高大的陵墓下葬着大清入关后的第一位皇帝,孝庄太皇太后的儿子、康熙的父亲——顺治帝福临。

康熙翻身下马,上前搀扶孝庄,众侍卫分列两侧,禁军们也围住了陵门。进了陵门,迎面有一穿堂,两侧有宫室,供谒陵人休息。过了穿堂,有一片宫宇,那是皇上的行宫。一轮皎洁的明月挂在东面的山头,山里的夏夜很寂静,空气中弥漫着一股泥土气息,混合着野草味和各种花香。

山坡上有一座巨大的陵墓,墓前的石碑上依稀可见有一行字:"体天隆运定统建极英睿钦文显武大德弘功至仁纯孝章皇帝之墓。"碑前有一个很大的平台,上面摆放了各种各样的时令水果和酒菜。三炷香燃起三个红点,朦胧月光下,可见紫烟袅袅。

"福临呀,额娘来看你了,你的儿子也来看你了,你就安心吧!福临啊，额娘对不住你，不该逼你啊！"

老人伸出颤抖的手，轻轻抚摸着陵墓，就像轻轻抚着儿子的脸一样。孝庄扶着陵墓走了一圈，最后在墓前一个平台上坐下来，康熙不愿打碎她的美梦，不去劝她，他知道祖母心中有一个流血的伤口，她虽极力掩饰，但伤口仍在不断流血，任何人也抚慰不了，只有让她把痛苦发泄出来，伤口才会慢慢愈合。康熙看着祖母那欲哭无泪、欲言又止的神情，很是伤心。

康熙知道祖母老了，对儿子的思念和内疚也与日俱增，不由得劝道："皇祖母不必伤心，孙儿明白您的心情，当年所做的一切，都是一个母亲应该做的。"

听了这话，孝庄更伤心，竟嘤嘤地哭出声来，像个委屈的孩子似的，哭泣道："玄烨呀，难得你如此设身处地地为哀家着想，哀家最近老是梦见你父皇，他一会儿对哀家笑，一会儿对哀家哭，搅得哀家心神不宁；也不知哀家做错了什么事，上苍早早地带走了你的先父，竟不给我们母子一个沟通的机会。"

"人已不在这么多年了，还这样自责和内疚有什么用呢？是皇阿玛把自己放错了位置，不按皇帝的要求去做，固执地去追求应该舍弃的东西，这是命运，是大清的一劫，又能怪谁呢？皇祖母不必如此难过。"

听了皇孙的话，孝庄不但没有停止哭，反而更伤心了，用手拍打着陵墓，大声道："你听到了吗，这是你儿子说的话。如果你听到了，还会怨额娘吗？儿啊，额娘快能见到你了，九泉之下，我们母子不要再争了。"

康熙不由自主地热泪满面，跪在墓前给先帝磕了几个响头，轻轻道："请皇阿玛不要再怨恨皇祖母了，现在你的儿子已主持朝政，天下统一，繁荣昌盛，你跟皇祖母应该高兴才是呀！皇阿玛，九泉之下请你放心，生前没尽的孝道，儿臣已替你尽了，儿臣一定会好好侍奉皇祖母，让她老人家安安稳稳地颐养天年。儿臣正在努力地做，儿臣不会给祖宗丢脸的。"

孝庄对康熙说："也不知为什么，哀家这些年老是梦见你皇阿玛，他身穿袈裟跪在地上哭，说是佛祖不许他出家。每次见他如此，哀家心里就如刀绞一般。你皇阿玛生前就一心想出家，但被哀家劝阻，他死后仍想当和尚，可还不能实现心愿，所以请孙儿去五台山上香，乞请佛祖开恩，了却你皇阿玛的心愿。这次佛祖终于同意了你皇阿玛的请求，允许他去五台山修炼。哀家一定要去五台山当面向佛祖致谢。"经孝庄这么一说，康熙这才明白皇祖母为何七十多岁高龄还亲去五台山。原来是为了去谢恩，真是可怜天下父母心啊！

在通往五台山的驿道上，人欢马嘶，车轮滚滚。渐近太行山了，路越来越难走。虽是驿道，但也是又窄又坎坷不平。由于车轿颠簸，康熙专旨放慢速度。迎面是一道慢坡，驿道要从坡半腰绕过去。御辇行在山坡上，道路崎岖不平，跌宕起伏，孝庄的御辇颠簸不已。康熙对祖母道："皇祖母，要不要停下休息休息？"

孝庄掀起帘子，看看马上的孙儿，满脸笑容，很轻松地道："没事，哀家吃得消，还是赶路吧，早到五台山，早了心愿，皇上回京还有要事要办。"

康熙笑道："什么事也比不上皇祖母的身体重要，还是保护凤体要紧。"

孝庄在辇内笑道："别担心，哀家能挺得住。皇上也要注意安全啊！"祖孙俩相互关心，相互鼓励着，不知不觉就穿过了这处险地。

御辇在山中艰难跋涉，行了十几日，终于来到了五台山下的龙泉关。

这是一个小镇，在五台山下，扼住北去恒山，南到太原，西到吕梁的交通要塞，地势险要，山中交通不便。大清在此驻兵，由于康熙已多次来巡，镇旁山脚下建有行宫，行宫建得不大也不豪华，仅是一处大四合院而已。

孝庄太后与康熙住于行宫内，其他的臣子住在行宫内的一些偏房小屋，康熙刚刚安顿停当，便传令道："费扬古，快派人去把此地的把总传来，朕有事问他。"

没过两分钟，把总满头大汗地跑来，伏地叩道："奴才叩见皇上，吾皇万岁！万岁！万万岁！"

"平身！朕此番前来是陪太皇太后来五台山进香的，所以想找道直通五台山。你在此驻守多年，不知可有山道可过御辇？"

把总闻言忙道："启奏皇上，五台山山高路陡，仅有两条山道可通峰顶，奴才在此多年，并未听说有道可过御辇。"

孝庄的心情十分激动，她根本不去想其他的，只想如何去佛祖面前进香，祈请佛祖保佑儿子在另一世界能获得新生，赐福给孙儿和大清子民，而对康熙的话一点儿也没听进去。"皇上，哀家下了这么大的决心，不远千里，来到山下，不让哀家上山，哀家能答应吗？哀家已七十多岁了，还能来几次五台山？就是走，哀家也要走到山顶。"

康熙见祖母铁了心，也没办法，只好笑应道："既然皇祖母铁了心要上山，明日孙儿一定尽最大的能力让您老人家了却凤愿。"

孝庄太后起了个大早，天刚亮，她便起了床，在宫内走走，这是她几十年来养成的习惯，不喜欢睡懒觉。宫中的侍卫、随从早在忙活了，有的检查御辇的车轮、刹车，有的准备一些上山必备的东西。

太阳刚出来，太皇太后的御辇便出了宫，向五台山上驶去。

路越来越难走，辇车每上一个台阶都要费很大的力气。人似乎退化到了远古时期，需要借助前肢才能走。又上了几十个台阶后，路稍稍平缓了些，众人长出了一口气，脚下也渐渐放快。但大家知道，更艰难的路还在后面。

康熙与苏麻喇从辇中扶出孝庄，只见她神色紧张，喘着粗气，脸上已失去了常有的微笑，康熙拣了块大石头，苏麻喇走过来擦了擦上面的灰尘，蒙上一小块黄绸，扶孝庄坐了下来。

"皇祖母，还能坚持吗？"康熙关切地问。

"还行吧！不知到达山顶还有多远？"

康熙用手指着前方道："前面这段路最陡，如果能上去的话，到山顶就不远了。"

这时张英从那边小跑而来，伏地道："太皇太后，奴才奉劝太皇太后不要上山了。侍卫徒手而上，犹有坠崖之险，何况抬辇呢，万一有不测，奴才无法回朝面见群臣呀。"

康熙听了，也跪道："皇祖母，孙儿也请皇祖母下山，由孙儿代礼诸寺，以了心愿。"

孝庄再次看着那峭壁，她也动摇了。就是不抬辇，由人背也上不去。自己步行更不行，在平地走路仍蹒跚摇晃，何况在峭壁上呢。

沉默良久，又不由抬头望了望山顶，看那缥缈不定的云雾，她目光中流露出无限的神往和无奈，最终叹了口气，点点头道："看来哀家很难实现凤愿了，唉，人老了没用了，若再年轻十岁，哀家就是爬也要爬上去，现在没办法了，只有劳皇上登山代礼诸寺了。"

第十三章 幸福的晚年

众人闻言大喜，康熙忙道："孙儿一定把皇祖母的话捎到佛祖那儿，也把老人家的心思说与佛祖听，想必他一定会原谅的。"

孝庄又长叹了一声，再一次抬头遥望那烟云缥缈的山顶。突然起身跪地，对着山顶磕了三个头，默默祈祷了一番，起身回到辇内。

"送太皇太后下山——"张英高声喊道。

康熙要亲自扶辇下山，孝庄劝道："皇上不必送了，还是上山吧！一上一下多累人，待会儿如何能上去？"

"皇祖母放心，孙儿年纪轻轻，再走两趟也没关系。等孙儿把您送下这陡坡，再上山。"

下了陡坡，康熙扶着辇道："皇祖母，孙儿去了，回到行宫好好休息。"

孝庄十分关切地望着康熙，心疼地道："皇上若累了，可明日再上山。"

"孙儿不累，今日清凉寺为佛祖举行开光大典，住持还等着孙儿剪彩呢。皇祖母回宫吧，孙儿一定会代皇祖母向佛祖上香，并向佛祖解释清楚的。"

孝庄点点头，挥挥手道："去吧，路上小心！"

康熙带着几位大臣和十几位侍卫近身而去，重新攀登那段山路。孝庄太后伫立山下，遥望着那高高的山顶，默默地祈祷："儿啊，愿佛祖开恩，收你为徒，你在九泉之下好好修炼吧！"

康熙来到山顶，低声对费扬古道："传朕的旨意，佛祖开光大典，朕就不剪彩了。让方丈派一高僧陪朕到后山佛祖讲法处为佛祖上香。"

不多时，费扬古带了一名僧人来到茶亭，那僧人也不多说，低头引着几个人向后山走去。康熙到几个寺庙一一上了香，又暗暗把祖母亲临五台山之事说给佛祖听，请佛祖能体谅一位七旬老人的心情。

康熙感觉这次上香，比前三次更虔诚，也更心动。此刻的皇上想独自一人静一静。他登上五台山山顶，回头看看费扬古、张英等人，轻声道："你们先下去吧。"

费扬古默默点头，带众人后退至百步外，康熙看看身后的众人，又看看前面的一座小山峰，轻轻迈步，独自去登那个峰顶。踏上峰顶，环顾四周，群山环抱，起伏连绵，郁郁葱葱，向阳的山坡苍松翠柏，山谷中烟雾缭绕，恍若仙境。

不远处的山顶上，清凉寺静静地立在那儿，登高俯视，那座古寺青砖灰瓦，朱栋雕栏，三进院落，殿宇整齐，大门口人来人往，川流不息，寺内紫烟袅袅。善男信女，神色虔诚。康熙替祖母做完佛事便下山了。

太皇太后下榻在九泉关的行宫内，宫中灯火辉煌，康熙坐在孝庄的榻前，详细汇报着五台山各寺上香的情况。孝庄不时地点头。最后，康熙还是忍不住问道："皇祖母，先帝来过五台山吗？"

孝庄吃惊地望着康熙道："先帝生前有意巡幸五台山，可就在临行前突然生病而崩，凤愿未了。哀家想起此事便觉不安，这才让皇上多次巡幸五台山，以了先帝的心愿。"

说着说着，孝庄又哭了起来。康熙忙劝道："皇祖母不要太难过，过去的已经过去了，你看孙儿现在已长大了，先帝在九泉之下会体谅皇祖母的苦心的。"

"儿呀，额娘对不住你啊……额娘想你了……"孝庄的哭泣声划破了五台山寂静的天空……

由此可见，祖孙、母子之情深。

三、家书频仍

这里的家书主要指康熙外出时给祖母孝庄的奏书。

孝庄对康熙的深情厚谊换来了康熙对她的一片孝心。康熙虽然早已担当起国家大任，但始终像小时候一样，凡事总要向祖母禀报。这种行为不仅表现在平日，更突出地体现在康熙外出时。

康熙二十一年（1682年）二月，康熙北上祭祖寻根，每隔几日便派人将奏书送到太皇太后手中。

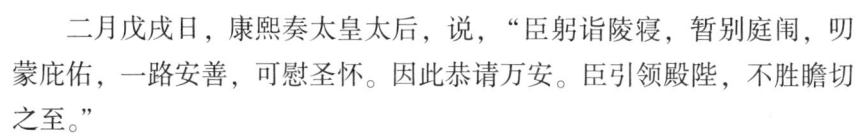

二月戊戌日，康熙奏太皇太后，说，"臣躬诣陵寝，暂别庭闱，叨蒙庇佑，一路安善，可慰圣怀。因此恭请万安。臣引领殿陛，不胜瞻切之至。"

壬寅日，奏书中写道，"臣自东行以来，于二十三日，已出山海关。恐烦垂念，特此奏知。谨请圣躬万安。"

三月癸丑日，康熙在奏书中说："臣于初四日至盛京，谒陵已毕。祭告之事，次第举行。盛京风土淳厚，仰见祖宗创立鸿基，庇荫子孙不

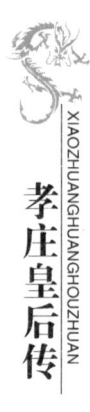

浅也。专此遣人，恭请万安。"

隔几日，康熙又给孝庄写信，称："臣于初五日，遣人回京，陈述愚款，必蒙圣览。今者福陵、昭陵，告祭方毕。拟初九日，率领诸王大臣，往谒永陵，为此恭请万安。"另一份信中写，"臣自山海关至盛京，水土皆佳，兽多鱼鲜。每当食顷，辄念不能驰奏太皇太后圣祖母，甚歉于怀。到盛京后，身亲网获鲢鱼鲫鱼，设法成段，浸以羊脂者一种、盐腌者一种，星驰递送，心期奉到之日，倘得味仍鲜美，庶可稍见微诚山中野烧，自落榛实及山核桃、朝鲜所进柿饼、松子、白果、栗子。附候安奏启同往，伏乞俯赐一笑，不胜欣幸。"

辛酉日，康熙奏太皇太后，"臣初九日，自盛京启行。十一日，诣永陵告祭。环视地形，山回水绕，佳气郁葱，真是兴王基业也。兹因大典已毕，敬想祖宗开疆非易，臣至此甚难，故欲躬率诸王、贝勒、大臣、蒙古等，周行边境，亲加抚绥，兼以田猎讲武。俟所至何处，再当具奏。专此恭请万安。"

乙丑日，奏书写："十三日，曾有笺奏。巡狩东行，皆平山巨泽。日间行五六十里，今至布哈扎色地方。专此恭请圣安。"

戊辰日，康熙奏太皇太后："臣虽屡有奏章，言未尽意。京师地暖，时届春深，遥知圣体康和，圣情嘉悦，臣心殊为欣慰。专此恭请万安。"

甲戌日，康熙写信："臣蒙温谕缓行，深加慰劳。顷者，所历边境，颇近乌拉。二十五日，已至其处。因思长白山，乃祖宗发祥重地，臣叨继大统，不能躬行祭祀，故于乌拉地方，遥拜名山，以展望祀之典。暂停一二日，即可回盛京。所有遇款，另遣人陈奏。先此恭请万安。"

四五月间，康熙又先后给孝庄写了多封书信，其中最后一封书信写于回京城前，内容为："臣久别庭闱，急欲瞻仰圣颜。四月三十日，进山海关，五月初一日，留皇太子，同大营按程缓行。臣当先诣宫阙，恭请万安，初四五之间，必可到都，瞻慈云之日近，奉教诲之有期。谨奏。"

康熙日理万机，而频频写奏书给太皇太后，详细介绍自己的情况，并细致入微地关心着孝庄的身体，回归前又迫不及待地表达了想早日见到祖母的欢欣之情，体现着对祖母的无比尊崇与孝顺。同时，从信中的内容可以透露出，孝庄也不时传话给孙儿，关心着孙儿的行程。

康熙二十三年（1684年），康熙皇帝第一次南巡，历时两月有余。

在长时间的分离中，祖孙俩始终保持密切的书信往来，互相牵挂着对方。康熙将自己捕捉的鲜鱼、采摘的水果，派人送往京城，让太皇太后品尝。而孝庄也不时地询问孙儿的情况。在康熙北返途中，孝庄思念心切，派人专程将乳品送到康熙手中，让康熙早日回宫。康熙感念祖母对自己的疼爱，当场赋诗一首："彩旗晚驻瀛洲道，忽报铜龙骑使来。心识慈怀同日照，口传温语逐阳回。松脂似截盘中玉，绮食初和鼎内梅。两月几虚甘旨奉，归程欲听晓钟催。"

四、儿孙满堂

天下太平，国家兴盛，康熙高度集权，内外臣服，孝庄自认已经完成了政治使命，可以安享晚年了。

后宫在孝庄的主持下，再没出现大的变乱。虽有生老病死，但井然有序。

康熙的第二个皇后钮祜禄氏不幸在康熙十七年（1673年）二月病逝。康熙二十年（1681年），康熙将表妹佟佳氏进为皇贵妃，二人感情融洽，但直到康熙二十八年（1689年）七月佟佳氏病笃时才被册立为皇后。

康熙身体健壮，受宠妃嫔众多，孕育了许多皇子。

在孝庄生前，她已有了十三位曾孙。曾孙们按照严格的皇子教育制度，接受很好的教育，四五岁即令读书，五六岁便能"动止进退应对，皆合法度，俨若成人"。他们也养成了勤奋的好作风，6岁时便每日凌晨寅时到书房，在师傅的教导下，先习满洲、蒙古文，然后学习汉书。除习文之外，还接受骑射等武学的严格训练。天赋与后天教育使然，皇子们一个比一个有出息。虽然这些皇子们日后兴风作浪，互相争权，但在孝庄在世时，她只看到皇子们好的一面，这是令她万分欣慰的。大清国越来越繁衍，这怎么不是好事?!

孝庄晚年，看着曾孙们一个个茁壮成长，是她最大的快乐。康熙的皇长子允禔，生于康熙十一年（1672年），生母是惠妃纳拉氏。允禔擅长骑射，才华横溢。

皇次子允礽，生于康熙十三年（1674年），生母为皇后赫舍里氏。允礽为嫡长子，其母生他时因难产而死，康熙对其十分疼爱，幼时即被

立为太子，打算将来让他当皇帝。

皇三子允祉，生于康熙十六年（1677年），母亲为荣妃马佳氏。允祉博学多才，喜钻研学问，是一个"文曲星"。

皇四子胤禛，生于康熙十七年（1678年），母亲为孝恭仁皇后。他便是日后的雍正皇帝。他虽然话不多，但从小就很有主见。

此外，皇八子允禩，从小就八面玲珑，表现出很好的组织能力。皇九子、皇十子、皇十二子、皇十三子，也从小显示出非同一般的聪明。

孝庄晚年能够四世同堂，尽享天伦之乐，她感到非常满足。

五、祖孙情深

康熙十一年（1672年）正月，孝庄身体不适，打算去赤城汤泉疗养。康熙得知后，马上令工部支出银两，在不扰民的前提下修理道路。

临行前几日，康熙到慈宁宫请安，提出亲自陪祖母前往赤城。孝庄以国事为重，阻拦道："我因身抱微疾，所以欲往赤城汤泉。汝若同往，恐误国事，可不必去。"康熙回答："太皇太后驾幸汤泉，臣若不随往侍奉，于心何安。至于国家政事，我已谕告内阁，每间隔一天，驰奏一次。我会及时处理，不致有误。"听康熙如此说，孝庄便满心欢喜地点头同意了。

大队人马从紫禁城出发，出德胜门，过南口，来到八达岭。道路崎岖，康熙关心祖母的安全，下马亲自为孝庄扶辇（这里所说的辇，即孝庄所乘的大轿）前行。孝庄念康熙步行辛苦，让他乘马。康熙上奏："此处道险，我必须亲自扶辇才心安。等到达平坦的地方后再乘马。"队伍到达怀来城东浮桥，康熙害怕桥体不坚固，首先骑着快马前去检验，经仔细检查确信安全后，康熙这才请孝庄的御辇通过。过长安岭时，康熙再次下马，扶辇前行……总之，一路之上，康熙无微不至地照顾着孝庄，其孝心令人感动。

在前往赤城的路上，康熙突然接到一个不幸的消息：他最疼爱的嫡长子承祜染病而死。康熙听后，心中像被重锤所击，一下子陷入无比的伤痛之中。然而，康熙毕竟是康熙，他为了不让祖母伤心，仍然照常到太皇太后行宫问安，笑语如常，就像什么事都没有发生一样。出来后，康熙马上叫来内大臣觉罗塔达，说，"恐怕太皇太后知道后伤心。从现在起，如果诸王闻信前来安慰朕，让他们都散去。"

康熙虽然尽量排解着自己悲痛的心情，可是，再怎么排解，他的心仍然剧烈地疼痛着，郁闷不已。宗室公、王大臣等见此情景，上奏道："皇上闻皇子之信，往往郁闷。臣等愿皇上移跸，借境抒怀。"康熙不同意，说："朕每天到太皇太后行宫问安，颇可自慰。既然随太皇太后至汤泉，如太皇太后圣躬全安，朕不胜欢忭。稚子事，朕无甚介意。"此后，康熙料理政事之余，照常每日到祖母前问安，问寒问暖。竭尽孝心。在孝庄疗养期间，康熙始终没将皇子去世的消息告诉祖母。孝庄安心疗养，取得很好的效果。

三月中旬，孝庄一行开始返回皇宫。归途中，经过长安岭时，天下大雨，康熙下马，冒雨扶辇前行。孝庄命孙儿骑马跟从，康熙执意不肯。孝庄再次下令，称："你是一国之君，一身安危关系着大清社稷，怎能因此淋坏身子。"康熙却仍不答应，照旧守护在孝庄的身边。看着孙儿高一脚低一脚地在泥泞的道路上行走，孝庄不再说话，欣慰之余，留下了欢喜的眼泪。

孝庄一生操劳，体内留下不少隐患。同年八月，孝庄再次感到不适，去遵化汤泉疗养。康熙再次随行，一边毫不耽搁地处理着国事，一边尽心尽力地照顾着祖母。在康熙眼中，孝庄与大清江山是同样重要的，如果没有孝庄，怎会有现在的大清，怎会有现在的康熙？！

两个月后，孝庄疗养完毕，返回京城。当队伍到达明月山时，又一个不好的消息传来：皇后病重！

在这种情况下，康熙虽然非常担心，但仍然将祖母的健康放在第一位。他一方面召集太医院官武超等人，详细询问治疗方案；另一方面又吩咐武超不要将皇后病重的消息告诉太皇太后，以免影响祖母。

武超对此颇为犹豫。按照常例，皇后病重，理应告知太皇太后，而皇帝虽然吩咐过了，却不是硬性命令。见皇帝神情不安，又害怕万一皇后有事，自己未曾事先禀报，将来太皇太后怪罪下来，自己吃罪不起。武超思前想后，最后还是将皇后的事如实禀告了孝庄。

孝庄很疼爱皇后，马上发下懿旨，告诉康熙："我已痊愈，中宫有恙，可速去探望。"

康熙回奏道："臣特奉太皇太后来此，岂敢顷刻违离。"坚持守候在孝庄身边，不回皇宫。

就在这个时候,京城又有急报:"皇后病情加剧!"

孝庄再次命令康熙:"你想侍奉我同行本是好事。但现在中宫病剧,可速往视。若病势痊愈,你不妨再来相迎。"为了说服孙儿,孝庄还说,"你侍奉我同行,是你的孝心。但遵命前往,也是孝道呀。你赶快回去。"

康熙内心也很为皇后的病体担忧,见祖母如此说,便答应下来,即刻启程,快马返回京城。说也巧,康熙返回皇宫见到皇后,皇后的病马上好转,竟好了。康熙极为高兴,但仍念在京城之外的高龄祖母,于是再次匆匆出京,迎接太皇太后回宫。

种种孝顺举止,均出于康熙的内心。而康熙的孝顺,正是孝庄多年的爱护养育换来的。

康熙不时有御制诗献给太皇太后,现录两首于下。

第一首:

定省深宫暑气催,承恩献寿捧霞杯。
晨昏敬睹慈颜豫,不尽欢欣踊跃徊。

第二首:

九天旭日照铜龙,朝罢从容侍上宫。
花萼联翩方昼永,晨昏常与问安同。

六、母与女

孝庄有三个女儿,她们分别是雍穆长公主、淑慧长公主、端献长公主。其中,大女儿、二女儿均嫁到了蒙古。三女儿嫁给编入满洲镶黄旗的原扎鲁特蒙古人铿格尔耿。

孝庄的大女儿本名雅图,是皇太极的第四女,生于天聪三年(1629年)正月初八,初号固伦公主。崇德六年(1641年)嫁给舅舅吴克善之子弼尔塔哈尔,居住于科尔沁草原。顺治十三年(1656年)晋封为固伦长公主,三年后受封固伦兴平长公主,后改为固伦雍穆长公主。她的丈夫于康熙六年(1667年)去世,她本人则在康熙十七年(1678年)卒,年50岁。死后葬于科左中旗(今扎鲁特旗前德门乡)。康熙皇帝为其御制圹志文,内容为:

科尔沁国亲王弼尔塔哈尔噶尔所尚固伦雍穆长公主圹志文制曰：固伦雍穆公主，太宗文皇帝之女、世祖章皇帝之姊、朕之姑也。生于天聪三年正月初八日午时，薨于康熙十七年闰三月十八日未时，春秋五十。卜以十八年十二月初五日，窆于东边腾额里克界夸绅和儿地方。呜呼！朕缵鸿绪，念系皇祖之女，皇考同气之亲，方期骈集繁祉，永享大年，何意遽尔薨逝。朕怀震悼，曷其有极，为卜兆域，并设垣宇，窀穸之文，式从古制，祭享之仪，悉循典章，勒之贞玟，用志生薨之年月，惟灵其用妥于是焉。

二女儿本名阿图，是皇太极的第五女，天聪六年（1632年）二月十二日出生。12岁出嫁，17岁时第一个丈夫索尔哈死去。孝庄非常疼爱女儿，为女儿做主，将其改嫁给蒙古巴林部辅国公博尔济吉特氏色布腾，因此人称巴林公主，顺治十四年（1657年）时被封固伦长公主，两年后被封固伦和顺长公主，后改为固伦淑慧长公主。从封号上看，孝庄希望自己的爱女能和和顺顺，做一个淑慧有福之人。不料，康熙七年（1668年）二月，淑慧公主36岁的时候，第二个丈夫色布腾也死去。淑慧公主备受打击，再未他嫁，寡居于巴林。孝庄非常想念她。康熙十二年（1673年）五月，孝庄身体不适。康熙为使孝庄高兴，特地召见乾清门侍卫武格，说，"太皇太后甚念巴林淑慧公主，尔可用朕所乘之轿，前往巴林，迎接公主来京。"数天后，淑慧公主突然出现在孝庄面前，孝庄高兴得不得了，病马上好了，强健如常。康熙二十六年（1687年）夏七月，孝庄得知淑慧公主所居地天灾不断，马牛羊多染疫病倒毙，庄稼也不收获，甚为担心。康熙看出祖母的心事，特命乾清门侍卫武格再次迎接公主，并令其携带马驼粮食，救济巴林的百姓。最心爱的女儿又一次安然无恙地出现在自己的眼前，孝庄悬着的心放了下来。可惜的是，孝庄的生命已接近尾声。淑慧公主有幸陪母亲度过最后岁月，孝庄很满足。孝庄临终前，将淑慧公主托付给康熙，康熙对姑姑照顾至。康熙三十九年（1700年），69岁的淑慧公主在皇帝的亲自探视下含笑离开人世。

孝庄的三女儿初号淑哲公主，是皇太极的第七女，生于天聪七年（1633年）十一月十六日，13岁时出嫁，16岁便去世了。孝庄为其赐谥：固伦端献长公主。小女儿的英年早逝，使孝庄也感到人生的无奈。

七、终生相伴的"老友"苏麻喇

布木布泰与苏麻喇之间的特殊友谊,历经60余年,终生不渝,堪称人间美谈。

苏麻喇是布木布泰从科尔沁蒙古大草原带进后金皇宫的贴身侍女。按规定,侍女和宫女,到一定年龄都要出宫嫁人,或由主人指婚。苏麻喇不曾结婚,也未离开过皇宫,当了一辈子侍女。先是布木布泰的小伙伴,晚年成了孝庄太皇太后的老朋友。

太皇太后与苏麻喇两人步入老年后,在一起谈天说地,互相关照。苏麻喇也信奉喇嘛教,"性好佛法,暮年持素"。她俩人礼佛的目的相同,太皇太后祈祷佛保佑大清江山千秋万代,保佑孙儿一家繁荣兴旺、吉祥如意。苏麻喇则为主子祈祷。她说:蒙主子厚恩,奴才活在世上,"每日只是在佛像前尽力为主子祈祷",为主子"念佛祈福","祝愿主子万万岁"。愿意多活几年,也是"为主子叩头祈祷,以尽奴才的一点心意"。

不仅太皇太后,清皇室四代人都把苏麻喇当自家人。皇太极驾崩之后,福临即位,多尔衮摄政。福临曾与母后"分宫而居,每经累月方得一见"。小福临想念母亲,母后挂念儿子,常派苏麻喇代她去看望福临。母后使者的到来,使福临也得到一丝温暖。所以,在见不到母后的情况下,也盼望苏麻喇的到来。

苏麻喇是幼年玄烨(康熙帝)的启蒙老师。康熙不忘苏麻喇的训迪之恩,给其高于皇室佣人的生活待遇,尊之为"额涅"(满语,即额娘、母亲),令皇子、公主们称苏麻喇为"妈妈",即奶奶、祖母。既然主子如此尊重苏麻喇,宫中其他人,包括内务府大臣的奏折里,也称苏麻喇为:"苏麻喇额涅格格""苏麻喇额涅妈妈"。格格,是对皇室女儿的称呼,也可用于对女子的尊称。"妈妈",也是尊重年长妇女的泛称。表明苏麻喇在清宫中受到普遍的尊敬。

康熙二十四年十二月二十四日,康熙的十二子允祹降生。这年,太皇太后73岁,苏麻喇也年届古稀,但她,依然身体健康,头脑清晰。康熙遵照祖母的意图,在允祹出世不久,就托给苏麻喇抚养。清室妃嫔或宫人所生皇子,有托付他人代养的先例。如:康熙的哥哥福全和弟弟常宁，幼时交给"殷实官员抚养"；康熙的皇四子胤禛（雍正皇帝），自幼由康熙的第三位皇后佟佳氏抚养；皇五子允祺放在皇太后宫中抚养。但把皇子交由侍女抚养并不多见，说明苏麻喇的实际地位和在太皇太后、皇帝心目中的分量非同一般。康熙把儿子托给她，有拜师的意义。同时，也是太皇太后考虑到苏麻喇独身一人，生活寂寞，孩子会给她带来欢乐。苏麻喇把允裪"自幼养大"。允裪对苏麻喇的称呼，与其他皇子不同，不称"妈妈"，而称"阿扎姑"。"阿扎"，满语，与"额涅"含义相同，即母亲、额娘。后面加一个"姑"字，变成了"母姑"。"阿扎姑"是允裪对苏麻喇独用的称呼，他亲切地称"我的阿扎姑"。有不是亲娘，胜似亲娘的情感。

允裪与"阿扎姑"共同生活20年。苏麻喇在他身上投入的爱抚，既充满慈母的切切舐犊之情，又饱含严师的谆谆育才之道。她以言传身教，培养允裪的品德和才干。允裪长大了，在遵父皇之命办理的诸事中，表现出他的谦虚干练。康熙晚年，诸皇子争嗣，搅得宫中鸡犬不宁，而允裪竟不曾介入。康熙四十八年封之为贝子，此后，凡父皇出游必令其随从。乾隆朝，晋履亲王，授议政大臣。和他的"阿扎姑"一样健康长寿，79岁而终。苏麻喇是成功的，她默默地为皇室做出又一奉献。

太皇太后归天将近20年，康熙四十四年（1705年）八月二十七日，年近九旬的苏麻喇突然一病不起，"腹疼痢血，食不下咽"。几位在京的皇子，都像对待自己的亲"妈妈"一样，前去探望，尽心护理。允裪尤其殷勤，自"阿扎姑"生病之日起，就与福晋日夜在病榻旁守护。皇子们随时向巡视塞外的皇父奏报病情，商量治疗之策。苏麻喇"从小不吃任何药"，拒绝医治。康熙知道她从来不肯吃药，让皇子说是草根煮鸡汤，劝她服用，她说：草根"也算是药"，仍加以拒绝。只允许请喇嘛念经，还"只是为主子念佛祈祷"，认为自己的病已到尽头。九月七日，苏麻喇与世长辞。

从苏麻喇得病到逝世安葬，康熙都打破常规，给予特殊的、高规格的待遇。按清朝宫内规矩，佣人及下层妃嫔，凡得重病，一律迁移出宫，到固定的住所养病，类似住院隔离疗养。皇室重要成员才可在原住处养病、治病。苏麻喇得的是传染病，竟在宫内她的住所一直未动，皇子们心照不宣，没有人提起迁出之事。康熙唯恐皇子们遵照常规办理，特写信嘱咐:"妈妈的病重大,恐怕你们将她移至养病之所。就在平日住的地方养吧。万一已经移住了,将此谕告知(妈妈)后,务必还搬回去住。"皇帝与皇子们想到一处,躺在病榻上的是自己的"额涅妈妈"。

苏麻喇死后,在京皇子除年幼者外,立即全部到场,分工办理善后。康熙得信,指示:"将妈妈存放七日后,再洗身穿衣。因朕十五日才能抵京,故再存放七日,俟朕到家后再定夺。"他亲自决定和料理苏麻喇的后事。这都是超越通常惯例的。皇帝和皇子们只能在自己的亲人患病和去世时,才一齐亲临办理诸事。说明皇帝一家实实在在地把苏麻喇当成亲人。

苏麻喇的遗体安放后,允祹悲痛不已,对三哥允祉说:"阿扎姑自小把我养大,我未能回报,就出了此事,我请求能住守数日(守灵),百天之内供献饭食,三七念经。"但内务府说,无供献饭食及念经之先例。允祉请示父皇,康熙认为允祹是对的,特予批准。

苏麻喇生前无妃嫔名分,康熙又在更大程度上破例,以嫔礼安葬。她的陵墓在孝庄太皇太后的昭西陵旁,让这对老朋友在地下相伴长眠吧!

受众人尊敬的苏麻喇,生前,不同年龄段的人对她有不同的尊称,孝庄太皇太后叫她"格格"(姑娘),康熙皇帝称她"额涅"(额娘),皇子们尊之为"妈妈"(奶奶),她是允祹敬爱的"阿扎姑"(母姑)。她死后,人们依然尊敬她,始称她为:"苏麻喇姑"。

第十四章 无尽的哀思

太皇太后平日没有严重疾病。偶有不适，到温泉疗养一段时间，或用药，很快就能痊愈。自从康熙二十二年五台山之行，太皇太后再也没外出，可能健康状况不如从前。二十四年（1685年）八月二十九日凌晨，太皇太后突然中风，"右手伸展不直，语言不清"。这场病比较重。但由于治疗及时，病情很快好转。

康熙二十六年（1687年）十一月二十一日，"太皇太后圣体违和"。病情严重，康熙的文字中说过是"疹患骤作"，也说过是"旧症复发"。不论是什么病，总之一开始就很重，而且"一旬以内，渐觉沉笃，旦夕可虑"，康熙"益加恐惧"，"五内忧灼，莫知所措"。

为了挽救祖母的生命，他想尽了一切办法，做了所有他所能做的事。宫中御医是高水平的，可是"御医诊脉，皆云深可忧虑"。他又查阅医药文献，亲自调药，遍问方医，均回天无术。

康熙试图用好生之德，求得上天对祖母的眷顾和默佑，特于十一月二十七日，谕刑部：所有内外问刑衙门，除十恶死罪及贪官、光棍不赦外，其余已经奉旨监候死罪重犯，概行减等发落。

两天过去，太皇太后的病势非但不见好转，而且危象渐增。康熙在无计可施的情况下，搜索出多年前的一份记忆。那年大旱，他在宫中设坛祈祷苍天赐雨，长跪三昼夜，第四天，又步行到天坛虔诚祷告，"油云忽作，大雨如注"。于是心中升起一线希望，以为"精诚"可以感动上天，为了给祖母祈求永年，决定再亲临天坛致祭。

十二月初一日，早六时左右，康熙率诸王、贝勒、贝子、公等及文武官员，自乾清宫步行到天坛致祭，恭祈太皇太后转危为安。行礼过后，太常寺官员宣读康熙亲笔祝文。其词意恳切，感人肺腑，呼吁皇天，"伏恳悯念笃诚"，保佑祖母太皇太后病体痊愈，健康长寿；他情愿自己减寿，增加祖母的寿命。

康熙听读祝文,"涕泪交颐"。陪祀诸王、贝勒、贝子、公等及文武官员,无不感动涕泣。祭毕,康熙立即回慈宁宫侍候祖母。皇孙的虔诚,使祖母受到莫大安慰,由于心里高兴,"饮膳少加"。御医诊视,也说"脉息较前顿觉平和"。然而,精神作用引起的病情缓解,毕竟是暂时的,仅过一两天,又出现反复,这一次,康熙对苍天大失所望。他最"抱痛于心"的是,用自己的寿命换取祖母的延年都未能如愿,从此知道"天道幽远,难可期必",再也不躬亲祈祷。这件事深深刻在他的心中,乃至30年后,重新提起,仍"流涕呜咽,不能自止"。

这位独断乾纲,敢于挑战恶势力,不曾被任何困难压倒的皇帝,面对要夺走祖母生命的病魔,毫无办法,呼天天不应,叫地地不灵,终日以泪洗面。他能做的,只有在病榻前尽孝,陪伴生命垂危的祖母心满意足地走完她人生的最后里程。

康熙最初几天还能抽空到乾清门听政,从二十九日起,已因祖母病情进一步加重,不便离开。

太皇太后是颗福星,她一卧病,孙男弟女全围上来照顾,二女儿阿图、儿媳皇太后、孙儿裕亲王福全、皇后佟佳氏等,不离左右。康熙从太皇太后违和第二天起,就夜以继日在祖母床边护理,检方调药,侍奉饮食,三十五昼夜衣不解带,食不甘味。祖母宁静休息时,他"隔幔静候,席地危坐",一听到太皇太后的声息,立即到榻前,"凡有所需,手奉以进"。仅糜粥之类就备有30余种。只要太皇太后她说想用什么、吃什么,竟"一呼即至"。原来,康熙想得十分周全,应有尽有。太皇太后备受感动,用手抚着皇孙的背,垂泪赞叹说:因为我的病,你"日夜焦劳,竭尽心思",所有服用和饮食之类,无所不备。我实际不想吃什么,说想要什么,只不过借以支吾搪塞,"安慰汝(你)心"。谁知你都事先令人准备好,放在那儿。"如此竭诚体贴、肫肫(诚恳的样子)恳至,孝之至也。"惟愿天下后世,人人效法你,像你一样大孝。

同年十二月二十五日,半夜十二时左右,太皇太后病逝于慈宁宫,享年75岁。这位老人临终时留下遗诰,简要回顾了一生经历,不居功,无遗憾。对晚年生活甚为满意。对国家大事有所嘱托。原文主要部分如下:

予以薄德,幼承太祖高皇帝(努尔哈赤)登聘,获奉太宗文皇帝(皇太极),赞助内政,越既有年。不幸龙驭上宾,痛不欲生,誓以身殉。诸王大臣，以世祖皇帝方在冲龄，继承大统，保护靡托，合辞坚清，勉留此身。抚育教训，未尝少懈。十有九年，重遭不造，世祖皇帝崩逝。悲悼予怀，益无意人世，告天吁众，冀申初志。诸王大臣，复以今皇帝冲龄践祚，正须鞠育，恳请再四。予顾此藐孤，难忍捐弃，勉抑哀衷，相依岁月。

今皇帝至孝性成，诚切肫恳。视膳问安，朝夕罔间。备物尽志，无所不周。屡荐徽称，尊崇斯极。终始惟一，几三十年。予因兹敬养，遂使两世哀感之怀，大为宽释。且皇太后奉事勤恪，予心甚安。但念世际升平，皇帝纯孝，亘古所无，予正可诞膺福祉。奈年齿逾迈，时用自伤。顷当寝疾，皇帝躬省药饵，寝食捐废，步祷郊坛，竭诚呼吁。乃数尽难挽，遽至弥留。予寿七十有五，得复奉太宗文皇帝左右，惬予夙心，夫亦何憾。

今皇帝励精图治，爱育苍生，海宇乂安，兆姓乐业，天下臣民颂太平之庥者，功归启佑，予殁有荣施焉。惟是皇帝大孝性成，超越今古，恐过于悲痛。宜勉自节哀，以万机为重。中外文武群臣，恪恭奉职，勿负委任，以共承无疆之福。

其丧制，悉遵典礼，成服后三日，皇帝即行听政。其持服，依世祖皇帝遗诏，以日易月，二十七日而除。

太皇太后回顾充满苦辣酸甜的一生，口气平静，无怨无悔。虽先后遭夫死子丧的不幸，两次痛不欲生，但为了抚育幼年皇帝——顺治、康熙，她接受劝阻，"勉留此身"。康熙帝的至孝，抚平了她内心的创伤，宽释了她两世哀感之怀。国家进入升平岁月，皇帝纯孝，她正可尽享清福，无奈年迈数尽；到太宗皇帝身边去，是久怀的夙愿，没有遗憾。她知道皇帝"大孝性成"，恐过于悲哀，嘱咐康熙帝以国事为重，宜勉自节哀；文武群臣恪尽职守，勿负委任。

孝庄之死，对康熙及皇太后等人均是极其沉重的打击。

康熙无法控制自己的感情，呼天抢地，哭无停声。诸王、贝勒、贝子及文武大臣等奏请皇帝节哀，康熙下谕："你们所奏，朕知道了。可是，朕八岁时，皇考世祖章皇帝宾天。十一岁时，又有皇妣章皇后崩逝。二十余年以来，全赖圣祖母太皇太后抚育教训。今遽遭捐弃，五内摧迷，顾念慈恩，罔极难报。哀号痛切，情何容己?！"

为表达对祖母的无比哀悼之情，康熙一定要将居丧持服的时间延长,他下达圣旨,称:"自汉以后,帝王居丧持服,将二十七月变通为二十七日。惟魏孝文帝欲行三年之丧。朕平日读史至此,常称赞之。今定持服二十七月,少慰朕哀痛之情。朕自己在宫中持服,政事毫不旷废,不令臣民持服,一切俱不禁止。如此,可以遂朕本怀。"

康熙这道圣旨考虑得甚为全面,但以一国之君居丧二十七月,无论如何是太长了,既不利于皇帝本人的健康,也必然对国事造成严重影响。

诸王大臣商议后,上奏劝阻:"皇上至德纯孝,自古无伦。但帝王之孝,与臣民不同。愿皇上仰遵太皇太后遗诰,以礼节哀。易月之典,请遵守而不要变更。"

康熙不答应,下旨:"朕事太皇太后三十余年,竭尽衷诚,从未有丝毫违背。最近圣体病重三十余日,朕衣不解带,必诚必敬。朕居丧持服二十七月,这是朕决意要办的。否则朕虽贵为天子,富有四海,又有什么意思?!"

大臣们再次上奏劝阻,康熙决意不依。他在祖母的梓宫前,昼夜号恸不止,水浆不入口,哭着哭着,悲伤过度,以致昏迷。

见此情景,诸王、贝勒、贝子、公等以及外藩王、贝勒、贝子、公等一起跪奏,请皇上节哀,保重身体。康熙苏醒过来,对臣子们说:"朕思报太皇太后教育之恩,终身不忘。为子孙者,理所当然。太皇太后高厚之恩,怎可一刻忘怀?"说着,再次痛哭起来。

由于康熙没日没夜地沉浸在对祖母的怀念与哀痛当中,以致多次昏迷,严重地影响了他的健康。大臣们一再劝慰,康熙也深知自己所担负的国家重任,可是他还是忍不住内心的悲痛,向跪拜在殿外的大臣传谕:"朕忽遭大故,五中愦糜,非不知恪遵遗诰,守身为重,勉自节哀,强进饮食。但悲从中来,情实痛切,不由自主,以致昏迷。你们所奏,朕已看过,朕当强支自爱,卿等无须过虑。"

在皇太后、大臣们的一再劝慰下,康熙开始吃一些食物,但他仍然日夜哀恸,精神萎靡。皇帝如此,举国悲哀。尤其是京城与科尔沁,人们对孝庄的思念是最为真挚的。科尔沁达尔汉亲王班弟,是孝庄四哥满珠习礼的孙子,率蒙古王、贝勒、贝子、公、台吉、塔布囊等,一起来到京城,参加孝庄的丧礼。他们也担心康熙的身体,恳请皇帝将一日内三次哭临减为一次。康熙勉强听从。

朝臣们再次奏请康熙将二十七月的居丧持服减为二十七日，但康熙执意不从。眼见康熙容颜减瘦，健康状况急剧恶化，王公、贝勒、大臣们急了，一再想方设法奏请皇帝以日易月，康熙最终以大局为重，答应了他们的请求。

孝庄去世后，康熙悲痛之至，做了许多破例的事。他违背"本朝后丧，例不割辫"的规矩，毅然割辫；他拒绝朝臣们"我朝向日所行，年内丧事不令逾年"的上奏，将祖母的梓宫安放在慈宁宫中，直到第二年正月十一日发引；他还传谕礼部，将祭祀孝庄的规格等同于当年顺治皇帝的规格……康熙还依照祖母生前的遗言，没有将孝庄葬在西陵，而是在顺治皇帝的孝陵附近，特将慈宁宫东边的五间大殿移建于昌瑞山，号"暂安奉殿"。在圣旨中，康熙称："慈宁宫宫东，新建宫五间，太皇太后在日，屡曾向朕称美，乃未及久居，遽升遐。今于孝陵近地择吉修建暂安奉殿，毋致缺损。"然后，在康熙二十七年，由康熙亲自护送梓宫，来到暂安奉殿，予以封掩。此后，康熙每年都要抽时间诣谒，轻声向地下的祖母汇报大清的好运。

孝庄死后，皇宫中除康熙外，最痛苦的莫过于孝惠皇太后及苏麻喇。皇太后哭得死去活来，她应孝庄的召唤来到清宫，却得不到顺治的青睐，整整守了几十年寡，可是她却不怪孝庄，只为自己的身世而哀叹。苏麻喇似乎就是为孝庄而来到这个世界上一样，她陪伴孝庄从蒙古草原到达东北平原，又从盛京到达北京，与孝庄同命运共患难，一起培养了顺治、康熙两代明君。孝庄之死，令苏麻喇至为哀痛，但她不忘孝庄的嘱托，还要为孝庄的后代服务。

蒙古草原上也有一位伤心女子，她就是顺治废掉的第一位皇后。她从皇宫中迁居出来，一个人过着孤单的日子。孝庄死后，她连哭丧的资格都没有，只能对着西陵的方向暗自神伤。清初诗人吴伟业曾写一诗："豆蔻梢头二月红，十三初入万年宫。可怜同望西陵哭，不在分香卖履中。"

人世间总是充满遗憾与悲剧。

康熙对祖母的怀念是长久而深刻的。直到离开人世，整整35年，康熙无时无刻不怀念着自己的祖母。

祖母在世时，他以去慈宁宫请安为一大快事，见到祖母的音容笑貌，心中就涌起一股暖流。对于早年丧失父母之爱的玄烨来说，祖母给予他的既有隔辈之爱，兼有父母之恩，"依圣祖母膝下，如亲皇考妣音容"。一日不见，如隔三秋。如此"晨昏依恋三十余年"，突然，祖母不在了，他的生活和感情上出现了一大块空缺，每次往宁寿宫向皇太后请安，他不忍经过"人去楼空"的慈宁宫，所以不走隆宗门，而从启祥门走。直到10年后，他路过慈宁宫还会禁不住流泪。30年后，康熙已经年过花甲，是当上祖父、曾祖父的人，有一次和大臣们谈话，说到祖母，他仍"涕下如雨，哀不自胜"。

康熙永远不能忘记太皇太后教育深恩，"每念教育厚恩，哀痛实难自禁"。他把自身的成长成材，归功于祖母，借圣祖母太皇太后"三十余年，鞠养教诲，以至有成"；"设无祖母太皇太后，臣断不能至有今日"。这"罔极之恩，毕生难报"。更为宝贵的是祖母对他掌理朝政的指点。虽然他早已完全得心应手地独掌朝纲，但祖母的指导和匡正，仍有重要意义。祖母走了，再也没有像祖母这样高瞻远瞩的亲人在关键时刻指点迷津；只有在梦中聆听她老人家的教诲。

太皇太后去世20多年以后，在一废太子期间，他对太皇太后的娘家人、科尔沁达尔汗亲王、额驸班第等说：太皇太后在世的时候，"爱朕殊深"，升天以后，"朕常形梦寐，奇异甚多"。他列举三件事，一是乌兰布通出兵之前，他梦见太皇太后阻止他，说：你要慎重，不要出兵，出兵恐怕没有益处。他没听信梦中祖母的指示，后强行出兵，果然到半途抱疾而还。

二是第一次亲征噶尔丹时，又梦见太皇太后对他说：你这次出兵，能取得重大胜利，但不是你亲自获俘。他当时不能理解。出兵后，噶尔丹遁逃，他自拖诺山率兵追击。噶尔丹向西逃窜，遇到伯费扬古。费扬古大败噶尔丹，"多所俘获"。这时，他才知道梦兆多么准。

三是近日废皇太子之事，梦见太皇太后，"颜色殊不乐"，与他"隔远默坐，与平时不同"。

俗话说：梦是心头想。梦，是人们经历的反映和重现。由于太皇太后在世时，康熙常与祖母商讨国事，祖母远见卓识，每使他心明眼亮，茅塞顿开。祖母不在了，他在思索决策方案时，自然而然地想起祖母：祖母会怎么说？在反思做过的决定时，又想到祖母：她老人家对我做的事满意吗？等等。

由此可见，孝庄对康熙影响之深远。

康熙的至孝不仅为所有的清朝臣民做出很好的表率，而且给来华的外国人留下深刻的印象。法国传教士白晋在给法王路易十四的信中写道："（康熙）皇帝自幼失去双亲，惟有年迈体衰的太皇太后，生前死后始终为这位皇孙所孝敬。像康熙那样最出色、最典型的孝道，甚至在中国历史上也是空前的。正因为惟有太皇太后曾对他有养育之恩，所以皇帝对她在一切方面的体贴、顺从也达到了使人难以置信的程度。他一旦得悉太皇太后稍有微恙，就要不断向她请安，甚至忧心忡忡，中断了狩猎，以每驿程六十至八十华里的速度回京探望。以我们所见到的来说，皇帝对太皇太后死后所尽的孝道，恐怕也是无以复加的了。除下令全国服丧几天，宫廷中服丧几个月外，在太皇太后停灵宫中的半个多月内，皇帝停止视朝，并令所有亲王、皇子、朝廷大臣、全体官员直至下属官吏，日以继夜地在皇宫中守灵。为哀悼太皇太后之死，人们全不顾灵堂的严寒，因为此时正值隆冬季节。在此期间，皇帝寸步不离灵柩，在停灵的大厅里，他痛哭流涕地度过了几个不眠之夜。他不仅花费好几百万两白银来举行极其豪华的葬礼，而且还要亲自和全体朝臣奉移梓宫，直到远离京城二十五法里的陵墓，以表达他对太皇太后的孝思。"

白晋还写道："太皇太后的梓宫，四个月以后才奉移到京为陵墓。在此之前，皇帝把它暂厝在城外的一座宫殿里。那时，他和他的幼小的皇子们一起护送步行了一法里。太皇太后的遗体被安置在那里的四个月中，皇帝每周要去三四次哭灵悼念。后来，他派人在陵墓附近建造了一座华丽的宫殿；并在四周盖了好几幢房屋供负责祭祀的官吏居住。在整整三年中，皇帝不仅节制自己，而且还禁止王公贵族的各种娱乐，如喜剧、音乐、庆祝活动与其他类似的活动。同时，他还每年多次去远处的陵墓，悼念太皇太后，以他的种种孝敬使死者感到欣慰。在三年丧服期满后，皇帝还是继续这样做，直至今天还听说当他路过太皇太后住过的宫室时，还会禁不住流下眼泪。"

可是，不知为什么，至孝的康熙在生前竟没为祖母建造永久的陵园。这为世人带来很大的疑惑，同时也带来诸多猜想。

直到雍正三年十二月，康熙的第四个儿子当了皇帝后，排除杂议，由暂安奉殿扩建成规模宏大布局独特的昭西陵。奇怪的是，昭西陵建在东陵的风水墙之外，与其他帝后的陵寝分离开来。这也成为一大疑案，引发了人们无穷的争议。

孝庄的魅力是永恒的，永远值得世人解读。

太皇太后辞世36年后，康熙带着他对太皇太后的怀念也西归了。和他的业绩一样，太皇太后一生的贡献，已融入"康乾盛世"，载入中华古国的发展史册。

孝庄文皇后抚育顺治、康熙两帝，辅佐太宗、世祖、圣祖三朝，在清朝的建立、巩固和发展过程中，做出了特殊的、不可磨灭的重大贡献。其主要业绩，简单概括为如下几方面：

第一，太宗皇太极在世时，她以皇妃身份协助皇后办理后宫事务，并开始佐理朝政，献计献策，成为太宗皇帝的得力助手。

第二，皇太极死后，在争夺帝位的斗争中，她紧紧依靠两黄旗大臣强而有力的支持，使幼子福临顺利继承帝位。对摄政王多尔衮既放手任用，尽量发挥他的才能，争取他对幼主的拥戴，又以郑亲王济尔哈朗等诸王牵制多尔衮，限制多尔衮擅权，遏制其觊觎帝位的野心。在复杂、艰险的环境中，镇静、理智地应付对方制造的一宗宗、一件件奇案，反映出孝庄文皇后政治家的胆识和谋略。

第三，在清军入关的决策和进军过程中，她知人善任，以范文程为智囊，顺利地实现了大清走向全国的既定目标。在入主中原、进兵江南的关键时刻，她旗帜鲜明地反对分封满洲诸王，以防止地方割据，造就和维护统一的中央集权制国家。

第四，在清算多尔衮罪责的基础上，调整八旗，彻底解决黄旗与白旗之间的对立斗争，实现了皇家直接掌握上三旗、八旗一致拱卫皇权的格局。

第五，选择和建议顺治帝立玄烨为太子，继承帝位。并亲手自幼培育、训导。由于福临幼年养育在生母身边的时间比较长，孝庄文皇后也存在女性的弱点，对儿子过分溺爱，娇生惯养，以致福临比较任性，缺乏克己自律能力。看得出，她汲取教训，在抚育孙儿时，将严师与慈母的天职统一于自身，循循善诱，指点修身、治国、平天下之道，终于成功地培养出一位杰出的皇帝。

第六，她虽然接受汉族文化有过迟疑，但总体来说，她不墨守陈规，而求真务实，勇于改革创新。如：创建上三旗大臣辅政体制，改革皇位继承制度，建立御门听政制，革除多项丧葬旧俗等。

第七，她不是军事家，但对顺治、康熙两朝军事方面的大事，都有过有益的建议，甚至在关键时刻起了把握大方向、挽救危局的作用。坚决粉碎南明郑成功部对南京的围攻，组织力量平息布尔尼的叛乱，组建"新满洲"等，都得益于她的正确主张和支持。

第八，知人善任，待人以诚，在她身边集聚一批忠贤人才，既有文臣武将，也有洋人、才女，还有地位卑微的佣人，他们是她几十年如一日的老朋友，效力两三朝，忠贞不渝。

第九，在团结各部蒙古、巩固北部边疆方面，起了特殊的重要作用。她不仅通过娘家科尔沁部团结内蒙古其他各部，还通过科尔沁部及时了解外蒙古及漠西厄鲁特蒙古的动态，为朝廷提供决策依据，为康熙招抚外蒙古及最终击败准噶尔部的噶尔丹，做了一定的准备工作。

第十，思想品格独具优长。一生以大清江山的前途命运为重，以贤妻良母的品格，全心全意辅佐夫君和儿孙继承与弘扬祖业；无私无畏。反复告诫儿孙国以民为本，"得众则得国"，因此要仁慈，要勤政爱民；治国要简任贤才，用人必求有真知灼见，亲忠良而远奸人；还要"安不忘危"，"虚公裁断"，以身作则，锐意进取，知难而进。特别是在节俭爱民方面，她不仅一再告诫儿孙皇帝，而且身体力行，带领儿孙节省财物，赈济灾民，办幼儿福利事业等，堪称楷模。

孝庄文皇后作为一名古代妇女之所以能做出如此巨大的贡献，是由多方因素综合作用决定的。

从客观上看，满族当时正处于上升时期。勤劳勇敢、朝气蓬勃、崇尚军功、积极进取向上，是其民族的主要特征。同时，八旗制度，将满族组成一个有机的整体，氏族制遗风仍存，妇女在家族中及社会上仍有相当的地位，尤其是社会上层妇女，继承丈夫、代替儿孙行使某种权力，比较容易得到认可；没有汉族封建社会那么多束缚妇女的清规戒律。皇太极在世时，打下了良好的基础，他直接掌握的两黄旗支持他（她）的儿子顺治继承帝位。顺治帝后来更拥有上三旗。背后还有科尔沁等众蒙古族的支持。因而，她拥有足够的实力支撑，能够掌理朝政，左右政局。

主观上，她有非凡的智慧和才能，充分发挥自己的实力优势去争取胜利。她豁达大度，深谋远虑，理智深厚，刚毅果敢。太宗病逝，两黄旗大臣拥戴幼主，需要她以皇太后身份掌政，她当仁不让，勇敢地挑起这副重担。并能驾驭全局，运筹帷幄，给幼帝指明方向，做他们的坚强后盾。由于她仁慈为先，能忍能让，能屈能伸，备受信赖，所以身边的智囊敢于、愿意向她谏言献策，衷心支持和维护她和皇帝。她的德智也非凭空而来，是继承先人的优良传统，善于观察和学习的结果。她既是蒙古族的女儿，又是满族的媳妇，能集中两个民族智慧和文化精华。据史载：她"性知书"，"独嗜书史"，"无他好"。皇太极指导她参与朝政，使她得到锻炼的机会。她特别注意从实践中总结和接受经验教训。

中华民族有尊重历史、爱戴历史上英雄豪杰、杰出人物的传统，因为他们为中国做过好事。孝庄文皇后的历史曾经被误解，被扭曲，但终有澄清的一天。其历史功绩是客观事实，谁也抹杀不了。其优秀品德作风，是中华民族的宝贵精神财富，将世代相传。中国人会永远怀念这位古代杰出的女政治家孝庄文皇后！

附：孝庄皇后下嫁多尔衮之谜

围绕在孝庄皇后身上至今未解的谜团就是：她真的曾经下嫁过多尔衮吗？对这个问题的解答可谓"仁者见仁，智者见智"，众说纷纭。

在我们所能够接触到的关于"太后下嫁"疑案的史料中，无论是在正史上，还是在野史中，都有三种一样的说法：

第一种是孝庄皇太后下嫁给了多尔衮。两个人在皇太极死了以后结婚了。也就是我们传统的大团圆结局：在众望所归、众目睽睽、众人拥戴之下，英雄美人、有情人终成眷属。

第二种是孝庄皇太后与多尔衮两个人没有结婚。他们之间保持着一种非常清白的关系。就是干干净净、纯纯粹粹的嫂子和小叔子的关系。

第三种是孝庄皇太后与多尔衮两个人没有结婚，但是非法同居了。也就是我们说的偷情——保持情人关系。

一般而言，在史学普及读物不太流行的情况下，由于电视连续剧《孝庄秘史》等一系列有关的影视剧的传播速度远远超过了史学普及读物的传播速度，因此更多的人还是比较相信这些影视剧中对于孝庄皇太后与多尔衮两个人关系的描写——在他们看来，这些影视剧对于孝庄皇太后与多尔衮两个人关系的描写是基本真实可信的。因此，电视连续剧《孝庄秘史》等相关影视剧里面的描述就显得非常重要了。而由于电视连续剧《孝庄秘史》对于这个问题的认识持第三种看法，所以一时间这第三种看法十分盛行。

因此，还历史以本来面目，就显得更加重要了。

关于"太后下嫁"疑案，历史上一直是众说纷纭。但是史学家大多赞同孝庄皇太后与多尔衮这两个人之间确实产生了暧昧的关系。那么，他们俩是如何产生感情的呢？这里我们摘录纪连海先生的研究文章，以"以仁者见仁，智者见智"。

俗话说得好：无风不起浪——不然的话，关于他们两个人之间能有这么多的传说产生，也就太奇怪了。

那么，问题就产生了：多尔衮和布木布泰两个人之间的暧昧关系，到底是什么时候产生的呢？

其实，要想回答这个问题并不难：虽然我们可以基本否定多尔衮和布木布泰两个人之间在布木布泰与皇太极结婚之前产生感情瓜葛的可能性，可是我们并不能因此就能够顺带否定多尔衮和布木布泰两个人之间有更多的共同语言产生。不管布木布泰与皇太极是什么关系，毕竟他们两个人之间还是差了21岁——而这21岁是足可以产生代沟的；而与此同时，不管布木布泰与多尔衮两个人之间是什么关系，毕竟他们两个人之间的年龄仅仅相差还不到半岁——一个出生于1612年11月17日，一个出生于1613年3月28日——严格说来，他们才仅仅相差了131天而已，真的是完全意义上的同龄人，也就是说，布木布泰与多尔衮两个人之间的共同语言肯定要多于布木布泰与皇太极两个人。

因此，建立在这种设想上面，我们可以认为，既然从1625年起布木布泰与多尔衮两个人在13岁前后就相识了，而皇太极因为年纪长、又总是要打仗，因此不能经常陪伴自己年幼的妻子；而与此同时，非常寂寞的布木布泰与自己的小叔子多尔衮两个人的年龄又比较相当，因此，他们之间会有更多的共同语言。

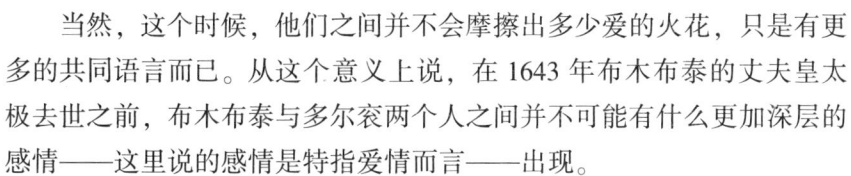

当然，这个时候，他们之间并不会摩擦出多少爱的火花，只是有更多的共同语言而已。从这个意义上说，在1643年布木布泰的丈夫皇太极去世之前，布木布泰与多尔衮两个人之间并不可能有什么更加深层的感情——这里说的感情是特指爱情而言——出现。

话说到这里，我们自然有个问题产生：难道布木布泰与多尔衮两个人之间在1643年皇太极去世之前，就真的一点让别人感觉到异样的感情都没有出现过么？

话还不能这么说。如果我们要能够得出下面这样的结论——孝庄皇太后是个女流之辈，需要一个有权力的人保护她和儿子。在她的丈夫去世以后，她的儿子很小，她需要多尔衮来帮助她和她的儿子来取得皇位，因此他们两个人之间只是互相利用的话，那么他们之间的关系也太让人感觉到恶心了吧？

难道在历史上，他们两个人之间，真的就是实实在在的相互利用的关系吗？

历史不是这样的！布木布泰与多尔衮两个人之间，在1643年皇太极去世之前，还真的能够有一点让别人感觉到异样的感情出现过的！

那么，他们之间的这种能够让别人感觉到异样的感情最早是什么时候产生的呢？

说到这一点，其实也是需要严格考证的。

提起多尔衮，我们的第一个话题其实就是多尔衮的相貌：真实的多尔衮究竟有多帅？单纯从相貌上看，多尔衮能够吸引布木布泰吗？

其实，严格说起来，多尔衮的长相并不帅。

如果我们只看多尔衮的相貌的话，多尔衮是一个比较瘦削的人。

但是，我们如果看看多尔衮的身子骨的话，那么，要形容多尔衮是一个什么样子的人就难多了！找了半天之后，我还是觉得在中国的男人里面，实在是找不到一个合适的人物来比拟多尔衮。

男人里找不到了，就只能用个女人来比。谁啊？《红楼梦》里面的林黛玉。林黛玉生活的那个时代，女人都是以瘦为美的——而林黛玉不光是很瘦的问题，完完全全是一个病秧子！

有的人说了，不会是说多尔衮的身子骨就跟林黛玉似的吧？

一般而言，我们都不会相信多尔衮是个病秧子，但历史上的多尔衮的确是个病秧子。真实的多尔衮就是这样一个病秧子！

多尔衮不会生下来就是个病秧子吧？当然不是！可问题在于，多尔衮的病是怎么得的呢？

说起多尔衮的病，还要从当年非常惊心动魄的松锦大战谈起。

1640年至1642年的松锦大战，当时守卫松锦前线的是明朝皇帝最为信任的一个大臣洪承畴，在镇压明末农民起义过程中，颇为有功！经过他的镇压，转眼之间，李自成几十万军队只剩下18人。几十万到18人！这时候明朝皇帝觉得18个人跑就跑了。然后就调洪承畴到松锦前线，这场战役双方足足打了两年多。

打完了松锦大战以后，多尔衮就元气大伤了。三种病症同时在他身上显现出来："怔忡之症"、"风疾"和"咯血症"。

第一种病叫"怔忡之症"。

什么是"怔忡之症"呢？中医上讲的"怔忡之症"指的是西医上说的心血管方面的病。分为以下几种：病毒性心肌炎、过早搏动、阵发性室上性心动过速、阵发性室下性心动过速、心房颤动、房室传导阻滞等等。

第二种病症就是"风疾"。

什么是"风疾"呢？

"风疾"就是我们现在中医所说的中风，西医分为以下几种：脑出血；蛛网膜下腔出血；脑血栓形成；脑栓塞等等。

第三种病症就是"咯血症"。

"咯血"，是中医上的说法。西医分为以下几种：肺结核引起的咯血；支气管扩张症引起的咯血；风湿性心脏病引起的咯血等等。

也就是说，打完了松锦大战以后的多尔衮的心、肺都有病——他的病完全是战争当中劳累过度所致。

问题在于，这个样子的多尔衮，他怎么就能够和孝庄皇太后有了感情呢？

我们说，恰恰就是因为多尔衮是这个样子的，多尔衮和孝庄皇太后之间才能有瓜葛、才能有感情！

这是怎么一回事呢？

因为多尔衮的身体在松锦大战中受到了重创，最后就导致他得回去养病。而且这一次他得病以后，就注定了多尔衮这个人再也不会有孩子了。

难道多尔衮的病真的这么严重？多尔衮这个人真的再也不会有孩子了？

当然是真的了！不过，这是后面的内容，我们这里暂且不表！

当时皇太极也非常清楚，多尔衮这个人原本跟他是争夺汗位的死对头。皇太极取得胜利之后，多尔衮没有报复，而是精心敬业辅助皇太极，最后落得个一身病，还绝了后。

所以这个时候的皇太极觉得太过意不去了，真是兄弟啊！甭说了，

我让我的妻子、你的嫂子去伺候你。

从此以后，多尔衮和孝庄皇太后两个人之间才能说到感情。从此以后，才有了孝庄皇太后与多尔衮让人产生种种猜测的基础。

当然，我们要知道，这个时候的多尔衮和孝庄皇太后还没有产生婚外情的可能性呢！因为还没有发展到那一步。

这接下来一件大事就该是皇太极的生命终止了。

就在这个最关键的时刻，公元1643年9月21日夜，51岁的皇太极带着"储嗣未定"的遗憾猝死。

要说皇太极的死的确是很突然的。他在那天的白天还处理政务，夜里就匆匆离开了人世。

什么原因引起他突然去世的呢？根据分析，主要是富贵病！也就是说，由于吃得太好而导致身宽体胖，最后是中风而死！

清朝的皇帝，像他这样因为吃得太好而死去的他是第一个，但不是最后一个！在他之后还有他的重孙子雍正皇帝！那也是属于上等的补品吃多了撑死的！

皇太极没有想到自己会在50来岁正当年富力强的时候死掉，因此，他死前也没留下任何遗言——没交代由谁继位！由于事出突然，所有的人也都没有一点准备。

这皇太极一死不得了，这又给后面留下一个伏笔——谁来继承他的事业啊？

看来这皇太极死在了最不该死的时候。那个时候李自成的大顺政权和明朝之间的较量已经到了决战阶段。应该是清王朝夺取政权的最佳时期。可皇太极就在清王朝最需要他的时候死去了。

皇太极这一死不要紧，这身后事是风云大起啊。咱们还是先从历史当中拎几个能够继承得了皇位的热门人选吧。

这能够继承得了皇位的热门人选有以下四个：

皇位的第一个热门人选是皇太极的弟弟——睿亲王多尔衮。为什么睿亲王多尔衮是第一个人选呢？

睿亲王多尔衮现在掌管着原有30个牛录的镶白旗。他在17年前与皇太极争夺汗位失败——换句话说，因为17年前的汗位就应该是他继承。现在皇太极死了，轮也该轮到他了——他可不想让17年前的悲剧再度重演。他的有利条件主要是：

第一，正值英年。多尔衮是努尔哈赤第十四子，皇太极之弟，时年32岁。

第二，受父钟爱。史载，努尔哈赤曾留下遗言：九王子（多尔衮）当立而年幼，由代善摄位。而代善鉴于当时情势，转而拥立皇太极。

第三，兄弟齐心。多尔衮兄弟和他们领导两个白旗，其中多尔衮的哥哥英郡王阿济格，镶白旗的30个牛录中有他的一半；多尔衮的弟弟豫郡王多铎，掌管着正白旗35个牛录，他所掌管的正白旗是八旗中最大的一旗。因此，在有权参与讨论未来皇位继承人的七个亲王、郡王中，多尔衮兄弟已经占了三个席位，至少65个牛录的支持。

第四，功勋卓著。多尔衮多次统军出征，"倡谋出奇，攻城必克，野战必胜"，英勇善战，屡立大功，功勋卓著。关于这些，我们前面的内容里面曾经多次涉及，这里从略。

第五，经验丰富。多尔衮有过17年前争夺汗位失败的教训。17年前的教训应该已经成为了经验。17年来，他增长了不少才干，智慧过人。对于多尔衮来讲，用"睿"这个汉字里面代表聪明的意思的词汇来形容他，那是再合适不过的了！

皇位的第二个热门人选就是皇太极的长子肃亲王豪格。皇太极17岁就有了他的长子豪格——那个时候皇太极自己还是小孩呢。

现在，肃亲王豪格的有利条件主要是：

第一，正值英年。皇太极生前共有11个儿子，肃亲王豪格是皇太极的长子，出生于1609年，比多尔衮还要大3岁，现年35岁，正值壮年。

第二，人才出众。史称他"容貌不凡，有弓马才"，"英毅，多智略"。

第三，功勋卓著。豪格久经战阵，屡获军功。早在努尔哈赤时期，豪格就两次参加征讨蒙古的战役，因功被授予贝勒称号。其父皇太极即位为大汗后，先后主持或参加了九次攻明之役，其所率领的军队曾经先后袭扰过山西、山东等地。除了这九次攻明之役外，他还参加了三次征讨蒙古各部的战役和一次征讨朝鲜的战役。其中，他还参加了让多尔衮扬名立万的那次收服察哈尔林丹汗遗孀苏泰太后和林丹汗儿子额哲的战役。在那次战役中，多尔衮还得到了那枚传国玉玺。1636年，皇太极称帝后，豪格被晋封为肃亲王，掌管户部事务，与几位叔辈平起平坐。

第四，有三旗效忠。皇太极生前亲掌的正黄、镶黄和正蓝三旗大臣拥护豪格继位，尤其是两黄旗的大臣更是誓死效忠。

正蓝旗原属于努尔哈赤的五儿子莽古尔泰，共21个牛录。莽古尔泰生于1586年，比皇太极还要大6岁。但此人人品不好，曾经亲自杀掉了自己的母亲。后来在1632年皇太极设计杀掉了莽古尔泰。他所掌管的正蓝旗也由皇太极直接接管。

皇太极在世时，为加强中央集权，大大削弱了非直属各旗的势力，又把正蓝旗夺到自己手中，合三旗的实力远远强于其他旗。因此，这三旗的代表人物必然要拥戴豪格继位。

现在肃亲王豪格应该承袭了皇太极亲自掌管的三个旗：两个黄旗和一个正蓝旗共计61个牛录——我们现在仍然按照原来的满洲八旗计算，皇太极时期新成立的蒙古八旗、汉军八旗、打胜八旗这个时候还没有什么发言权！

从利害关系论，两黄旗大臣都希望由皇子继位，以继续保持两旗的优越地位。但是他的弱势在于他是偏妃所生。

皇位的第三个热门人选就是皇太极最小的儿子、2岁的爱新觉罗·博穆博果尔。

2岁的爱新觉罗·博穆博果尔的年纪虽然小，但是他的妈妈是蒙古阿霸垓郡王额齐格诺颜之女娜木钟，又是皇太极生前地位最高的贵妃——麟趾宫（西宫）懿靖大贵妃。因此，从这个角度说，在皇太极所有生养过孩子的妻妾当中，他妈妈的身份最高；在皇太极活下来的八个儿子当中，他的根最正，苗最红。

皇位的第四个热门人选就是5岁的爱新觉罗·福临。

5岁的爱新觉罗·福临的年纪虽然也不大，但是他的妈妈来自蒙古科尔沁部——我们知道，如果没有蒙古科尔沁部的支持，满洲人要是想打江山是不可能的。因此，福临的妈妈庄妃最受皇太极宠爱。

我们都知道，这最后的胜利者是5岁的爱新觉罗·福临。问题在于，这5岁的爱新觉罗·福临为什么、凭什么胜利呢？难道真的是庄妃做了什么手脚不成吗？

我们都知道，此时的庄妃做梦都想让自己的儿子福临即位。但是，从年龄上来说，在皇太极的八个儿子当中，有五个人都要比自己的儿子大。这五个人是：豪格35岁，叶布舒和硕塞16岁，高塞和常舒6岁。

从地位上来说，豪格是长子，2岁的博穆博果尔的母亲懿靖大贵妃博尔济吉特氏要比庄妃高上三个级别。

哪里就轮上自己的儿子了呢？怎么才能轮上自己的儿子呢？

庄妃要如何去做，才能让自己的儿子登上皇帝之位呢？

说实话，在当时那种争夺非常激烈的状态下，这件事可由不得她！这儿，可没有她——一个女人——说话的地方！对于她来说，让自己的儿子当皇帝，她也就是想想而已！当不得真的！

现在，我们再来看看电视连续剧《孝庄秘史》中的描述：

《孝庄秘史》中，这四个热门人选的斗争也分成两拨：大的跟大的斗，小的跟小的斗。我们先来看看《孝庄秘史》中多尔衮和豪格当时在角逐皇位的情景：

多尔衮的弟弟多铎："哥，当然该是你当皇帝。论功劳你最大，论才干你最强，更何况。龙珮在你手里。这个位置本来就该是你坐。"

多尔衮："这件事不是你说好，我说好就行了。总得大家公议。"

多铎："公议就公议，怕什么？现在还有谁是你的敌手，啊？"

多尔衮："你没看豪格，一副志在必得的样子。"

多铎："他？哼！做他的春秋大梦去吧。"

多尔衮："不可以轻敌。两黄旗都支持他。"

多铎："可我们兄弟加起来有三旗。"

多尔衮："代善哥哥呢？济尔哈朗呢？"

多铎："他们还没有表明态度。"

多尔衮："我们就不可以轻举妄动。如果一个不小心，挑起了八旗的内斗分裂，我们就算有理，也变成没理了。"

多铎："那怎么办？"

多尔衮："暗中部署，静观其变。"

在电视剧《孝庄秘史》里面说豪格和多尔衮争斗，因为豪格和多尔衮两个人的实力是相差无几，旗鼓相当。所以当时多尔衮那一辈长兄代善就说：别斗了。干脆立皇子吧。

正史是这样的吗？是代善说的这句话吗？

正史当中可不是代善说的这句话。那个时候，多尔衮与豪格两个人旗鼓相当是事实。但是在当时的情况下，多尔衮与豪格双方竞争非常激烈。实际上是双方谁都不让步，为此还专门开了一个会。

第十四章 无尽的哀思

当时有决定权的是七个人。这七个人，有四个亲王——礼亲王代善、郑亲王济尔哈朗、睿亲王多尔衮和肃亲王豪格；还有三位郡王——英郡王阿济格、豫郡王多铎和颖郡王阿达礼。

我们可以看出，决定命运的七个人中，多尔衮肯定会赢得自己的哥哥和兄弟的支持，豪格也不会放弃！因此，实际上，决定命运的只是另外三个人的想法：礼亲王代善、郑亲王济尔哈朗和颖郡王阿达礼。

颖郡王阿达礼是代善的孙子。其父亲为代善的三子萨哈璘。萨哈璘是最早支持皇太极为大汗的人，在皇太极来说，萨哈璘是皇太极能够登上汗位的大功臣。因此，皇太极一直对萨哈璘很好。但是，不幸得很，萨哈璘在皇太极登上汗位之后不久就去世了！

萨哈璘去世后，不知为什么，也许是恨铁不成钢的缘故，皇太极却一直对萨哈璘的儿子阿达礼很不好！也正是因为如此，阿达礼对于皇太极的作为也很不满意！

颖郡王阿达礼逐渐与多尔衮日益接近，两个人的关系越来越好！阿达礼多次公开在各种场合表示支持多尔衮继承皇位！

代善是努尔哈赤的子孙当中年龄最长者，他和他的子孙现在仍然掌管着两个红旗。两个红旗原有 51 个牛录。这时候，代善的两红旗势力已经遭到严重削弱，他本人年过花甲，早已不问朝政。其诸子中最有才干的岳托和萨哈璘年轻时已过世，剩下硕托也不为代善所喜，满达海初露头角，还没有什么发言权。第三代的阿达礼和旗主罗洛浑颇不甘人后，但崇德年间却屡遭皇太极压制。由此看来，两红旗老的老，小的小，已丧失竞争优势。

代善家族上一次争夺汗位就没有成功，现在他们家族并不想争夺皇位，但是他们家族及其领导的两个红旗是决定形势的最为重要的力量。以代善的资历、两个红旗的实力，其态度所向确实能左右事态的发展。

郑亲王济尔哈朗是努尔哈赤的弟弟舒尔哈齐的第六个儿子，出生于 1599 年。他比豪格要大 10 岁，比多尔衮要大 13 岁。济尔哈朗虽然是舒尔哈齐的儿子，从小却一直被寄养在伯父努尔哈赤家。因此，他也算是这个家庭中极为特殊的一员。

自从舒尔哈齐的长子阿敏 1629 年被皇太极借口 16 大罪状幽禁于寓所（阿敏于 1640 年去世）以后，济尔哈朗就承袭了阿敏的一切职务，包括统领镶蓝旗。

镶蓝旗原有33个牛录,在满洲八个旗中仅次于多尔衮的弟弟多铎领导的正白旗的35个牛录。济尔哈朗从一无所有到拥有镶蓝旗33个牛录,全靠了皇太极。

所以,郑亲王济尔哈朗一直跟皇太极很好。理论上说,他们家族及其领导的镶蓝旗应该支持的是皇太极的儿子——只要是皇太极的儿子就行,不一定是豪格。

虽然镶蓝旗旗主济尔哈朗不大可能参与竞争,但他的向背却对其他各派系有重大影响,无论他倾向哪一方,都会使力量的天平发生倾斜。

因此,这个时候,郑亲王济尔哈朗的作用就非常重要。在这七个人当中,他起了很关键的作用。他也看到了豪格与多尔衮双方要真拼个你死我活,最后得益的肯定就是明王朝。所以这个时候,郑亲王济尔哈朗说:"我建议你们两个人都往后退一步。咱们立另外的皇子吧。"

多尔衮说:"我同意。我同意立皇子。"很高的姿态啊。

豪格怎么表示?豪格一想:只要不立你,我也同意。所以现在就出现了立另外一个皇子的情况。

问题在于,当时有两个小皇子——5岁的爱新觉罗·福临和2岁的爱新觉罗·博穆博果尔都是有资格继承皇位的,最后的结果为什么是5岁的爱新觉罗·福临取得了胜利呢?

在多尔衮和豪格这两个大人之间都放弃了皇位的时候,历史的重担就落在了5岁的爱新觉罗·福临和2岁的爱新觉罗·博穆博果尔这两个小孩子中间一个上面了。

电视剧《孝庄秘史》当中,5岁的爱新觉罗·福临和2岁的爱新觉罗·博穆博果尔两个小孩的竞争开始了。他们的竞争方式非常有意思。剧情是这样的:

爱新觉罗·博穆博果尔的妈妈贵太妃:"博果尔,你告诉叔叔伯伯们做皇帝有什么好处?"

爱新觉罗·博穆博果尔:"做皇帝,喔,我知道。做皇帝有一样好处。谁不准我爬上树去抓鸽子,我就打谁的屁股。"

爱新觉罗·福临的妈妈:"福临,福临,你也告诉告诉大家,你知道这皇上该怎么当吗?"

爱新觉罗·福临:"我知道。皇阿玛说过,当皇上要用好人,不用

坏人。要亲近百姓，还有……要建立清朝的天下。"

正史当中两个人真的这样比一场然后决定皇位的吗？

这是不可能的。

问题在于，为什么爱新觉罗·福临就当上了皇帝呢？

当时的孝庄皇太后采取了以退为进的做法。孝庄皇太后的目的是：

第一是以退为进，居高临下。我们知道当局者迷、旁观者清的道理。她想站在远远的地方，冷静地看一看当时叫阵的双方是一个什么表现。谁有哪些弱点能够为己所用。

第二是借用这个机会，来取得一个无关大局的人物——谁当皇帝都不会轮到他的人——郑亲王济尔哈朗的支持。

第三是来取得多尔衮对他的谅解。毕竟三年以前。当多尔衮疾病缠身，是爱新觉罗·福临的妈妈去照顾他。

所以说如果大人的决战到此告一段落的话，下面肯定是小皇帝的事。因此，她要采取这种哀兵的计策，来求得争夺战的最后胜利。

当时庄妃的做法，果然取得了成效。

她怎么去说服济尔哈朗的呢？

不用说服！完全不用说服！

一个女人，只需一个眼神就会求得男人的谅解！这是女人特有的本领啊。她使出来了。所以济尔哈朗提出建议立爱新觉罗·福临。所以至此历史上就有了顺治皇帝。

皇太极死了，这个爱新觉罗·福临当皇帝了。然后作为爱新觉罗·福临的母后。她也正式变成孝庄皇太后了。

问题又出现了：5岁的爱新觉罗·福临当皇帝了？他，一个5岁的孩子，能够撑起这个清江山吗？他的妈妈孝庄皇太后，将会如何去做，才能够稳定住这个清江山呢？

在电视连续剧《孝庄秘史》当中，皇太极驾崩，又经过一番明争暗斗之后，福临登基了。

此后的孝庄皇太后好像开始辅佐他的这个儿子在政治舞台上呼风唤雨一把。但是电视连续剧《孝庄秘史》当中给人的感觉是孝庄皇太后和多尔衮在进行联合，让多尔衮来帮助顺治小皇帝似乎是孝庄皇太后与多尔衮感情发展的自然结果。似乎是此前他们两个人的那种已经存在的暧昧的感情，终于可以在现实中起作用了。给人的感觉是，在这个时候，孝庄皇太后在央求自己的情人多尔衮说"你一定要帮帮我儿子呀"这种感觉。

电视连续剧《孝庄秘史》当中是这样描写的：

顺治小皇帝对孝庄皇太后说："皇额娘，如果博果尔来跟我——朕，跟朕捣乱，那该怎么办啊？"

孝庄皇太后对顺治小皇帝说："福临，你听着。有你十四叔在，谁也不敢来捣乱。十四叔会保护你的。你呢，就永远在龙椅上坐着，动也不动。王爷，我说得对吗？"

顺治小皇帝对多尔衮说："十四叔？"

多尔衮对顺治小皇帝说："福临，这玉珮上刻的是什么？"

顺治小皇帝："是，是龙。"

多尔衮对顺治小皇帝："对了，这是我阿玛，也就是你的玛父太祖皇帝赐给我的。他也许是这么想：多尔衮，先给你个龙珮。看看你将来是不是有这个穿上龙袍的福气。看来十四叔没有这个福气。我想把这个龙珮给你。"

孝庄皇太后对多尔衮说："这是你从小最珍爱的东西。怎么可以？"

多尔衮对顺治小皇帝说："我珍爱这个龙珮，因为它是一个英雄的梦想。这个梦现在给了你。希望福临将来长大以后，一定要做个好皇帝。你额娘说得对，有十四叔在，没有人敢来跟你捣乱。十四叔会保护你。你就永远坐在龙椅上，动也不动。"

顺治小皇帝对多尔衮说："谢谢十四叔。"

多尔衮对孝庄皇太后说："这样你放心了吧？"

在历史当中，真的是随着孝庄皇太后与多尔衮的感情的发展，多尔衮才去帮助顺治小皇帝的吗？

在历史上，不是这样发生的。

前面我们给大家介绍过，孝庄皇太后与多尔衮两个人有一定的感情基础——松锦大战的时候，当时的庄妃去照顾受伤的多尔衮，于是双方日久生情。而在皇太极去世以后的关键时候，孝庄皇太后辅佐自己的儿子当皇帝的时候，孝庄皇太后与多尔衮两个人之间更多的是一种政治结盟——政治上面的需要而已。

当时的形势实际上对于孝庄皇太后和顺治皇帝母子二人来说是非常严峻的：本来我们可以看到，在前面的皇位竞争中，论长豪格为先；论尊贵，贵太妃的儿子博穆博果尔位尊；论权，论势，论实力，多尔衮才是最有实力的人选！也就是说，在自己的家族内部，无论如何都不应该是爱新觉罗·福临继位。

所以在当时那个时候，爱新觉罗·福临能坐到这个位置上面，底子是很虚的。所以在这种情况下，孝庄皇太后必须拉一个打一个！

现在的问题是：孝庄皇太后在多尔衮、豪格和博穆博果尔这三个对她都有威胁的人当中，她必须要拉一个打俩。

问题在于，孝庄皇太后会选择拉谁打谁呢？

很显然，孝庄皇太后自然要依靠实力最为强大、但是又跟自己有一定感情基础的多尔衮来对付其他对手。

问题在于，多尔衮为什么不称帝呢？

从多尔衮的此前此后一贯的行事作风来看，他是很讲求实际，对虚名非但是看不上而且很嘲讽的态度，所以他真要当皇帝，不会顾及篡位的骂名。

现在的史学家们一致公认多尔衮实在当得起"睿亲王"这个"睿"字，从他可以当皇帝而选择不当，很多人是真心佩服他懂得审时度势，毕竟皇帝这个头衔实在是太诱人了，袁世凯哪怕是当83天皇帝也要硬来，吴三桂兵败如山倒还要过把皇帝的瘾，可见自古以来有多少英雄、枭雄还是狗熊都要当皇帝。

多尔衮不当皇帝的原因，有如下几个方面：

第一，客观方面：兵力不足，避免内讧。

多尔衮在皇太极死后硬要称帝也可以，但是他的兵力并不足以抗衡豪格集团，称帝就意味着满洲内部的自相残杀，就算以力服敌，一场内讧必将使得满洲元气大伤，而经过内讧的满洲并不能给予多尔衮进军中原足够的支持让他一展抱负，更何况让父兄两代人辛苦创下的基业毁于一旦也不是他所愿意看到的。

第二，主观方面：目光敏锐，志向高远。

多尔衮本人政治目光敏锐，志向高远。他早就立志要建立超过其父兄的基业，这就需要整合满洲一切可以团结的力量！

多尔衮需要通过顺治登基，定都北京等一系列的政治运作来迅速确定以清代明这个事实！

多尔衮不称帝的原因之一就是他始终顾及到满洲整体的利益和清朝的统治，他只有大力集中权力维持最高决策层的正常运行并团结满洲所有力量才能有可能完成统一中原这一艰巨任务！

也正是由于李自成和张献忠抢着当皇帝，抢地盘，而南明各个政权也为了争夺正统而内斗得不可开交，才让多尔衮的清军各个击破，以风卷残云之势统一了大半个中国！试想如果农民军和南明能摈除个人私欲，联合抗清，清军再精锐也不可能统一全国！这正是做皇帝的失了江山，而不做皇帝的得了江山。

前面我们分析了多尔衮本人不称帝的原因。为什么多尔衮要立福临呢？难道真的是因为此时的多尔衮已经与庄妃有了什么不清不白的关系吗？下面我们来分析一下多尔衮立福临的原因。

多尔衮立福临的原因，有如下两个方面：

第一，以退为进、摄政称王。

多尔衮之所以选中福临为帝，曾被某些文人骚客扯到多尔衮与福临的母亲庄妃的"风流韵事"上！

其实，这个时候要说多尔衮已经与庄妃有了什么不清不白的关系，应该是错误的！我的意思也就是说，这个时候，多尔衮立福临为帝，不是因为多尔衮已经与福临的母亲庄妃有了什么不清不白的关系，而是纯粹的利益上的一致性造成的！

多尔衮之所以选中福临，一是由于他年甫六龄，易于控制，而排除了豪格，因而也排除了其他皇子；二是由于其母永福宫庄妃深得皇太极之宠，地位较高，选其子为帝更易为诸大臣所接受，甚至可以说是符合先帝的心愿！

当然，麟趾宫贵妃的名号虽高于庄妃，但她的实际地位并不高，她毕竟原来曾经是蒙古察哈尔部林丹汗的妻子，后来被皇太极抢了来，所以博穆博果尔也不可能被选中！

同时，辅政王的人选也代表了各方势力的均衡。既然黄、白二旗是主要竞争对手，福临即位便已代表了两黄和正蓝旗的利益，多尔衮出任辅政则是必然之事！

但他一人上台恐怕也得不到对手的同意，所以便拉上济尔哈朗！

在对方看来，这是抑制多尔衮的中间派，在多尔衮想来，此人又比较好对付!

而对下层臣民而言,多尔衮和济尔哈朗是皇太极晚年最信任、最重用的人,许多政务都由他们二人带头处理,所以对他们出任摄政也并不感意外。

立了福临,两黄旗大臣的嘴就被堵上了。豪格心中不快,却又说不出口。多尔衮以退为进,自己让了一步,但作为辅政王,也是实际掌权者。实际上,多尔衮是个真正的胜利者。

第二,避免内讧,顾全大局。

其实,就在郑亲王济尔哈朗提出让既是皇子又不是豪格的爱新觉罗·福临继位的同时,多尔衮心里面也在打着自己的如意算盘:如果自己强行继位,势必引起两白旗与两黄旗的火拼,其后果可能是两败俱伤;让豪格登其,自己既不甘心,还怕遭到豪格报复;而让年幼的福临继位,则可收到一石三鸟之利——打击豪格,自己摄政,避免内讧!

所以,这个时候,精于算计的多尔衮立即表示接受郑亲王济尔哈朗的意见。并且作出了补充要求:福临年纪小,郑亲王济尔哈朗和多尔衮辅政,待福临年长后再归还大政!

立了福临,济尔哈朗也能沾光,当然不会反对!代善只求大局安稳,个人本无争位之念,对此方案也不表示异议。这样,这个妥协方案就为各方所接受了,但由此而形成的新的政治格局却对今后数年乃至数十年的政局起着巨大影响。

多尔衮的这一方案,在客观上避免了八旗内乱,保存了实力,维护了上层统治集团的基本一致。就这样,多尔衮妥善地处理了十分棘手的皇位争夺问题,自己也向权力的顶峰迈进了一步!

当然,他这一提案。是自己争夺皇位不易得逞之后才提出来的,是在两黄旗大臣"佩剑向前"的逼迫下提出的中策或下策,而并非是他一开始就高瞻远瞩、具有极广阔的胸襟!

总之,立福临应该是政治斗争的需要,而非孝庄与多尔衮之间存在暧昧关系或孝庄"下嫁"多尔衮反致,这点是毫无疑义的。至于二人之间真实的关系,还是留待历史学家们去考证吧。